辞书的修订与创新

商务印书馆辞书研究中心　编

商　务　印　书　馆

2003年·北京

图书在版编目(CIP)数据

辞书的修订与创新/商务印书馆辞书研究中心编.
—北京:商务印书馆,2003

ISBN 7-100-03760-3

I. 辞… II. 商… III. 辞书学—文集 IV. H06-53

中国版本图书馆 CIP 数据核字(2003)第 022077 号

CÍSHŪ DE XIŪDÌNG YŬ CHUÀNGXĪN

辞书的修订与创新

商务印书馆辞书研究中心 编

商 务 印 书 馆 出 版
(北京王府井大街36号 邮政编码 100710)
商 务 印 书 馆 发 行
北 京 冠 中 印 刷 厂 印 刷
ISBN 7-100-03760-3/H·952

2003年8月第1版 开本 850×1168 1/32
2003年8月北京第1次印刷 印张 11
定价: 19.00元

目　录

与时俱进　改革创新

——《辞海》的四次修订

巢　峰

《辞海》由中华书局初版于1936年。解放前未曾修订。1957年，毛泽东主席把修订《辞海》的任务交给上海。为此，1958年上海成立了专门机构，将1936年版由少数编辑人员关门编纂的方式，改为开门编纂，依靠社外广大专家学者和编辑部相结合，组建编委会，实行主编负责制，进行了第一次修订，并于1965年出版了《辞海》(未定稿)。以后又陆续进行了三次修订，出版了《辞海》1979年版、1989年版和1999年版。历次修订情况如下：

一

从1936年版到1965年版，时隔29年。这期间，从世界来说，经历了第二次世界大战；从中国来说，我国人民在中国共产党领导下，推翻了以蒋介石为代表的三座大山，社会制度以及科学文化都发生了翻天覆地的变化。因而，1936年版《辞海》的内容，无论从哪方面说都显得十分陈旧。这一历史背景，决定了1965年版绝非一般的修改订正所能解决的，而必须进行彻底改造。所以说，名曰修订，实则重编。

1936年版的百科条目，实无框架可言。编辑部规定每人从报刊书籍中收取新词，虽然也要审读核准，但基本上拾到篮里便是菜，学科间极不平衡。佛教条目收了几千条，而其他许多学科只有百余条或数十条。但佛教中的“佛学”、“佛经”、“禅宗”、“瑜伽宗”、“鉴真”等重要条目又付阙如，又缺又滥，支离破碎。用舒新城的话说，旧版《辞海》各科词目是“无目的无计划的东西”。1965 年版则对百科条目进行分类，哲学社会科学、历史、地理、文学、艺术和科学技术都有适当比例。虽然未尽如人意，但以后几版都是在这一基础上发展和完善起来的。

从收词来说，除淘汰了一部分不适用的条目外，大量增加了反映我党我军和新中国的有关条目，反映苏联和东欧等社会主义国家的条目，反映马克思主义、毛泽东思想的条目，反映第二次世界大战及二战后世界格局的条目，反映新的科学技术和文化艺术的条目等等。如[中国共产党]、[中华人民共和国]、[中国人民解放军]、[中国人民政治协商会议]、[社会主义国家]、[社会主义制度]、[社会主义革命]、[社会主义改造]、[第二次世界大战]、[抗日战争]、[第三次国内革命战争]、[毛泽东思想]、[人造地球卫星]等。新增条目数以万计，是举不胜举的。

从释义来说，除新增条是全新释义外，由于新中国成立，虽然是同一条目，但内容却完全不同。如国都原为南京，1965 年版则改为北京；国旗原为青天白日满地红，1965 年版则改为五星红旗；国歌原未确定，曾用国民党党歌代，1965 年版则改为义勇军进行曲；国名新设[中华人民共和国]，而[中华民国]则作为历史条目，重撰新稿。[马克思主义]（马克思列宁主义）原为 88 个字，1965 年版则为 1 508 个字；[苏联]（苏维埃社会主义联邦共和国——1936 年版如此）原为 63 个字，1965 年版则为 1 226 个字。

1936年版中，半殖民地半封建的社会烙印相当严重，如在一些条目中称中国共产党为“匪”、为“反革命”；对我国少数民族用了不少犬字旁的侮辱性称呼，并称之为“蛮族”；掩饰日本帝国主义的侵略，如将“九一八之役”定义为“日本军队在我国东北四省开始行动之战役”，在[台湾海峡]条中称“日属台湾”；宣扬封建迷信，如释“神”为“天神，引发万物也”，释“鬼”为“人所归为鬼”等等。1965年版予以彻底改正。

新版《辞海》虽然仍沿用部首编排，但对老部首进行了较大的改革。通过增、删、合、分，将原有的214个部首调整为250个部首，如将“亻”部从“人”部中分出另列，“什”、“仁”等字不再编入“人”部中；将“刂”部从“刀”部中分出另列，“刑”、“刚”等字不再编入“刀”部中。1936年版单字的归部无定则，或从义归部，或从形归部，或形义兼顾，这就使读者查检时无所适从，而且如果不了解单字的意义，就很难从意义上去取部首。如“滕”字，因其义为“水超涌也”而归入“水”部，但一般读者是难以想到的。从形归部时，也无一定规则。上下有部，或取上或取下。如“密”旧入“宀”部，而“蜜”则归入“虫”部。左右有部，或取左，或取右。如“吠”字归入“口”部，而“鸣”字则归入“鸟”部。这样就使读者无所适从。1965年版，规定了7条，如从形不从义，从上不从下，从左不从右，从外不从内等等，使部首趋于合理，大大便于读者检索。

此外，在注音、字体、体例、插图、编排、版式等方面，都做了较大的改革。

综上所述，用“脱胎换骨”四个字来概括《辞海》的第一次修订，是不为过分的。

二

“文革”开始后，未定稿被打成“大毒草”。1971 年，周恩来总理指示把修订《辞海》(未定稿)列入国家出版计划。直至 1972 年 7 月，上海才迟迟上马。在修订中受到“四人帮”的严重干扰，几年中，只形成几本分册，称之为《辞海》(修订稿)。它以“无产阶级专政下继续革命理论”为纲，颠倒是非，歪曲历史，是《辞海》修订史上的一段插曲。

1978 年国庆后，国家出版局传达中宣部意见，《辞海》必须在 1979 年国庆前夕出版，向建国 30 周年献礼。屈指一算，距离出书时间不足一年。

在修订《辞海》大军进驻上海陕西南路 25 弄后，日以继夜，加班加点，连春节也不休息。时间之紧虽是困难之一，但最大的困难还不是时间。一系列重大理论和实际问题，如无产阶级专政下继续革命理论、以阶级斗争为纲、路线斗争、文化大革命、抓纲治国、走资本主义道路的当权派等，都没有否定；瞿秋白、刘少奇等都没有平反。为此，主持《辞海》常务工作的副主编罗竹风，曾专程去北京向有关领导请示，但终因建国后若干历史问题决议还远未酝酿，甄别平反工作正在进行，有关领导只能各抒己见，仅供参考！

根据实践是检验真理惟一标准的精神，夏征农、罗竹风等同志决定，由编辑部拿出处理意见。经编辑部多次讨论，几易其稿，“《辞海》(合订本)处理稿件的几点意见”终于形成，使 1979 年版的修订工作得以顺利进行。

这一意见共有 8 条 39 款，大胆否定了以阶级斗争为纲、纲举目张，抓纲治国，无产阶级专政下继续革命，两个阶级、两条道路斗争是贯穿于整个社会主义历史阶段的主要矛盾，无产阶级在上层建筑其中包括文化领域对资产阶级的专政，刘少奇资产阶级司令部，走资派，十一次路线斗争，党内资产阶级等等。“意见”明确提出，对“无产阶级文化大革命”的评价一概避免，在[无产阶级文化大革命]专条中，只讲何时开始，何时结束，以及毛泽东发动“文化大革命”的出发点和林彪、“四人帮”的破坏，不作评价。

“意见”说：马克思、恩格斯、列宁、斯大林、毛泽东，一律按辞书习惯称姓名，一般不加“同志”，也不加“主席”、“伟大领袖和导师”、“革命导师”等称号。提到党和毛泽东的地方，要把党放在前面。

有了这一意见，1979 年版编纂中的一切疑难问题，基本上迎刃而解。

[阶级斗争]条，在阐述社会主义社会阶级斗争时说：“在社会主义相当长的时期中，阶级斗争以新的形式继续存在。在我国，大规模的急风暴雨式的群众阶级斗争已经基本结束，但是还存在少数敌视和破坏社会主义现代化建设的反革命分子和刑事犯罪分子，还存在阶级斗争。”而“路线斗争”则不列目。凡涉及“文革”的具体条目，如红卫兵、破四旧、大串连、一月风暴、二月逆流、夺权、大联合、斗批改以及康生、谢富治等也不列目，实质上予以否定。凡“文革”所否定的事件或人物，如“四五”运动(天安门事件)、瞿秋白、罗瑞卿、邓拓、吴晗、田汉、周信芳、张志新等，则予以列目，充分肯定。刘少奇因尚未平反，暂且不予列目；而在平反后，立即修改版面，增列专条，并给予高度评价。

讲到台湾时，不用“窃据”、“盘踞”和“尚待解放”等字样，强调祖国统一，反对台独。

尊重历史是 1979 年版的另一特点。如[孔子]条写了八百余字，给予恰如其分的评价，一扫“批林批孔”中的胡言乱语。

在“文革”中秦始皇被捧为法家代表人物。但《辞海》[秦始皇]条，对秦始皇一分为二，既肯定他的统一六国和政治、经济、文化上改革的功绩，又指出他焚书坑儒、严刑苛法、租役繁重等过错，还了历史的本来面貌。

1965 年版因受当时的政治气候影响，有些条目处理违背了实事求是的原则。如由于彭德怀受批判，就删去了[平江起义]、[百团大战]，在[八路军]和[第一野战军]中，连他是副司令、领导人也不提了。由于田汉受到批判，连[义勇军进行曲]也删去了。当时，由于林彪已经红极一时，所以在[湘南起义]、[井冈山会师]等条目中，竟不顾历史事实，把他排在陈毅之前、朱德之后，俨然成为起义和会师的领导人之一。因为陈独秀是右倾机会主义者，在[中国共产党]条中，就不写他是首任总书记。因为项英执行错误路线，就不列[项英]。这些违背历史事实的做法，在编纂 1979 年版时，都一一予以纠正。

第二次修订中还有一件值得一提的事。周恩来总理十分关心《辞海》的修订工作，直到他逝世前不久，还派秘书告诉王冶秋说：“当时袁世凯称帝时，‘筹安会六君子’的第一名杨度，最后参加了共产党，是我介绍并领导的。”总理说：“请冶秋同志告诉《辞海》编辑部，《辞海》若有杨度条目，要把他最后入党的事写上。”据此，1979 年版一改 1965 年版对杨度一批到底的行文，加上了他营救李大钊，参加中国共产党，从事我党地下工作的内容。

1979 年版《辞海》是对“文革”和《辞海》修订稿的拨乱反正，也是对 1965 年版少数错误的拨乱反正。惟有正确的东西才有生命力，《辞海》之所以成为我国极具权威的工具书之一，是与这次拨乱反正分不开的。

三

1979年版《辞海》出版后，为了不断提高质量，与时俱进，编委会决定《辞海》每十年修订一次。《辞海》1989年版的编纂工作是从1984年开始的。第一步化整为零，先出26本分册；第二步化零为整，在分册的基础上汇编成合订本。这次修订是比较过细的修订。

1989年版共收单字1.6万个，一般语词和专科词语10.3万条，合计近12万条，比1979年版增加1.3万条；全书1 600多万字，比1979年版增加250万字，所增篇幅相当于一部大型专科词典。

1979年版《辞海》是以1965年版为基础的，而1965年版成稿于20世纪60年代初，除了资料陈旧，书稿反映的科学技术水平滞后外，由于"左"的影响，把哲学社会科学中的诸多学科视为资产阶级的世袭领地而予以排斥，从而全书的学科体系还存在缺漏不全和不平衡的情况。第三次修订的一大特点，就是进一步健全学科体系。

社会学在1965年版中仅收一条，第二次修订时，深觉不妥，编辑部曾派人专程去京，请费孝通担任该学科分科主编，费先生欣然应聘。由于时间紧迫，作者赶出18个条目，聊备一格。1989年版该学科仍在费老主持下，收词增至367条；同样，美学1979年版仅收35条，1989年版增加到270条；伦理学1979年版仅收20条，1989年版增至124条(不包括伦理学史)，都各具规模，形成体系，分别从哲学中分出，成为独立学科。政治学在1979年版中未脱离法学单独置类，1989 年版条目增至 702 条，单独置类。

即使是我党历来所重视的哲学，由于政治原因，当代哲学条目所收甚少，1989 年版增收 395 条，使本学科自身比例趋于平衡。

在 1979 年版中，经济法、国际法未予收列，行政法和民法条目所收甚少，十分单薄。1989 年版增列了经济法、国际法分支学科，增补了行政法和民法的条目，从而使法学的收词体系趋于合理。

在自然科学方面，1979 年版没有把固体物理学作为物理学的一个分支学科，只设了“半导体”一类，而半导体物理学不过是固体物理学的一个分支。1989 年版增设固体物理学二级学科，除半导体物理学词目外，另增设了一批词目。又如电子技术学科中，增设了光纤技术、微电子技术、微波技术、电路与系统等二级学科。数学中增设概率论和数理统计等二级学科。科学技术部分还增加了环境保护等一级学科。

《辞海》的学科体系，经过第三次修订，基本趋于合理。1999 年版的学科体系，之所以沿用 1989 年版，未作大的调整，就是得力于第三次修订的积极成果。

进一步肃清“左”的影响，是 1989 年版的另一个特点。1979 年版在拨乱反正方面做了大量工作，但由于历史原因，“左”的残余影响还不可能彻底清除。例如[文化大革命]条，1979 年版只作了简单的说明，在观点上还没有持完全否定的态度。而 1989 年版中这一条全部重写，增为 1 200 字，定性为“给党、国家和各族人民带来严重灾难的内乱”，而予以全盘否定。对于因“文革”而遗留下来的条目，如“革命委员会”除作历史条目解释外，省、市、县、区等条目中提到的“革命委员会”一律改为人民政府。在人物的概括语中尽量删去贬称的“帽子”，如[胡汉民]，1979 年版为“国民党右派”，

1989 年版改为“国民党早期领导人之一”;[柏拉图]原为“古希腊唯心主义哲学家”,改为“古希腊哲学家”。过去对有些名词术语往往限定为旧中国或资本主义国家用语,如货币信用一般类,296 条中就有 50 条如[保付支票]、[金融市场]、[贴现]、[通知存款]、[银根]、[头寸]等有“资本主义国家”或“旧中国”用语等帽子。1989 年版除纯属资本主义国家或旧中国使用的名词,都作了“中性”介绍,摘去了原来的帽子。

又如中国现代史学科的收词,1965 年和 1979 年版都偏重于中共党史。以抗日战争为例,只强调中国共产党领导的战争,对国民党正面战场的战争多有忽略,某些重大战役如太原会战、忻口战役、南京保卫战、徐州会战、长沙会战等都未列目,1989 年版则一一予以增补。

[帝国主义]条,1979 年版根据列宁主义原理释义,即垄断的、腐朽的、垂死的资本主义等等。1989 年版则一改以往的阐述方法,采用分别介绍霍布森、希法亭、列宁的论述,即比较客观地介绍他们关于帝国主义的论点,并不意味编纂者对此持肯定或否定的态度。应该说这是一种大胆的尝试。

[水浒传]条,一般认为不会有什么问题,孰知 1979 年版释文中竟有“作品歌颂和美化宋江,只反贪官,不反皇帝”等语,“文革”中批判《水浒传》的语言跃然于纸上,1989 年版自应删去。

此外,1989 年版还增加了四角号码检字索引,连同笔画查字表、音序索引、外文索引以及部首查字法,就有五种检索方法。

1989 年版基本上健全了全书的学科体系,进一步纠正了 1979 年版中存在的“左”的思想残余,从而使这部煌煌巨著在框架和内容上更加趋于合理,这是《辞海》走向成熟的标志。

四

编纂 1999 年版是《辞海》的第四次修订。1999 年版大体有以下“六新”：一是新的词目。新增词目 6 000 条，大部分是近十年来新出现的词语。二是新的解释。由于国际形势的变化，科学技术的进步，体制改革的发展，依法治国的成就，行政区划的更动等原因，大量政治、科技、经济、法律、地名等条目，都作了新的解释。三是新的规范。以法律来说，新的法律不断产生或修订；以科技来说，全国科学技术名词审定委员会陆续公布的学科名词就有四十余本之多；国家技术监督局还公布了新的《量和单位》。1999 年版依据各种新的规范对有关条目进行了订正。四是新的数据。数以千计的国家、地区、城市的人口数和各项经济值、动植物数、卫星数以及一切涉及到数据的条目，凡有新资料者均予更新。五是新的图注。六是新的设计。

1999 年版最大的特点，是在内容修订的同时，在书籍的形式上进行了革命性的创新。

1979 年版和 1989 年版的版本仅有两种：三卷本和缩印本。1999 年版则有下列版本：

1. 彩图本
2. 彩图本缩印本(按音序编排)
3. 普及本(三卷本，按部首编排)
4. 普及本(三卷本，按音序编排，未出)
5. 普及本缩印本(按部首编排)
6. 普及本缩印本(按音序编排)
7. 豪华本

版本之多，创本书历史纪录。

中国20世纪大型词典，截至90年代都是白纸黑字线条图。《辞海》、《辞源》、《汉语大词典》、《汉语大字典》、《英汉大词典》等都不例外。图书外观不仅大大落后于先进国家，而且与台湾、香港相比，也有很大差距。

随着读者文化需求的提高和购买力的增长，随着配置彩图的物质条件的成熟，1999年版在保留配置单线白描图的普及本及其缩印本以适应一般读者需要的同时，推出彩图本作为主体版本，就我国大型词典来说是最早的一部。

普及本配黑白线条图三千余幅，而彩图本配图一万六千余幅，插图在书中所占比例有了很大提高，真正达到了图文并茂的要求。

大量彩图补充了释文的不足，大大增加了工具书的知识含量。如国名条目配置该国国旗照片及地图，一目了然，是文字所不能完全表述的。［清明上河图］、［蒙娜丽莎］等名画，惟有看到彩照，才有如见斯物、如见斯人的感觉。线条图虽然也能勾画人物和动植物等等，但彩图更具有真实感，因而更能帮助读者加深理解，加强记忆。

彩图已使版面琳琅满目，再加上利用印制彩图的条件，将字头改为彩色，地脚印彩条，更显得五彩缤纷。广大读者反映，“看彩图本与看黑白本就是不一样”，其中当然也包括审美的乐趣。

可以说，彩图本既是《辞海》换代性产品，也是我国大型词典的换代性产品。

1999年版还有一大改革，就是在先出按部首编排的版本后，接着增出按音序编排的版本，包括彩图本缩印本和普及本及其缩印本的音序本。两种编排法的版本一起发行，这在词典界尚属首创。

目前，广大读者尤其是年轻读者熟悉汉语拼音，他们如果使用按音序编排的版本，只要知道单字或词目首字的读音，就可以不借助任何索引而直接到正文中查到所需要的条目，从而大大提高查检的效率。如果不知道单字或词目首字的读音，则可借助另附的笔画和四角号码等索引查检。

按音序编排后，不仅单字按音序编排，而且词目也按音序编排。同一个单字开头的词目按第二字的音序排列，第二字相同的按第三字音序排列，余类推。这样将给读者带来以下两个方便：

1. 按部首编排时，同一个单字开头的词目按词目的字数从少到多排列。这样，开头几个单字相同且有某种关联的词目就会因为字数多少不同而被分散排列，有时相隔很远。如在按部首编排的1999年版缩印本中，[中国共产党]排在第1 706页，[中国共产党章程]排在第1 712页，[中国共产党中央委员会]排在第1 719页，[中国共产党第一次全国代表大会]排在第1 723页，如此等等。而按音序编排的版本中，“中国共产党”开头的词目全部排在一起，查检比较方便。

2. 按部首编排时，同一个单字开头的词目，如果字数也相同，则按第二字的笔画数从少到多排列，第二字相同的按第三字的笔画数排列，余类推。由于同一单字开头且字数相同的词目可能很多(如“中”字开头的四字词目有144个)，而每个字的笔画数不是一眼就可以看出来的，要一笔一笔地数，各人所数的结果还可能不同，所以查起来比较麻烦。按音序编排后，读者对要查的词目在正文中的次序可以一望而知，查检比较方便。

由于与时俱进，改革创新，《辞海》的四次修订，每次都给《辞海》注入新的生机和活力，使它不断增强了对读者的吸引力和图书市场上的竞争力。除1965年版为内部发行的“未定稿”只印行1.6万部外，从1979年版起，一直大量印行，畅销不衰，至今累计印数已达544.9万部，另外1979年版和1989年版还印行分册1 127.3万册。1999年版问世至2001年不到两年，印数已达41.7万部，与1989年版同期的24.7万部比较，呈上升势头。其中以缩印本在此期间印数比较，1989年版因出版时间晚一年，印14万部，少于1999年版23.2万部，有其客观原因；但以三卷本在此期间的印数比较，1989年版印10.7万部，少于1999年版所印的16万部，则显然说明1999年版更受读者欢迎。何况，1999年版在此期间还印了1989年版所没有的彩图本2.5万部。这两年来新版《辞海》取得的业绩，对今后进一步做好《辞海》修订工作是有力的鼓舞和鞭策！

应当提高语文辞书编纂的理论内涵

苏　宝　荣

一　辞书的质量和生命在于创新

辞书的质量和生命在于创新，而创新主要不应是在一般的形式方面，而是反映其产生时代的先进的学术水平，也就是要有丰富的理论内涵。

汉语语文辞书编纂的历史证明：一部为当时社会公认、并能流传后世的优秀辞书，必须体现其成书时代语言学和辞书学研究的优秀成果，具有领先的学术水平和深刻的理论内涵。以我国传统的有代表性的汉语语文辞书——字书《说文解字》（以下简称《说文》）、韵书《切韵》《广韵》、雅书《尔雅》为例：一部理论内涵丰富、代表所处时代领先学术水平的辞书，可以远远超出编写者预想的价值，不仅有重要的现实功能，还可以有巨大的潜在功能；不仅可以服务于当世，还可造福于后人，乃至为学术的发展和新说的创立提供契机。如隋代著名音韵学者陆法言、萧该、颜之推等八人所编的《切韵》和宋代陈彭年等人在此基础上奉诏编制的《广韵》，是按韵部的次序编排的字典。就当时来说，主要是为诗人做诗用韵确立一个原则，并作为科场取仕的规范。正如《切韵·序》中所说："以今声调既自有别，诸家取舍亦复不同，吴楚则时伤轻浅，燕赵则多伤重浊，秦陇则去声为入，梁益则平声似去……。欲广文路，自可清浊皆通；若赏知音，即须轻重有异。……遂取诸家音韵，古今字书，以前所记者，定之为《切韵》五卷。”而在后世它的功用却远远超出这个范围。由于编著者陆法言等八人大多是当时著名的音韵学者，代表了所处时代音韵学研究的最高水平，客观上丰富了该书的理论内涵，因而使之不仅成为我国古代韵书的定型之作，被后人奉为韵书的楷模，而且保留了中古(隋唐时代)的语音系统，成为人们研究中古语音的重要资料。在汉语语音研究中，它是我们上溯古音(上古语音)，下联今音(近、现代语音)的阶梯，成为建立汉语语音史的重要依据。同样，东汉许慎著《说文》，其当时的目的，在于说字解经。这一点，许慎《说文·叙》中讲得非常明白：“盖文字者，经艺之本，王政之始，前人所以垂后，后人所以识古。故曰‘本立而道生’，‘知天下之至啧而不可乱也’。”“今五经之道昭炳光明，而文字者其本所由生。自周礼、汉律皆当学六书贯通其意，恐巧说邪辞使学者疑。慎博问通人，考之于(贾)逵，作《说文解字》，六艺群书之诂皆训其意。”但由于许慎继承并发展了前人的研究成果，反映了其所处时代汉语文字学研究的最高成果，理论内涵极其丰富，其在后世的价值和功用远远超出作者始料所及：《说文》始创了以“六书”分析汉字，以字形为统摄，形、音、义综合研究的方法，揭示了汉字的形声系统，成为我国第一部分析字形、考究字源、说解字义、辨识读音的字典，创立了汉民族风格的语言文字学，成为汉语文字学研究中必不可少的公认的经典著作。相反，《尔雅》作为我国最早的语文辞书，虽然被后人列为经书，在汉语词汇学与词源学研究中有重要的语料价值，但最终因其缺乏明确理论体系而影响了它在后世的价值和功用。

现代语文辞书的水平差异，也同样说明了这个道理。以中国社会科学院语言研究所词典编辑室编的《现代汉语词典》为例，在目前辞书编纂过多、过乱的情况下，该书在现代汉语中型语文辞书中能够独树一帜，不仅“在字形、词形、注音、释义等方面”为“促进汉语规范化”做出了重要贡献，而且为此后现代汉语词典的编写树立了榜样，奠定了基础。正如《现代汉语工具书的代表之作》(《辞书研究》1993 年第 5 期)所指出的：“此后问世的许多中小型词典都程度不等地受《现汉》的影响，《现汉》已经成为编写汉语词典的不可缺少的重要的参考书，因此它实际上已处在‘母本’词典的地位。”究其原因就是先后由著名语言学家吕叔湘、丁声树任主编的词典编写组代表了当时现代汉语词汇、语法研究的新水平，并通过广泛向社会征求意见和多次修订，集中了语言学界的优秀研究成果，将词汇学、语法学理论研究的成果和语言规范化的原则融入 6 万余条具体字、词说解之中，理论内涵丰富，潜在功能巨大。如有人通过《现代汉语词典》所体现的语音体系，归纳出现代汉语普通话的 1 332 个音节，并同《广韵》所代表的中古语音加以比较，说明汉语语音简化的趋向。(见郭良夫《词汇》67—68 页，商务印书馆，1985 年)另外，由于《现代汉语词典》采用了比较科学的方法，准确地对词语进行释义，现代辞书学者就凭借对它的词条释义的分析、归纳，总结出现代汉语语文词典释义的规律，丰富了现代辞书理论。

二　辞书编纂应当破除理论滞后和意识滞后的现状

目前，辞书编纂过多、过乱，而理论研究滞后，已经成为影响辞书编纂质量提高的主要问题，引起语言和辞书工作者的关注。吕叔湘先生在《语言和语言学》一文中说“一个语言的所有语素和所有具有特定意义的语素组合，总起来构成这个语言的语汇。罗列一个语言的语汇，解释每一个语汇单位的意义的是词典。词典是语汇研究的成果。”（《吕叔湘文集》第四卷48页，商务印书馆，1992年）吕先生的论述，深刻地说明了语文辞书编纂与词汇研究的密切关系。语文辞书是词汇研究成果的集中体现，语文辞书的质量，在很大程度上取决于词汇研究的理论深度。语文辞书的质量，首先体现在编排的系统性与释义的科学性上；而要做到这一点，有赖于人们对词汇，特别是词义宏观系统与微观结构的认识。但在这方面，虽经上千年的传统语言学的探索与近几十年引入、借鉴、吸收西方现代语言学的研究成果，仍有不少关键问题尚未从根本上解决。因为词汇的构成，特别是词义的构成，是一个极其复杂的问题。就语言的外部条件来说，它要受人们的认知心理与逻辑思维的制约，与心理学、与哲学发生联系；从汉语词汇在语言内部的关系来说，它既与汉字的构形发生联系，又受语法功能与修辞表达的影响。这就使它不能不成为语言研究的难点。因此，传统语言学研究成果如何现代化的问题，西方语言学理论如何民族化的问题，是我们今天语言与辞书工作者共同面对的重要理论研究课题。

要改变这种理论研究滞后的现状，必须首先打破意识滞后的制约。有相当一部分辞书编写者，不但自己不研究理论，而且对已有的理论研究成果既不关心，也不借鉴。当前有一种颇有市场的论调：目前语义（词义）与辞书理论研究还很不成熟，还不能用以指导具体的辞书编纂。甚至有些辞书编写者对目前的理论研究不屑一顾，凭自己的老经验办事。

这种观点和做法，是极其错误和极其有害的。理论（包括语义学、辞书学的理论）只能在实践中提出，在实践中检验，在实践中发展和成熟。而且理论要随着实践的发展不断地创新，这个过程永远不会完结。因此，我们绝不能借口理论没有完全成熟而拒绝对它的运用。实践证明，只要是从客观语言事实出发，采取科学态度与创新精神，扎扎实实进行的语言研究所形成的理论观点，无论其是否完善，对推动和改进辞书编纂都是有益的。如许慎《说文》所体现的语言文字学观点，从古至今为历代语言学者不断研究和完善，就当时来说，很难说是完全成熟的理论。但是，又有谁能否认，正是这一理论开创了我国具有科学体系的辞书编写历史的新篇章呢？又如近年来语言学者结合汉语特点，借鉴西方现代语义学的"义素分析法"、"语义场"等理论进行探索与研究，就颇受非议，但又有谁能否认，正是这种探索与研究打破了传统语义学的局限，推动了人们对汉语微观结构的认识和在组合与聚合状态中观察词义的意识。在漫长的岁月里，传统语义学一直把词义（义位）当作一个囫囵的整体，对词义的认识和区分在很大程度上是靠感性的认识和归纳，而不是理性的分析和理解。这种方法具有很大的局限性。义素分析法的提出，使人们开始用科学的眼光审视词义。正如蒋绍愚先生在《古汉语词汇纲要》（北京大学出版社，1989 年）一书中所指出的："当然，义素分析法还是一种不很成熟的方法，语言学家们对它的看法也不完全一致，有的赞同，有的表示怀疑。迄今为止，对义素分析法的运用也仅限于一部分词，而另有一些词（如表示抽象概念的词）如何进行义素分析，还有待于进一步研究。但我们认为，义素分析法毕竟是词义研究方面的一种突破。如果说语义场的理论是从宏观方面来认识词和词义，那么义素分析法则是在微观方面对词和词义的认识的深入。我们不必因为义素分析法的一些缺陷而断然否定它，而应该在不断的探索中使它完善起来。”

三 语文辞书编纂应当充分吸收词汇学与辞书学研究的新成果

我国传统语义学在词义系统性和两重性方面取得了相当丰富的研究成果，由于中国长期封建社会历史与学术条件的制约，这些理论成果没有能够在辞书编纂中得到充分体现。改革开放以来，语言学者自觉地将传统语言研究的优秀成果同现代语言学理论结合起来，在汉语语义（词义）的宏观研究与微观分析上、词义与词的功能研究的结合上，都取得相当可观的研究成果，为我们克服辞书释义、编排上的经验性、盲目性、随意性，实现释义内容的科学性和编排的系统性奠定了基础，辞书编写应当引入这些理论成果，在实践中检验并纠正其不足，使之逐步趋于完善。回顾和总结近年来汉语词汇理论研究的成果和语文辞书编纂的现状，为了将汉语语文辞书的编写提高到一个新的水平，当前应当着力在以下几个方面实现词汇理论研究与辞书编纂实际的结合：

（一）将“义素分析法”与传统的“语境”理论相结合，在组合关系中揭示语义特征，进行义素分析——力求实现辞书释义的理性化、科学化

贾彦德先生在《汉语语义学》一书中指出：“无论从哲学的角度看，从逻辑学的角度看，从音位学、语法学的情况，还是从训诂学、传统语义学对词义的释义或从说话人对词义的理解看，在语义研究中提出义素和义素分析法是必然的，不可避免的。仅仅是由于义位数量太大、情况复杂、不好捉摸，人们一直到了20世纪40年代以后才提出了义素和义素分析法。”“义素确实与音位中区别性特征有相同的地方，但语义系统的性质、结构、状况与音位系统有很大的不同，义素与音位的区别性特征也有明显的差别。我们研究义素时要处处从语义的实际出发，不可时时与音位的区别性特征比附。”“训诂学和传统语义学固然没有提出义素和义素分析法，但是它们却孕育了义素、义素分析法。我国训诂学和传统语义学在漫长的历史进程中，对古代汉语、现代汉语浩繁的义位做过大量富有成效的工作。众多较好的字书、字典、词典中的释义虽然存在着相当的缺点，但都是经过亿万使用者长时期反复检验的。前面说过，现有字书、词典的释义有许多已经包含了不同的成分。我们对汉语的义位进行义素分析，要尽量从训诂学、传统语义学中吸取营养，推陈出新。”贾彦德先生对义素分析法采取了客观公允的态度，并强调了它同传统语义学乃至训诂学的联系。这一见解，是非常耐人寻味的。

从语言的基本构成要素来说，语音可以分析出音素，语法可以分析出语素（当然，语素具有语法、语义的双重属性），语义也应当可以分析出义素。只是一种语言的音素不仅数量有限，而且具有封闭性；而义素不仅数量太大，情况复杂，而且具有开放性。一个词所包含的义素（即“区别性特征”），是在词的组合关系（即特定“语境”）中形成、显现并不断变化的。通过一定的“语境”即组合关系揭示词的“区别性特征”，进行义素分析，这就在现代“义素分析法”与传统语言学研究方法之间找到了结合点。词所含义素包括表层义素与隐含义素，表层义素一般指理性义素，隐含义素多指形象义素与体验义素（即词所含说话人的感受与要求）。目前通行的概念离析式的义素分析，只能显示词表层的理性义素，词义所特有的形象义素和体验义素是无法包容的。比如“单身汉”一词，概念的离析，只能显示其理性义素，即[＋生物＋人＋男性＋成年＋未婚]。而在具体语境中，该词则显示出“形象义素”，如“快乐的单身汉”，“单身汉”含有“行为自由，没有牵挂”的义素；还可以显示出“体验义素”，如一个青年男子告诉一个姑娘，“我是一个单身汉”，“单身汉”又隐含“自觉孤独，寻求恋人”的感受与要求，即“体验义素”。这种“形象义素”和“体验义素”，对于语义研究来说，无疑是更重要的。无论是同义（近义）词的辨析、反义（对义）词的比较、同源词及相关词的系联，还是词义发展演变规律的探索，对词的形象义素和体验义素的认识，就某种意义上说，比认识词的概念（理性）义素更为重要。

（二）认识汉语“语素”的相对独立性与“句子—短语—复合（双音）词的内部结构的一致性”——以“语素”作为释义的基点

正如吕叔湘先生所说：“‘词’在欧洲语言里是现成的，语言学家的任务是从词分析语素……汉语恰好相反，现成的是‘字’”；“汉字、音节、语素形成三位一体的‘字’”。（《语文常谈》）用汉字书写的单音节的语素，不论其是否独立成词，都是汉语表义的基本单位。

值得注意的是，语素在西方语言中是隐性的，必须从词中去分析；而在汉语中呈显性，大体与独立书写的汉字相对应。代表“语素—音节”的汉字为汉语的语素分析提供了得天独厚的条件。

文字是记录语言的书写符号。但不同民族、不同类型（或不同性质）的文字同语言的联系，用以记录语言的方式和程序是不尽相同的。文字的类型（或性质）由字符（即“独立符号”）的性质来决定。从字符所能表示的语言结构的层次来看，西方拼音文字的独立符号（即字母）所记录的是音素，为音素文字；汉字的独立符号

（即单个汉字）所记录的是语素或音节，为“语素—音节”文字。如果做进一步的分析：从文字与语音的关系讲，拼音文字所记录的最小独立书写单位是音素，而汉字所记录的最小独立书写单位是音节，汉字同拼音文字相比，相对粗疏；从文字与语义的关系讲，拼音文字所记录的最小的独立书写单位是词，而汉字所记录的最小独立书写单位是语素（又称词素），汉字同拼音文字相比，相对细密。对于不同类型文字表音、表义的不同特征，我们可以用下面的示意图加以说明：

拼音文字	表音：最小表音单位—音素（细）—（粗）音节—最小表音单位	汉字
	表义：最小表义单位—词（粗）—（细）语素—最小表义单位	

事物的可分性是认识事物的根本途径。如果说，凭借文字进行语音分析，记录音节的汉字比记录音素的拼音文字相对困难的话，而凭借文字进行语义分析，记录语素的汉字与记录词语的拼音文字相比，却有其独特的优势。因此，对汉语词义，特别是合成词的词义的理解和释义，应当而且必须以语素作为突破口。

词或语素的所有意义，都显示于它可能有的全部组合中。双音复合词既然是由两个最小的意义单位——语素构成的，复合词的词义就势必与语素义有直接或间接的联系，语素及其组合关系的分析，对理解双音复合词的词义具有重要作用。汉语语素义与复合词词义的关系，即与语素义自身有关，也与复合词的语法结构有关。从构成双音复合词的两个语素的意义关系来说，有同义（近义）、反义（对义）、相关义等；从构成双音复合词的两个语素的语法结构来说，有并列式、偏正式、述宾式、述补式、主谓式等。对于绝大多数双音复合词来说，通过对构成语素不同语法结构和不同语义关系的分析，可以揭示双音复合词的两个语素的意义与其组合的双音复合词的词义的联系，从而达到以简驭繁地把握与说解词义的目的。

（三）认识汉语词性与词义的相互关系——在标注词性的同时，自觉地全面地揭示词的功能义

近年来，围绕汉语语文辞书是否需要标注词性、具体如何标注词性，人们展开了热烈的讨论。这种讨论和探索客观上启发人们从功能角度去认识和说解词义。语文辞书不仅应当说明词的意义，而且应当说明词的用法，目前对汉语语文辞书标注词性的问题似乎已经没有太大的争议。但有两个理论性的问题必须注意：

一是词性标注与语文辞书对词语功能义的说解是密切相关而又有本质不同的两个问题，绝不能混为一谈：一方面是仅仅标注词性，不等于对词的功能义进行了准确的说解；另一方面是即使没有标注词性的汉语语文辞书，也需要对词的功能义进行说解。词语的功能义，是借助语法关系来体现的。目前，在辞书编纂中，一讲到词的功能，人们往往只注意词性的标注。事实上，在言语实践中，词语的所有的意义与功能，都是以一定的语义表达形式体现的。因此，无论辞书是否标注词性，在其词义说解中，都必须注意科学、准确地表示词语的功能义。语文辞书要使读者全面地认识和准确地运用词语，在说解词语的词汇意义的同时，还必须对其在语言中的分布情况或功能进行必要的说明。而在辞书编纂实践中，这种对词语使用功能的说明，也必须自然地融会到释义说解之中，这就体现了词的功能义。如：

面 （1）脸，头的前部。 例：面孔；笑容满面。

（2）当面。 例：面谈；面试。

（3）面向着；面对着。 例：面壁；背山面水。

以上是目前汉语语文词典中为“面”所列的几个常见义项。语文辞书对“面”的上述义项的划分，主要不在于词汇意义自身，而是功能意义。义项(1)是“面”的基本意义，一般在句中作主语、宾语，是名词；义项(2)是“面”作状语，为副词时的释义方法；义项(3)是“面”作谓语，为动词时的释义方法。可见，无论语文辞书是否标注词性，都必须对词的功能意义进行说明。

二是如何在语文辞书中自觉地全面地揭示词的功能义的问题。目前语文辞书的释义，大量属于词在常规功能下的意义，这类词义人们一般比较熟悉。虽然也有对部分非常规功能词义的说解，但往往是经验式的，缺乏自觉性与系统性。因此，为了全面地说解词的功能义，重点是对词在非常规功能下的词义进行全面的探求、归纳与分析。这是辞书编纂中一个具有语义、语法双重属性的新课题。从语言研究的现状看，“名动词”、“名形词”、名词作状语、形容词用作动词等非常规功能的释义方法应当是目前研究的重点。

(四) 认识词义的两重性与语文辞书释义的层次性——实现辞书释义的完整性

汉语词义除了具有系统性之外，其自身还具有两重性。对词义两重性的认识，我国传统语言文字学与西方现代语言学理论是不谋而合的。早在清代，一些杰出的语言文字学者就从理论上阐述了词义的两重性：“字书与说经有不同”，“凡说字必用其本义，凡说经必因文求义”，强调辞书释义有“隐括”与“随文释义”(均见段玉裁《说文解字注》)的不同。法国语言学家房特里耶斯也说过：“确定词的价值的，是上下文”，“尽管词可能在意义上有各种变态，但是上下文给词以独一无二的价值”。(《语言论》)长期以来，经过众多学者的研究，人们对词义的两重性有了相当全面的认识（如词义的“概括性与具体性”、“确定性与灵活性”、“系统性与时代性”、“精确性与模糊性”、“词内义与词外义”等）。这种词义的两重性必然导致语文辞书释义的层次性（如“表层所指义与深层隐含义”、“语言意义与语用意义”、“语词意义与概念意义”、“语言意义与文化意义”、“常规意义与特殊意义”等）。今天的汉语语文辞书要想对词进行全面的科学的释义，必须在汉语词义研究中充分认识词义的两重性，在辞书编纂实践中认真体现辞书释义的层次性。

参考文献

鲍克怡　1993　《现代汉语工具书的代表之作》，《辞书研究》第5期。

陈彭年等　《广韵》，1982年北京市中国书店据张氏泽存堂本影印本。

郭良夫　1985　《词汇》，商务印书馆。

贾彦德　1992　《汉语语义学》，北京大学出版社。

蒋绍愚　1989　《古汉语词汇纲要》，北京大学出版社。

吕叔湘　1980　《语文常谈》，三联书店。

——　1992　《吕叔湘文集》，商务印书馆。

苏宝荣　1999　《汉语语义研究的基本单位应分为语素与词两个层级》，《河北学刊》第6期。

——　2000　《词义研究与辞书释义》，商务印书馆。

——　2001　《词的语境义与功能义》，《辞书研究》第1期。

许　慎　《说文解字》，1963年中华书局影印本。

中国社会科学院语言研究所词典编辑室编　1996　《现代汉语词典》（修订本），商务印书馆。

辞书的创新与创见

陆　锡　兴

我从事辞书编纂已经二十多年了，创造性的问题一直萦绕在心头，十年之前与《辞书研究》的老朋友谈了想法，获得了支持，曾经动手写了一些文字，总因考虑不成熟，没有把文章完成。从那时起我就关注这个问题，注意学术界的动态，留意各种观点。现在我把笼统的创造性区分成创新和创见两个部分，由此展开讨论。因为有些问题比较复杂，并不是这么一篇小文章完全讲得清楚，而且，每个人都有一定的局限，所以，我的观点是探索性的，希望方家指正。

首先，我们来区别创造、创新和创见的含义。创造，是发明，制造出前所未见的事物。创新，创立或创造新的东西。创见是指学术上的独特见解。比较而言，创造内涵广泛，从无到有。创新，相对旧而言，也是一个开放性的概念。创见，可以包容从旧到新、从无到有，一种新的见解、观点，它的意义明确。在创造、创新中分离出创见非常重要，因为这是一个学术因素，是决定一种辞书的学术价值的主要标志。

每一种辞书都可以区分为编纂工艺和内容两个方面，这两个方面都有创造性的问题。编纂工艺包括一整套有关辞书特有的表现内容的手段、形式。如编排形式、查检形式、术语、词条安排等，它集中体现在编纂体例。各个辞书会根据各自的特点制定不同的体例,新的体例的采用往往意味着编纂法的进步,它具有创造性的特点。王宁先生认为:辞书在设义项与释义这一基础工作之外,还有更高级的创造性工作,那就是编纂体例的制订与实现……这就是说,辞书编纂中更为高一级的创造性劳动,是确立主体设计和体现主体设计。[①]"词典的创造性还表现在它的特色上,独特的读者对象设计,独特的体例设计,独特的收词范围划定,简言之,独特的编纂思想,是词典编纂个性的源泉。"[②]看来,编纂工艺方面的创造性看法是一致的。不过,有些编纂手段并不能在文字上反映出来,它是一种隐性的创造性的内容。如编纂队伍的组织、分工,资料、编写的步骤等。各种性质的辞书,恐怕这些方法也不会一成不变,对理想效果的追求,在优化的过程中,也蕴涵了创造性的劳动。近十余年来,随着电脑的普及,软件的开发,电脑越来越多地进入辞书编纂领域,使辞书的编纂速度和质量大有提高。它的发展就是一种革新、一种创造。不过,具体一本辞书很难在编纂工艺上有系统性的或者重大突破,所谓创造或者创新的价值是相当有限的,即使具有重大意义的创新,也需要做专门的阐述,才能引起重视。当然,编纂工艺中并不是没有学术问题,可是实践中很少有人注意到这类问题的科学价值。以我经历的词典的通假字和古今字的讨论为例。20 世纪 70 年代末到 80 年代初,王力先生希望把他的古今字、通假字观点引进大型辞书的编纂,他的弟子也纷纷发表文章具体地阐明观点。不过,王力先生这个观点是错误的,如果贯彻到大型语文词典中去,会造成很大的混乱。1980 年 1 月我转业到汉语大词典出版社任职,当时汉语大词典出版社初创,有许多亟待澄清的问题。我在《工作简报》上首先发表了一篇要重视秦汉简帛材料的文章，第二篇就是大型词典的通假字、古今字处理，从理论出发，到如何操作，一万余字，清样都出来了，可惜最后受阻未发。在《辞书研究》编辑部的支持下，1980年、1981年，我的有关文章在《辞书研究》和《中国语文》上发表，获得了学术界的好评。对于这个问题，在整个80年代中发表了数百篇文章，影响面之广前所未有，成为一个学术热点。不过，体例中像这样有深刻学术背景的问题毕竟有限。总之，具体辞书的编纂体例是工艺性的，创造能量不大。当然，如果能上升到辞书学的高度，研究编纂法则，其创造性是有学术价值的。

辞书的内容是它的实体，是作者的心血的结晶，是成果的主要部分，它的创新或者创见具有根本的意义。词典内容上的创新和创见有较大的区别。内容上的任何新意，包括收词、例证、义项、释义各个方面，或者一本词典在内容上做部分调整也可以成为创新，甚至做出一种新的编排也能给人面貌一新的感觉。当然，第一次把某些内容编成的词典更有理由成为创新的词典。创见只能是具有学术价值的新的见解和新的观点。词典类型的不同，创新和创见的差别非常大。就语文词典而言，可以分为学习用词典、参考用词典，专科词典由内容不同分为百科、人文，以及各种基础科学与应用科学的学科词典。无论哪一种词典，释义总是词条的核心。不同类型的词典，要求有所不同。学习用词典的作用是指导学习，客观上起着规范的作用。词典或字典称“典”，就有典范的含义。《书·五子之歌》“有则有典”，孔传：“典谓之籍。”即典籍。《孟子·告子下》“不足以守宗庙之典籍。”赵岐注：“典籍，谓先祖常籍法度之文也。”较早称作“字典”的《康熙字典》序云：“命曰字典，于以昭同文之治，俾承学稽古者得以备知文字之源流，而官府吏民亦有所遵守焉。”强调了示范作用，所以，社会对辞书的规范功能要求强烈。有读者呼吁：“众所周知，字典是一种有规范性的工具书，它规范着当今人们的语文知识，读者往往把字典中的注音释义奉为准则去读书教人。”[3]这是有代表性的观点。《新华字典》、《现代汉语词典》和以“规范”、“标准”命名的辞书均属此种类型，它们所收的字、词的音、形、义都符合国家标准和专家约定的标准。收词相对滞后，每个词的释义是社会已知的，它的创新体现在妥帖的释义。“（对词义）由于这种描述是一种主观把握，而且要尽量准确地反映客观词义为一种追求，所以，它是一种创造性的智力劳动。”[4]一般的双语词典也属于学习性的辞书，它的词义也是现成的，其创造性同样体现在释义的表述或者寻找对应词汇。“但为词目寻找恰如其分的、可望在汉语中存活下来的汉语对应词就是一项创造性很强的工作。”[5]当然，随着新词新义的出现，如何合乎规范地吸纳，是这类辞书创新的无穷的源泉。

信息论兴起后，各个学科的信息都变成辞书以备检索。此类辞书主要是汇集有关的信息资料，以供参考。这样，作为标准的权威形象削弱了，作者和使用者的观念也有所改变。这种状态的出现，冲击了传统词典的规范模式，使辞书编纂进入了一个新的天地。同时，由于几部大型词典的问世，刺激了人们的欲望，把一批有相当学术能量的学者卷入辞书领域。这样，与学习用辞书不同的参考用辞书、研究用辞书成批出现。这类辞书，尤其是后者，由于其不确定因素较多，它的创造性天地更加宽广。在某一领域词库式收词的词典，词汇的全面性使它具有创新的价值，同时，它必然会碰到一部分缺乏研究的内容，这部分如果不是简单的概念的话，就要由辞书的作者来研究。此类词典大量涌现是在 20 世纪

80到90年代，是词典热中比较健康的作品。由于内容中学术上的创新，这部分作者也由单纯的编变成编带著，有些作者也以“编著”署名。一般情况，辞书是把别人的成果编次成书，作者不是发明者，而是编辑者。一般词典实质上不是有创见的作品，它有点像教学工作，是一种复制，是知识搬家。当然这是简单的说法，即使是教材，也不是现成的宣读他人的论著。许多高校在职称评定中不承认辞书编纂为学术成果，原因就在此。但是，这种“编著”辞书的出现，再不能用单纯的知识搬家的观念来对待，根据所含有的创见的重要程度，要承认它的学术性，可以当作学术著作一样对待。其学术质量，由本学科认可，如语言方面的词典，得到语言文字学界的肯定，专门词典得到有关学科的肯定。如果某辞书没有创见，仅仅有编纂方法的创新，很难得到相应的学术地位。

研究用辞书具有一定的学术含量，这对作者的要求大大提高，那些习惯于从辞书到辞书搬家、或者拍脑袋望文生义的人是无法胜任的。作者不仅要具备一般的词典编纂人员的素质，还要具备科研人员的素质。熟悉本学科的文献、理论，了解本学科的学术动态，关心相关学科发展状况，富有学术的敏感性，较强的判断力，有发现问题、解决问题的能力。要吸收学术成果，体现当代的最高水平。现在，吸收成果方面，对古代或者近代的一般比较注意，编纂大型词典的材料准备中，把这些资料制卡归档，使用者并不麻烦。但是对新成果的吸收很不理想。首先是缺乏判断力，无法评估它的学术价值，结果只能抱残守缺。其次，对涌现出来的新信息没有一个学术定位，不能正确地划定一个范围，乱无头绪，无从着手，最后只能凭自己的本钱做买卖。这种情况在大型语文、综合辞书中都有存在。学术研究要有规范，它体现了研究的轨迹和道德。任何学术作品都建立在前人成果的基础之上，有源才有流，引用的资料文献，标志作者的资料基础和学术高度。附列的参考文献，人们不仅可据此估量辞书的学术价值，也可了解部分内容的释义依据和推导过程。同时，列出参考文献是对这些作者的尊重，承认它对本辞书的贡献。这对我们辞书界是一个问题。它有历史上的原因，我国辞书编纂历史悠久，语文性辞书主要取材于字书、韵书，包括其他著作都在正文中明文注明，实际上已经指出了参考依据，所以就没有必要另外出参考文献了。这种习惯一直沿袭下来，形成惯例。同时，不出参考文献也有客观原因。有些词典很少使用、或者根本不用参考文献，所以它的确不需要列参考文献。有的用了些参考文献，没有作系统的记录，无法列出。比较普遍的情况是对版权观念的漠视，为了节省篇幅，省去了这些内容。但是，有些学术性较强的辞书已经改变了这种陋习，如《中国大百科全书》把参考文献列在每个词条之下（不过没有贯彻始终），《世说新语词典》则在正文后列出参考文献。

学术性辞书和论著比较，两者有一定的差异。首先，辞书一般覆盖一个方面，处理众多词条，精力分散，难以集中到高难度的词条中去，难以作深入的研究。其二，辞书的词条篇幅有限，不能全方位地阐述概念，不能大量举证，不能详细地显示推导过程。其三，虽然词条之间具有有机联系，总体上它是微观的、分散的作品，它不具有论著的科学体系的严密性，不能正面揭示事物的运动规律。学术性辞书在创见方面有先天的不足，它不能取代论著，因此在辞书编纂中的科学创见尽可能地整理成文另行发表，以后作为参考文献附列在辞书中。

附　注

① 王宁《简论辞书的创造性及其著作权》,《辞书研究》1997 年第 3 期。

② 魏世第、李尔钢《论词典编纂的创造性》,《辞书研究》1995 年第 3 期。

③ 张觉《辞书编纂与学术争鸣》,《辞书研究》1999 年第 4 期。

④ 同①。

⑤ 陆谷孙《词典的继承与创新》,《辞书研究》1998 年第 1 期。

语料库建设与词典编纂

钱 厚 生

语料库(corpus)是语言研究和词典编纂的重要工具。许多现代语言研究中心和词典编纂中心都把语料库建设作为至关重要的基础工程来对待,利用丰富的语言资源,开发科学性更强的语言研究成果和词典新品。例如,英国伦敦大学学院英语用法研究中心利用自己创建的"国际英语语料库"(International Corpus of English,简称 ICE)编写了《牛津英语语法》(*Oxford English Grammar*, Sydney Greenbaum 著,1997);英国伯明翰大学英语系与柯林斯出版公司合作建立了"英语语料库"(the Bank of English),以此为基础编纂出版了颇具创新意义的《COBUILD 英语词典》(*COBUILD Dictionary of the English Language*,1987)。南京大学双语词典研究中心与商务印书馆合作,建立了 CONULEXID 语料库,并开发了有关应用软件,作为《综合英汉大词典》的高效编纂工具。

一 语料先行与语料库建设

词典编纂是一个深入研究词汇诸多层面、展示各种语言信息的过程。这项工作必须以丰富、翔实的语言材料为基础。古往今来,词典编纂界的有识之士都高度重视语言材料的收集。各种词典经典之作均以可靠的语言材料奠定基础。语料先行应该说是词典编纂工作的基本原则。

在早期词典编纂中，语言材料的准备主要通过人工阅读书籍，摘录例句，做成卡片（slips），用于分析词义，作为书证。英国词典史上的经典之作——约翰逊博士编纂的《英语词典》就是这样做的。首先，这部词典收词原则上以收集到的书证为依据，一般不收录仅在某本词典中见到而别无佐证的词，剔除了以往词典中一些以讹传讹的“鬼词”（ghost words）。再者，这部词典援引了11.4万条书证来阐明词义、说明用法、展现优雅文体，对英语语言规范的确立起到了很大的推动作用。从1879年开始编纂到1928年全书出齐的《牛津英语词典》（*Oxford English Dictionary*），则动员全社会力量，不遗余力地搜集资料，历时近三十载，制作引文资料卡片500多万张，为这本按历史主义原则编纂的大型语文词典奠定了坚实的基础。

我国辞书编纂很早就重视书证的使用。据有关学者统计，《说文解字》中引用的儒家著作的词句就达1 085条，《康熙字典》中的书证则更为丰富。20世纪出版的《辞源》、《汉语大词典》等严格遵循历史主义原则，在书证使用方面提出了更为严格的要求，对忠实记录祖国语言历史、展示词义演变过程起到了积极的作用。（关于书证的作用和选配，详见李开1990:328—339）

进入计算机时代，词典编纂中语言材料的准备一般通过建立大型语料库来完成。早在20世纪60年代，英国伯明翰大学英语系就意识到计算机技术对语言研究的巨大辅助作用。他们首先建立OSTI项目，把13.5万单词的非正式会话语料整理成电脑数据，研究词汇搭配问题。70年代添进3.5万单词的课堂会话、100

万单词的应用科学文字资料和75万单词的经济学文字资料。随后发现,百万单词量的语料对于句法研究来说可能足够了,但对于词汇分析和语义研究来说是远远不够的。进入80年代,他们与柯林斯出版公司合作,建立了"英语语料库",逐步扩充到2亿单词的规模。在此基础上开发了一系列英语学习词典、用法词典、语法书籍及其他英语学习书籍。

20世纪90年代初,牛津大学出版社、朗文出版公司、钱伯斯—哈勒普出版公司与牛津大学计算机中心、兰开斯特大学、英国图书馆通力合作,在英国工贸部和工程与自然科学研究委员会的资助下,建成了"英国国家语料库"(British National Corpus,简称BNC),所收语料总量达1亿单词。1995年问世的新版《牛津高级学生词典》、《朗文当代英语辞典》、《钱伯斯基础英语词典》均使用了这个语料库的最新资料。从1994年开始,该语料库及其检索软件SARA(SGML Aware Retrieval Application)就制成光盘,向欧洲发行;2000年开始,这套软件的第二版已授权牛津大学人文学科计算机中心向全世界发行。

毫无疑问,在电脑设备大为普及、语料库技术比较成熟的今天,词典编者如果不重视语料库建设,收词释义仍因袭旧作,例句设置仍随意编造,那显然是不妥的,是与现代词典编纂的科学性要求相差甚远的。

二　语料采样与语料库分类

语言是一个无边的海洋,语料库即便达到上亿字的规模,也只是语海之一粟。如果要继续扩大语料库规模,并且要求检索速度足够快,普通电脑设备就不能胜任。在现阶段,就普通电脑的处理能力而言，语料库的规模以1—2亿单词为宜。如果规模再大，运行速度就会过于缓慢。

然而，要用有限的语料反映语言实际使用情况，就必须制定周密的采样计划，让所选材料具有一定的代表性。首先应当对语言材料进行系统的分类，例如：书面语和口语，普通语言与专业语言，标准语与地域变体（包括方言），成人语言与儿童语言，早期语言和当代语言等；然后根据各类语料在语言中所占的大体比重，确定合理的采样比例。例如：

口语　以往的语言研究大多局限于书面材料，忽视口语材料。如果研究古代语言，没有声音材料可供参考，只能根据古代文献，这是情有可原的。如果研究现当代语言，撇开口语，只使用书面语材料，那就不妥，因为语言就其本质而言，口语（spoken language）是第一性的，书面语（written language）是第二性的。伦敦大学的"国际英语语料库"、伯明翰大学的"英语语料库"和"英国国家语料库"都有计划地采集了一定数量的口语语料（录音材料），并转写入库。例如，英国国家语料库的口语语料多达1 000万单词。此外，口语材料的选择以各种场合的会话（conversation）或口语交流（discourse）为宜。电影脚本、话剧台词等"准口语"（quasi-speech）材料属于刻意思考出来的语言（"considered" language），是根据人为设置的场景编造的语言，在通用型语料库中使用价值不大。（Sinclair 1991：16）

书面语　这类语言材料包括各种各样的文本，如：信函类、调查报告类、指南类、论说类、叙述类（包括游记、传记等）、幽默类、小说类（包括普通小说、历史小说、恐怖小说、校园小说、科幻小说等）、报刊类、宣传品类等等。各种题材的书面语语料比例要注意平衡。为了再现语言使用的一般状况，要注意选用普通作家的作品。对那些走火入魔的“天才作家”或喜欢标新立异的记者的文章要慎收。

地域变体 包括各种地区变体和重要的方言，如英语中的英国英语、美国英语、澳大利亚英语、南非英语等，汉语中的港台地区用语等。这些变体在语料采样中需要妥善考虑。

专业语言 包括社会科学、自然科学、工程技术、医疗卫生、服务行业等各方面的专门语言。其语言材料又根据专业化程度高低有所区别。这些材料在采样时既要考虑门类分布和比例，又要考虑难易程度。

语料采样计划很大程度上取决于有关语料库的用途。语料库根据用途可以分为通用语料库（general corpus）和专业语料库（specialized corpus）。前者旨在反映语言的基本面貌，供编纂普通语文词典使用，各类语料的比例应当保持平衡，不能偏重某一类别；后者用于反映某个专业、年代、地域、体裁、阶层或年龄组等方面的语言使用情况，供编纂各种专科词典使用。

语料库还可以分为主语料库（main corpus）和辅语料库（sub-corpus）。主语料库以普通语言材料为采集对象，反映共核语言（core language）的使用情况；辅语料库则以特殊语言材料为采集对象，反映各种语言变体（language variety）的使用特点。主语料库与辅语料库联合使用，则形成大型综合性语料库；各个辅语料库加以扩充便可成为较大规模的专业语料库。

各种语料的采样比例确定之后，大量的工作就是选取具体语言材料（即语篇），输入计算机。其中难度最大的是口语语料入库，需要把口语录音材料逐字转录成电脑文字材料。早期文字语料入库使用键盘录入或光学字符识别(OCR),相当费时费力。现在电子书籍很多,囊括古今中外各种题材的书籍,入库非常方便。互联网的普及又给采集最新语言材料带来极大的便利。当然,在语料入库之前,必须慎重考虑版权问题。

三 语料分析与语言信息检索

语料入库,这仅仅是语料库建设的第一步。它只不过是把语言的口语形式和书面形式变成了机读形式——电子文本。只有使用计算机对入库的语料进行各种语言信息分析与处理,才能提供各种有用的参考数据和研究素材,很好地为语言研究和词典编纂工作服务。

语料分析与处理包括词频统计、索引生成、语法分析、语体分析、语义分析等项目。目前有些项目的自动化处理已经成熟,有些尚待继续发展。下面分别加以讨论。

词频统计 这是最基本的语料分析。其任务是指出每个单词在整个语料库中出现的次数是多少,并且生成词频表,作为词典收词立目的科学根据。现在有些词典还特别提供词频信息,给语言教学大纲词汇表制定者提供参考,同时给读者选择学习词汇提供便利。例如,《COBUILD 英语词典》(1995 版)在词条右方用黑菱形号标示词频,黑菱形号

wife /waɪf/ **wives.** A man's **wife** is the woman he is married to. *He married his wife Jane 37 years ago... The woman was the wife of a film director.* • See also **old wives' tale.**	◆◆◆◆◆ N-COUNT: usu with poss
wifely /waɪfli/. **Wifely** is used to describe things that are supposed to be typical of a good wife. *She strove to perform all her wifely functions perfectly. ...the ideology of wifely duty.*	ADJ: usu ADJ n
wig /wɪg/ **wigs.** A **wig** is a mass of false hair which you wear on your head, for example because you are bald or because you want to cover up your own hair.	◆◆◇◇◇ N-COUNT
wiggle /wɪgᵊl/ **wiggles, wiggling, wiggled.** If you **wiggle** something or if it **wiggles**, it moves up and down or from side to side in small quick movements. *She wiggled her finger... His ears wiggled if you scratched his chin... Your baby will try to shuffle or wiggle along the floor.* ► Also a noun. *...a wiggle of the hips.*	◆◇◇◇◇ V-ERG V n V V prep/adv N-COUNT
wigwam /wɪgwæm, AM -wɑːm/ **wigwams.** A **wigwam** is the same as a **tepee.**	N-COUNT tepee
wild /waɪld/ **wilds; wilder, wildest**	◆◆◆◆◇
1 Wild animals or plants live or grow in natural surroundings and are not looked after by people. *We saw two more wild cats creeping towards us in the darkness... The lane was lined with wild flowers.*	ADJ: usu ADJ n
2 Wild land is natural and not cultivated. *Elmley is one of the few wild areas remaining in the South East.* ♦ **wildness** *...the wildness of the mountains and the soft hues of the fields.*	ADJ-GRADED: usu ADJ n N-UNCOUNT

越多，表示使用频率越高。

《朗文当代英语辞典》(1995 版)则在词典正文边上用符号和数字表示词目在书面语和口语中的使用频率。其中“S”表示“口语”，“W”表示“书面语”，“1”、“2”、“3”表示有关词项分别属于“1 000”、“2 000”、“3 000”高频词。

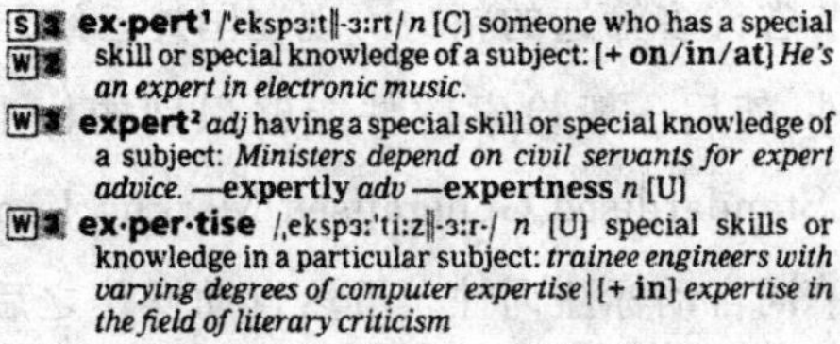
S2 W2 **ex·pert¹** /ˈekspɜːt‖-ɜːrt/ *n* [C] someone who has a special skill or special knowledge of a subject: [+ **on/in/at**] *He's an expert in electronic music.*

W3 **expert²** *adj* having a special skill or special knowledge of a subject: *Ministers depend on civil servants for expert advice.* —**expertly** *adv* —**expertness** *n* [U]

W3 **ex·per·tise** /ˌekspɜːˈtiːz‖-ɜːr-/ *n* [U] special skills or knowledge in a particular subject: *trainee engineers with varying degrees of computer expertise* | [+ **in**] *expertise in the field of literary criticism*

索引生成　这也是语料分析处理的重要项目，目的在于生成很有参考价值的词项索引(concordance)，把整个语料库中含有某个单词或词组的句子集中展示出来，供词典编者选用。以前通过人工阅读采集例证，往往数量有限，遗漏甚多。现在通过电脑检索，可以做到一览无余。如果能在索引栏提供左右项排序功能，使用者就可以很方便地了解有关词语的左右搭配情况。这不仅对编纂搭配词典十分有用，而且对普通词典编写过程中概

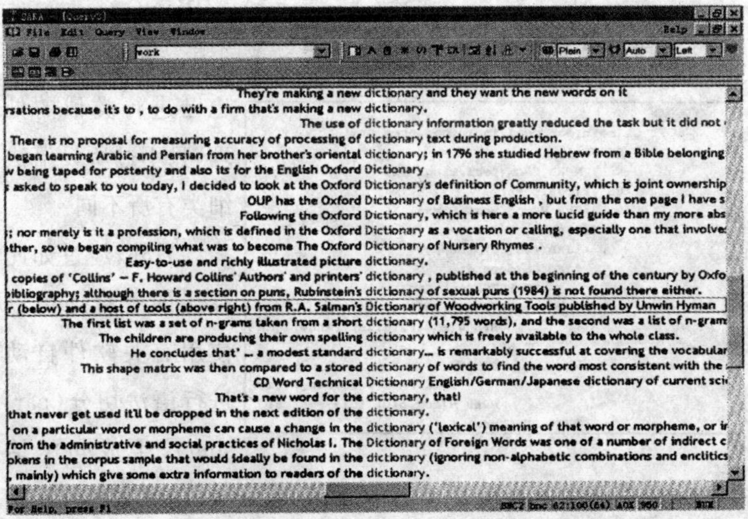

括义项、考察用法、选择例证颇有益处。

语法分析 其主要任务是给语料库中的所有单词确定词性，并逐一标注(tagging)。我们知道，语言中一词多性的情况相当普遍。如果能对语料库中所有的词按词性检索，就可以让词典编者节省许多筛选的精力。现在国外已经开发成功自动标注词性的软件，使用一般检索软件能够识别的标准化通用标示语言 SGML (Standardised Generalised Markup Language)给语料库中的所有单词自动标注词性。虽然自动操作之后需要进行核对，但已减少了大量的人工操作。这类软件还能同时提供详细的句法组合信息，可以让所有单词按用法检索。例如：

I was happy to know my classmates.

这个句子的词性标注方式是：

I 〈PRON (pers, sing)〉 was 〈V (cop, past)〉 happy 〈ADJ (ge)〉 to 〈PRTCL (to)〉 know 〈V (montr, infin)〉 my 〈PRON (poss, sing)〉 classmates 〈N (com, plu)〉. 〈PUNC (per)〉

该例取自伦敦大学国际英语语料库。英国国家语料库的语料也已进行类似的处理，只不过所设语法细类有所不同。

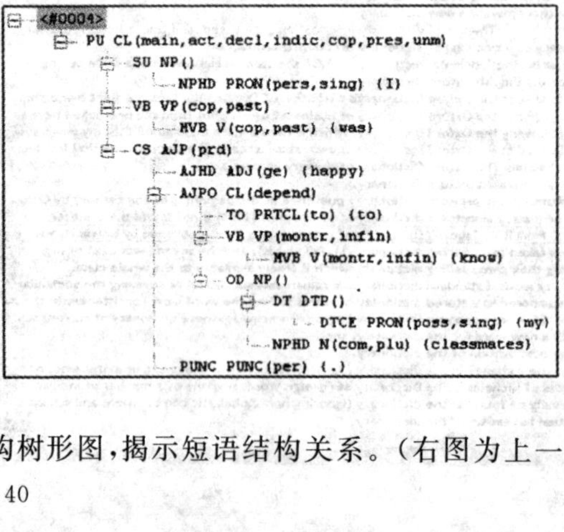

另外，经过如此标注的语料还可以使用有关软件自动进行语法切分(parsing)，生成句子结构树形图，揭示短语结构关系。(右图为上一例句的横式树形图，

系由伦敦大学学院高级研究员 Alex C. Fang 先生研制的软件自动生成。)

语体分析 最基本的方法是利用电脑的强大统计功能,提供有关词语在书面语材料和口语材料中出现的频率。至于词语的其他语体特征和修辞用法,机器是很难识别的,目前只能依靠人工分析。《朗文当代英语辞典》(1995 版)已经将有关单词在口语和书面语中的使用频率在词典条目中加以图示,能够指导读者从修辞的角度正确使用词语。

Frequencies of the verb say in spoken and written English.

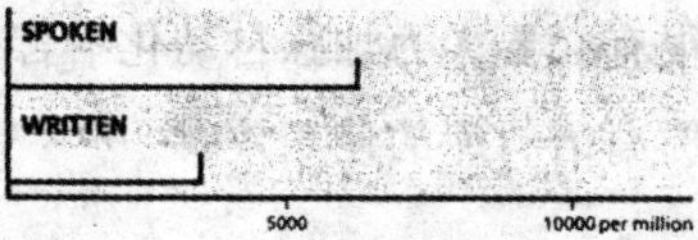

Based on the British National Corpus and the Longman Lancaster Corpus

This graph shows that the verb **say** is much more common in spoken English than in written English. This is because it is used in a lot of common spoken phrases.

搭配分析 搭配信息也是非常重要的语言使用信息。对于学习外语的人来说,这方面的信息对于解决语言表达问题具有非常重要的指导意义。《朗文当代英语辞典》(1995 版)已积极利用电脑的自动分析处理功能,采集有关数据,在词典中展示出来。

The graph shows some of the words most commonly used with the noun **risk**.

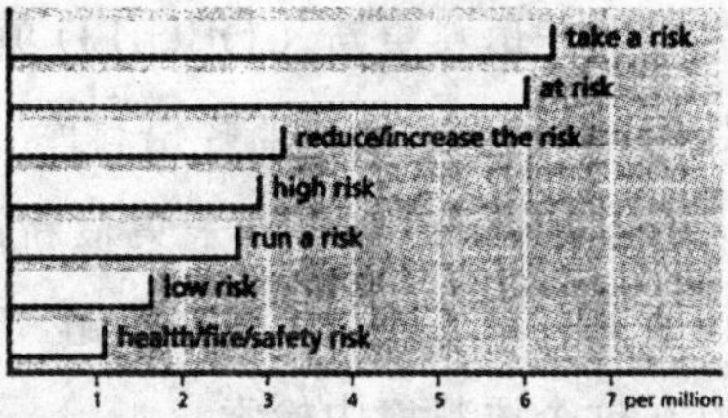

Based on the British National Corpus and the Longman Lancaster Corpus

语义分析 如果能按照词义检索例句,词典编纂则更加方便。然而词义自动分析目前尚无可操作性强的客观标准,没有取得突破。将来解决的方案可能是给语料库中的多义词标注义类(semantic categories),因为义类的概念在 1995 年出版的《朗文当代英语辞典》和《剑桥国际英语词典》中已经积极应用。例如,《剑桥国际英语词典》把 make 分为如下义类: cause , cause to be , perform , force , total , calculate , earn , arrive , perfect , have sex。

毫无疑问，语料库的使用价值取决于语料分析的深度。因此，很有必要大力加强自动化语言分析研究，拓展语料库的服务功能，提高语料库的使用效率。

四　语料更新与词典修订

正如有关专家所指出的，语料库一旦建立，其中的材料就已成为语言历史资料。要想让所建语料库及时反映语言的最新变化，其内容就必须不断更新。目前国内许多词典内容比较陈旧，修订版也未见多大改观，其原因恐怕在于最新语料采集与利用不足。

关于语料更新，COBUILD 项目主持人辛克莱尔教授（Sinclair 1991：26）提出设立“监控语料库”（monitor corpus）的主张，即建立一个专用语料库，不断采集最新语料，对语言的发展变化实施监控。词典编纂者如果需要了解新词新义及其他语言变化情况，可以在这个语料库中检索。

建立“监控语料库”的最大益处是既可以避免主语料库规模变得过于庞大，又能满足词典修订的实际需要，具有事半功倍之效。而且，监控语料库还可以通过划定最新语料年代范围（如从 10 年、5 年或 3 年前至今），扩大到一定规模，作为编纂新词新义词典的语料库使用。

结　语

随着语料库建设的蓬勃发展，语料库语言学（corpus linguistic）这门新兴学科应运而生。高度重视这方面的基础研究，积极建立科学、实用的语料库，对于促进辞书出版事业的繁荣，可谓善莫大焉。需要指出的是，在高度重视电脑语料库建设的同时，也不要忽视手工语料采集的工作，因为人工选录的例句针对性较强，占用电脑系统资源又很少，可对主语料库起到重要的辅助作用。

南京大学张柏然教授主持的《综合英汉大词典》项目在实施过程中制定了系统的阅读计划，要求课题组成员每周完成一定数量的例句摘录工作，日积月累，受益良多。复旦大学陆谷孙教授主编的《英汉大词典补编》在编写过程中不仅通过阅读最新英美报刊搜集英语新词新义，而且通过互联网汲取有用的资料，实践证明非常成功。

“手工资料的优点在于精，而计算机语料库中可有可无的资料太多，很容易膨胀得无法驾驭。”(陆谷孙，1998:43)我们在加强语料库建设时要适当注意这一点，不要完全放弃手工资料采集。

参考文献

李　开　1990　《现代词典学教程》，南京大学出版社。

李荫华　1985　《英语词典初探》，商务印书馆。

南京大学双语词典研究中心　2000　《〈CONULEXID 英汉语言资料库〉的创建与开发利用》，载黄建华、章宜华主编《双语词典论专集》，北京出版社。

陆谷孙　1998　《词典的继承与创新》，《辞书研究》第1期。

Fang, A. C.　1996　“Automatically generalising a wide-coverage formal grammar”, in C. E. Percy et al. (eds.) *Synchronic corpus linguistics*, pp. 207-222. Amsterdam: Rodopi.

Sinclair, J. M. (ed.)　1987　*Looking Up — An account of the COBUILD Project in lexical computing*. Collins.

Sinclair, J. M. (ed.)　1991　*Corpus, Concordance, Collocation*. Oxford University Press.

论附设语境式释义

李　尔　钢

传统词典释义的一般形式，我们可以用“属＋种差”的定义式来加以概括。所谓“描写式”释义，我们可以看作是用复句的形式详解种差而有时省略类属的定义释义；所谓“对译式”释义，也可以视为在特定条件之下对类属或种差加以省略的定义释义方式。这一命题我们需要另文展开。这里指出这一点，实际上强调的只有一个观点，那就是传统的释义方式从量的角度看，没有出离定义式释义的范围。如果用S代表定义即“属＋种差”，那么传统释义方式就是S(完全型)或者S－X(省略型)。附设语境式释义不属于传统的释义方式，这种释义方式在国内还很少见。从量的角度看，它对“属＋种差”的形式有了突破。它是S＋Y。

一

让我们先看看下面的例子：

【farm 农场】A farm is an area of land consisting of fields and some buildings, which is used for growing crops or raising animals. EG My father worked on a farm. 一个农场是一片由一些用来种植谷物或喂养牲畜的建筑物和田地组成的区域。例：我的父亲在农场工作。

【marry 结婚】If you marry someone or if you get married, you form a legal relationship with a person of the opposite sex in a ceremony during which you make particular promises to that person and become their husband or wife. EG I wanted to marry. 如果你和某人结婚或者已婚,你就在一个仪式中向一位异性作出特别承诺并与之结为一种合法关系成为其丈夫或妻子。例:我要结婚。

【thin 窄】Something that is thin has a small distance between its two opposite surfaces. EG His nose was long and thin. 窄的东西的相对两表面之间所具有的距离很短。例:他的鼻子又长又窄。

以上例子择自《柯林斯合作英语词典》(Collins Cobuild English Dictionary,约翰·辛克莱(John Sinclair)主编,柯林斯出版公司1987年出版)。这部辞典是依据弗斯(J. R. Firth)的语言学理论编纂的。弗斯(1890—1960),现代语言学伦敦学派的创始人。他的理论受到维特根斯坦"词的意义就是它的用法"思想很深的影响,而对他影响更深的是与他同在伦敦大学任教的人类学家马林诺夫斯基(B. Malinowski)。马氏在南太平洋的特罗布恩岛进行实地考察发现当地土著人的话离开了具体语言和文化环境就简直无法译成英语。例如当地人把划独木舟的单桨叫做"wood",如果离开了土著人使用这个词的语言环境,就无法理解这个词的确切含义。这种情况其实在几乎任何两种语言对译时都存在。例如,汉语的"桨"和"橹"在英语中都只能译作"oar(桨)",因为英国人生活中没有"橹"的对应物;而英语中的"paddle"(一种短而扁阔的桨,不系在船的两旁,尤其用于划独木舟),汉语也没有对应词可译，同样只能译作“桨”。汉语“饭桌”和“书桌”有上位概念“桌子”，而英语在 table 和 desk 的上位没有一个与汉语“桌子”相应的概念。在英语中，table 和 desk 的上位概念是 furniture(家具)，而同以 furniture 为上位概念的，还有 chair(椅子)、bed(床)等等，使用英语的民族可以说“to carry the table and desk into that room”(把这饭桌和书桌搬到那个房间里去)，但是他们在说“table and desk”时，心目中想到的却是两样家具(如同我们说“椅子和柜子”时一样)，而不是一种家具，因为在他们的逻辑体系中根本就没有与汉语“桌子”同一级别的概念。与此类似，生活在多冰雪的世界中的爱斯基摩人对于“雪”语言分类十分仔细，他们有表达各式各样类型的雪的概念，却没有与英语 snow 和汉语“雪”相同级的总体概念。在爱斯基摩人眼里，各类雪的细微差别比它们的共性更加突出，以至于他们可以忽略掉它们共同的类的属性。导致这种情况的原因是不同民族有着因不同的物质和文化生活内容而产生的不同概念体系。注意到这一点的马林诺夫斯基于是提出了“情境中的上下文”(context of situation)的命题，在此基础上，弗斯又进一步提出了“意义＝上下文语境中的功能”(meaning＝function in context)的语义公式，要求将语境也作为语言分析的一个重要层次来对待。而在词的定义的问题上，弗斯认为“词的意义就体现在它以什么别的词为伍”，强调离开了语境就很难确切地掌握词义。《柯林斯合作英语词典》的主编伯明翰大学的辛克莱教授就正是根据弗斯的这一观点为词典开创了这一种新鲜的释义方式。

从本节开头所引的几个例子可以看出，《柯林斯合作英语词典》在释义中通过引用词目为其设置了一个小型的语境，如“farm”的“A farm is”，“marry”的“If you marry someone or if you get married"，"thin"的"Something that is thin"等等。当读者读到"一个农场是……"的释文时，他知道"农场"是一个名词，一个可数名词，可以作句子的主语；读到"如果你和某人结婚或者已婚"的释文时，他能体会到"结婚"是一个动词，可以作句子的谓语，同时英语的"结婚"一词可以带宾语，也可以不带宾语；读到"窄的东西……"的释文时，读者知道"窄"是一个形容词，可以修饰某些物类的名词。这个小型的语境是释义的一个附加部分，真正的释义在后面，如"（农场：）一片由一些用来种植谷物或喂养牲畜的建筑物和田地组成的区域"；"（结婚：）在一个仪式中向一位异性作出特别承诺并与之结为一种合法关系成为其丈夫或妻子"；"（窄：）相对两表面之间所具有的距离很短"。这后一部分与普通定义式释义并无区别，其标准格式同样是属加种差，如"农场"的定义中，"区域"是属，"一片由一些用来种植谷物或喂养牲畜的建筑物和田地组成的"是种差；"结婚"的定义中，"结为一种合法关系"是属，其余文字是种差。这一种释义的标准形式可以归结为"Y 附设语境＋S 定义（属＋种差）"，所以我将这种释义方式称为"附设语境式释义"。如果仅仅将使用的释义文字多少作为考量，那么在相同详略情况下，附设语境式释义在所有释义方式中是使用文字最多的，因为它在完全型和省略型定义释义的基础之上还又增加了附设语境部分；但是从本质上看，附设语境式释义仍然是定义式释义。有一些评论文章将《柯林斯合作英语词典》的释义划为与定义式释义有本质区别甚至相对立的释义方式，这种认识其实是不对的。

二

附设语境的作用，部分是如上文所指出的帮助读者理解词的语法性质，但有学者认为那并不是其主要作用。认为附设语境的结果，是使释义由一般的语段形式，进而成为一个完整的句子，而这才是其主要的作用。

传统的定义式释义一般省略为语段，其依据是词典编纂者与读者之间长期以来形成的一种默契。如果我们把对于词语的诠释整体地视为一个完整语句的话，那么这个默契的内容就是编纂者以词目为诠释语句的主语，通过词目与释文的分设关系，省略掉系动词，而将原本是诠释语句之宾语的释义，以语段的形式充分简洁地保留在词典之中（这从定义的角度看，是在定义中保留定义项，而省略掉被定义项和定义联项）；读者在查阅时同样将词目视为主语，将词目与释义的这种解释与被解释的格式关系视为系动词，而将释义视为诠释语句的宾语。于是，“**农场**　一片由一些用来种植谷物或喂养牲畜的建筑物和田地组成的区域”，就被正确地理解为“农场是指一片由一些用来种植谷物或喂养牲畜的建筑物和田地组成的区域”；而“**结婚**　在一个仪式中向一位异性作出特别承诺并与之结为一种合法关系成为其丈夫或妻子”，也就被理解为“结婚的意思是在一个仪式中向一位异性作出特别承诺并与之结为一种合法关系成为其丈夫或妻子”。词典编纂者与作者通过这种默契，通过编纂时的格式省略和查阅时的自行补充，使词典既保持格式上的眉目清楚和较大程度的简洁，又保证了诠释语句的完整。在这种类型的释义中，编纂者遵循的是被词典学理论称为“可替换性原则”的释义原则，其最显著的特点，是在交际时的句子中使用词目的地方可以使用释义加以替换而意义完全不变，而在词典之中，词目也可以与释义互换。如“结婚是在一个仪式中向一位异性作出特别承诺并与之结为一种合法关系成为其丈夫或妻子”可以颠倒过来，写作“在一个仪式中向一位异性作出承诺并与之结为一种合法关系成为其丈夫或妻子是结婚”。这是词典释义最一般的形式。这种形式当然也有不能满足词典需求的时候，最常见的情况是词目带有术语或俗语的性质，或者有比较特殊的文化成分，这时词典编纂者往往就需要暂时打破与读者原已达成的默契，为释义补足所有的成分。让我们来看《现代汉语词典》的一些例子：

【卖关子】说书人说长篇故事，在说到重要关节处停止，借以吸引听众接着往下听，叫卖关子。

【闭门羹】拒绝客人进门叫做让客人吃闭门羹。

【冷处理】工件淬火后立即放进低温空气(0℃—80℃)中，叫做冷处理。

【打白条】收购时用单据代替应付的现款，日后再予以兑付，叫做打白条。

【打场子】跑江湖的曲艺、杂技演员用敲锣鼓、吆喝等方式把观众招引来围成圆形的表演场地，叫做打场子。

【打春】旧时湖南一带无业游民，在春节前后，敲打小锣、竹板等，唱着歌词，挨家挨户索取钱财，叫做打春。

【红帽子】在白色恐怖时期，进步人士被反动派指为共产党员或与共产党有联系，叫做被戴上红帽子。

在这些释义中，编纂者都打破了“可替换性原则”，而在定义中重复了词目，补足了所有可以省略的句子成分；在语序上，词汇的排列次序与我们在上面所说的颠倒了一下，使用了“某某叫做某某”的形式，将原来置于前面的被释词倒装了一下，搬到后面来。可以看出，这些词目的释义往往带有叙述性，或者由比较复杂的叙述性复句组成，而这复句的中心词并不明显。如果我们深入分析词典的释文构成，就会发现在许多情况下，词典释文包括有“知识附加”的成分，即在定义释义之外，附带介绍有关的知识，这种情况在专科词典释文中常见。如果释义的语句组成比较复杂而且中心词不明显，读者查阅时就会感到分不清定义与知识附加的界限，因而也就不能准确领会和掌握被释词的意义，这时，为释义加上被释词和系词使释文中的定义由语段进而成为一个完整的句子，表示到此定义已经完成，有助于读者理解词目的完整意义。因此，有学者称这种方式的释义为“完整句子释义”，认为这种方式的释义所传达的信息量和对词义描述的精确度都胜于普通短语或语段式释义。[①]

应该指出的是，从严格的意义上说，这种“完整句子释义”对于传统方式的补足是可有可无的。如果不是怕读者在查阅时分不清定义和知识附加的界限，在以上数例中，除最后一个例子以外，将所有释义中的“叫做×××”都删除掉，对于定义的正确性以及信息量都无大的影响。最后一例的特殊性在于释义中的定义与词目并不对等，释义为“被戴上红帽子”的定义，而词目仅仅只是“红帽子”，所以释义加上“叫做被戴上红帽子”是不可少的。这当然只是十分特殊的情况，不能涵盖一般。在一般情况下，不仅多数被释词和系词可以从定义中省略，已经省略了被释词和系词的一般词典定义也还可以重新加上。还是《现代汉语词典》的例子：

【反差】照片、底片或景物等黑白对比的差异(叫做反差)。

【反常】跟正常的情况不同(叫做反常)。

【反衬】从反面来衬托(叫做反衬)。

【反冲力】与冲力相反的作用力(叫做反冲力)。

【反串】戏曲演员临时扮演自己行当以外的角色(叫做反串)。

【反调】(反调)指相反的观点、言论。

以上只是从“反”字字头所属的复词中随意地撷取了几个例子。例子的括号中的文字都是笔者加上去的,也都是完全可以省略的,是应该省略的。不然词典的释义将会让人感到多么累赘!在一般词目含义与释义定义完全对等的情况下,如果不是为了防止具体在某些情况下会产生的混淆不清(例如长而复杂的复句定义而后面又紧跟有容易被看作是定义文字的知识附加内容),应该避免在释义中重复被释词与系词。有学者在评论《柯林斯合作英语词典》时,认为《现代汉语词典》也应该“系统采用”上述“【闭门羹】拒绝客人进门叫做吃闭门羹”一类的释义方法[②],这种观点是错误的。

三

那么约翰·辛克莱教授《柯林斯合作英语词典》释义究竟有没有贡献呢?有的。他的主要贡献在于在释义的表述之中引入语境观念。《柯林斯合作英语词典》贯彻了弗斯对于词典编纂的基本思想一个重要的方面,即要求找出划定有限语言(restricted language)的标准,给词的定义设置框架。所谓有限语言,广义是指一种语言或方言在一个特定历史背景中的状态;狭义是指个人所掌握的语言或在特定场合中所使用的语言。与之相应,语境同样也有广义和狭义的区别,广义语境指言辞之外的社会客观环境,而狭义语境指的是在实际使用中词汇的具体的前后文。在词典编纂中,首先当然是必须通过语境来全面地认识词义,因为词是在具体环境中运用的,多义词义项意义的区别,与词的运用环境紧密相联系。离开了语境,就无法确定词的意义。而在词典编纂中,要想认识和确定词的义项义，也就离不开语境。传统的词典编纂一直就是在利用语境认识词的义项义，这一点我们需要在有关“义项”的专文中再作详尽讨论。而通过设置语境框架来显示词义，是词典编纂中需要探索的另一方面，《柯林斯合作英语词典》正是在这一方面做出了可贵的努力，进行了有益的探索。下面还是该词典“结婚”这个词目的例子，我们将有代表性的义项补足：

【marry 结婚】1. If you marry someone or if you get married, you form a legal relationship with a person of the opposite sex in a ceremony during which you make particular promises to that person and become their husband or wife. EG I wanted to marry. 如果你和某人结婚或者已婚，你就在一个仪式中向一位异性作出特别承诺并与之结为一种合法关系成为其丈夫或妻子。例：我要结婚。2. When a clergymen or registrar marries two people, he or she unites them in a legal relationship as hubsand and wife. EG You'll have to go and ask the vicar if he'll marry you in church. 当一个神职人员或婚姻登记员为两个人(办理)结婚时，他或她将这两个人作为合法夫妻关系联系在一起。例：你必须去找牧师问问他是否愿意去教堂里给你(主持)结婚(的仪式)。3. If someone marries their child, they find a suitable partner for their child to marry. EG He had married all his daughters and settled his son. 如果某人为其子女(操办)结婚时，他们为其子女找到了一个合适的结婚伴侣。例：他已经把他的女儿们都嫁了出去并且安顿好他的儿子们。4. If you marry two things together, you join them together in some way. EG Their racism at home has been married with their racism abroad. 如果你把两个东西结合起来，你得用某种方法将它们拼接到一起。例：他们的国内种族主义已经同他们的对外种族主义结合起来。

在这个例子的四个义项中，marry 全都是作为可以带宾语的动词谓语使用，但是动作的发出者和接受者却分别是 1. 结婚者的一方与结婚者的另一方，2. 神职人员（或婚姻登记员）与两个结婚者，3. 父母与他们的子女，4. 事物的一方与事物的另一方。参与人员或方面的不同使得“marry”这个词有了不同的“结婚”、“主持婚礼”、“嫁（娶）”、“结合”的意义，不同意义的产生，既源于社会生活存在，也源于语句中上下文的不同搭配。对此，《柯林斯合作英语词典》所设置的语境框架是用 if (when) 引出一个假设分句，设置一定的使用场合来反映广义语境和狭义语境，再使用主句引出释义。不同的施事者和受事者在释义中全都通过语境分句表现出来。语境分句既表现了社会生活存在这些不同的生活内容（即广义语境），也反映了被释词与不同词汇搭配（即狭义语境），反映出了被释词各义项义之间的意义差异。这确实非常便于读者理解各义项义的不同之处。上文所论述的将定义补足为完整句的部分（如“一片农场是……”等）也只有放在不同的义项义之间作为语境看待，才能显示其意义。平心而论，千篇一律地使用“If”等格式读来难免觉得有些单调，但是为在释义中通过设置语境框架以更加清楚地显示词义的独特性，这部词典的确做出了有益的探索，或许为改进释义方式指示了一个可行的方向。

附　注

① 参看张维友《详解语文词典编纂的重大突破》,《外国语》1990 年第 1 期。

② G. Liu.《单语外向型汉语学习词典的理论与实践》,《辞书研究》1999 年第 5 期。

语文辞书修订工作的基本特点*

——从《新华字典》的多次修订想到的

程　荣

辞书修订是辞书编纂工作的延续和发展,它可以使一部好的辞书永葆青春,长销不衰,具有永久的生命力。否则,即使是再好的辞书,如果长期不修订,也会随着时代的发展变成明日黄花。《新华字典》几十年来始终受到广大读者欢迎的事实,从正面说明了辞书修订工作的重要性。该书自1953年出版以来,经过多次修订,累计有12个版次(包括人民教育出版社1953年、1954年、1955年的3个版次和商务印书馆1957年、1959年、1962年、1965年、1971年、1979年、1990年、1992年、1998年的9个版次),各版次中间还有在重印时未计入新版次的修订(如:1957年6月商务新一版之后还有1958年重印时根据汉语拼音方案改定注音的新版本,实际上这也是一次不小的修订),以及在不断重印时未计算在内的挖改式修订。长期以来,《新华字典》因不断修订,适应了不同时期读者的需求,迄今已发行几亿册,积累了不少宝贵经验。归纳总结其修订经验(当然也不排除有某些教训需要记取),对促进

---

* 本文在起草过程中,承蒙刘庆隆先生提供《新华字典》的几种主要版本,并在完稿后予以审订;王维新先生也提供了相关资料,在此特致敬意和谢忱。

辞书出版事业的发展大有裨益。笔者试图以《新华字典》为主要的考察对象，探讨语文辞书修订工作的基本特点。

一

通过修订及时反映和体现国家的语文政策和规范标准，促进语文规范化。这是语文辞书，特别是规范型语文辞书修订工作的一个重要方面。《新华字典》的每一次修订在这方面都有所体现。

（一）在字形上，《新华字典》通过修订及时贯彻了国家先后公布的《第一批异体字整理表》(1955.12，以下简称《一异表》)、《汉字简化方案》(1956.2)、《简化字总表》(1964.5)、《印刷通用汉字字形表》(1965.1)、《部分计量单位名称统一用字表》(1977.7)、重新发表的《简化字总表》(1986.10)、《现代汉语通用字表》(1988.3)等汉字字形规范标准。

《新华字典》1953 年本和 1954 年本出版于《汉字简化方案》、《一异表》出台之前，因此字头和正文用字均为繁体字系统，但 1956 年以后经过修订的各个版本均贯彻执行了国家规定的各项字形标准。

1955 年 11 月和 1956 年 1 月国家先后公布了《一异表》和《汉字简化方案》，《新华字典》1957 年 6 月商务新一版以《简化字方案》中第一表和第二表的简化字为标准正体，作为主体字头，把原来放在主体字头位置的繁体字改为附列字头，加括号放在主体字头的右侧，对于《一异表》中被淘汰的异体字，也加上括号放在主体字头的右侧。

1964 年 3 月和 1965 年 1 月国家先后公布了《简化字总表》和《印刷通用汉字字形表》，1965 年出版的《新华字典》修订重排本，其字头一律改用成符合《印刷通用汉字字形表》字形要求的大号宋体字(此前各版本均用大号楷体字,此次修改在《凡例》中未作说明),而且在1962年本的基础上,根据《简化字总表》的规定,把能够类推简化的字,都加以类推简化,除附列字头外,主体字头和正文全部使用了规范的简化字(此前各版本尚未类推简化,此项大改动在《凡例》中并未说明)。

1977年国家公布了《部分计量单位名称统一用字表》,1980年出版的《新华字典》1979年修订重排本及时修改了相关内容(《凡例》中并未说明),例如,对原有《计量单位简表》中的用字做了修改,删除了"浬"、"哩"、"呎"等,改为规范用法"海里"、"英里"、"英尺"等,正文中对这些字的注释也有所补充,增加了"现写作'海里'"、"现写作'英里'"、"现写作'英尺'"等说明。

1986年《简化字总表》重新发表,对个别字有所调整。《新华字典》1990年重排本据此调整了有关字头,修改了相关内容,例如,确立了"瞭"字作主体字头的地位("瞭望"的"瞭"不再简化为"了"),取消"了"读liào的音及括号中所附"瞭"字。1988年3月国家公布了《现代汉语通用字表》,规定了字形结构、笔画数和笔顺,明确了字形标准。据此,《新华字典》1992年重排修订本在1990年本的基础上,对个别字头做了调整。例如,把"黏"字从"粘"字后面的括号中移出,作为规范字单立字头。这样就使《新华字典》在字形和用字方面与新的国家规范标准更加吻合,促进了汉字使用的规范化。

(二)在字音上,《新华字典》通过修订及时贯彻了国家制订的《普通话异读词审音表》的有关规定。1957年10月普通话审音委员会在《中国语文》上发表《普通话异读词审音表初稿》,《新华字典》1958 年重印本据此对原有注音做了某些修正，例如，对有异读的“庇”字原注 bì 和 pì 两读，重印本改为只注 bì 一种统读音。1959 年 7 月《普通话异读词审音表初稿（续）》在《中国语文》上发表以后，《新华字典》1959 年改排本据此及时做了某些修订，例如，对有异读的“坯”字原注 pī 和 pēi 两读，改排本改为只注 pī 一种统读音。1962 年 12 月《普通话异读词审音表初稿第三编》在《文字改革》上发表，《新华字典》1964 年重印本据此又做了修订，例如：“绌”原注音是 chuò，重印本改定为 chù，“疾”原注音是 jī，改为 jí，等等。1985 年 12 月《普通话异读词审音表》正式公布（对“初稿”做了修订），《新华字典》1990 年重排本据此改订了字音，例如，对原注有 cè 和 si 两种读音的“厕”字（“茅厕”的“厕”注 si，改为只注一种统读音 cè，对原注有 fú 和 fǔ 两种声调的“幅”字（加儿化时注上声 fǔ），改为只注一种统读音 fú，等等。《新华字典》通过修订工作，为推广普通话的正确读音起到了率先垂范的作用。

（三）在注音上，《新华字典》通过修订及时推行了国家公布的《汉语拼音方案》，逐渐突出汉语拼音的注音地位。《汉语拼音方案》正式公布于 1958 年，此前出版的《新华字典》1953 年版和 1954 年版尚未使用汉语拼音注音和排序（1953 年版正文用注音字母注音和排序，1954 年版正文用注音字母注音、按部首排序）；1956 年 11 月汉语拼音审订委员会通过《汉语拼音方案修正草案》，《新华字典》1957 年版正文注音采用了注音字母和汉语拼音两种形式，1958 年重印时，在内封上明确注明“1957 年 11 月根据‘汉语拼音方案草案’改定注音”，同时在“凡例”中实事求是地向读者申明“方案规定阴平标‘-’号，轻声不标，未及改正”；《汉语拼音方案》正式公布以后的《新华字典》1959 年版正文改用汉语拼音注音（附列注音字母)和排序,并把《汉语拼音方案》作为第一附录收列。几十年来,此种注音及排序方式延续至今,对《汉语拼音方案》的推行起到了积极的作用。

(四)在字序上,《新华字典》通过修订贯彻执行了规范的汉字排序原则。在《汉语拼音方案》未公布之前,《新华字典》按音序编排正文的两个版本(1953 年版和 1957 年版)都是依据注音字母(ㄅㄆㄇㄈㄉㄊㄋㄌ……)的排列顺序,从 1959 年版起,各个按音序编排正文的版本均采用了汉语拼音(abcdefg……)的排列顺序。而《部首检字表》和《难检字表》中涉及同笔画数的问题时,最初的几个版本是按点、横、竖、撇、折的先后顺序编排;从 1979 年版起,依据了 1965 年公布的《印刷通用汉字字形表》的编排顺序,各版本均改为按横、竖、撇、点、折的先后顺序编排。《现代汉语通用字表》和《现代汉语通用字笔顺规范》公布以后,《新华字典》的修订本,特别是 1998 年出版的修订本,在字序排列上(包括正文和检字表)也根据规范标准做了相应的调整。例如:《难检字笔画索引》中二画的"乃"原排在"刁"前,1998 年本根据笔画相同的字按起笔形(按横竖撇点折的顺序)、起笔相同按第二画笔形、依此类推的排序原则,又根据"刁"的第二画是提,应归为横类的规定,把"刁"改排到"乃"之前;《难检字笔画索引》中四画的"以"、"予"原先排在"尹"、"尺"、"弔"、"丑"、"巴"等字的前面,1998 年本依据第二笔(点应在横竖撇之后),把"以"、"予"两字改排到"尹"、"尺"、"弔"、"丑"、"巴"等字之后。

总之《新华字典》的修订始终把贯彻落实好国家语文规范政策法规作为一项重要工作,一直紧跟语文规范化的各项新规定,不断改进,不断完善,特别是 1998 年的修订工作,进一步全面贯彻执行了国家颁布的语言文字法令、法规以及相关的规范标准。此次修订本依据各项规范标准和原则，增删、调整了字头，明确区分出字头后的繁体字、异体字，也调整了部首的排列顺序、检字表和字头字的排列顺序，并根据《普通话异读词审音表》改动了少数字音。这次修订工作使《新华字典》在规范性方面更加名实相副。

汉语辞书应该是汉语规范形式的全面体现者，这是全社会对它的要求。《新华字典》多年来始终保持着权威性工具书的生命力，其中一个重要原因就在于其每次的修订工作都能坚持把贯彻国家各项语文规范标准放在首位，或者更确切地说，某些修订工作的进行正起因于国家某些新标准的出台。

二

通过修订跟上时代，适应群众语文生活的需要。这是各类语文辞书修订工作的又一个重要方面，《新华字典》的各次修订本在这方面反映得较为突出。

（一）通过修订，适当增大收字量，以满足不同时期群众文化水平的实际需求。

《新华字典》1953 年版本收单字 6 840 个（连异体字在内）；1954 年版本收单字 7 300 余个（连异体字在内）；1957 年版本和 1959 年版本收单字 8 000 多个（连异体字在内）；1962 年收单字 8 000左右；1971 年版本收单字 8 500 左右（连异体字在内）；1979 年版本收单字（包括异体字和繁体字）11 100 个；1990 年版本和 1992 年版本单字的收选量与 1979 年相同；1998 年版本也收单字（包括繁体字和异体字）10 000 多个。从收字量看，从 1953 年至今四十多年，增加了 4 000 多字，增幅为 62%，这与我国教育事业的发展、广大群众文化水平的提高是相适应的。其收字量与1988年出台的《现代汉语通用字表》的收字量(7 000个,不含繁体字和异体字)相比,稍有扩展,能够满足目前一般读者的查字需求。

(二)通过修订,修改某些已经陈旧或不够准确的注释,使之更加科学严谨。例如:

根据国际上气象学通行的分类及其标准,台风属于热带气旋中风力最强的一种,风力为12级或12级以上,10—11级是强热带风暴的风力(也是热带气旋中的一种);我国从20世纪80年代末90年代初已采用这一国际分类及其标准,而不再使用旧有的分类及其标准(中心附近最大风力8—11级为台风,12级或以上为强台风),这在日常的天气预报中已经体现。《新华字典》通过修订,对"台风"的注释做过好几次修改:1953年本和1954年本尚未将"台风"收列;1957年本首次收列,注释为"夏季海洋上突起的大旋风。沿海地带遇到台风,容易遭受损害";1962年本注释为"夏季热带海洋上起的大风。风力常达10级以上,同时有暴雨。沿海地带遇到台风,容易遭受损害";1966年本注释为"发生在太平洋西部海洋上的一种风暴,风力常达10级以上,同时有暴雨";1979年本注释为"发生在太平洋西部热带海洋上的一种极猛烈的风暴,风力常达10级以上,同时有暴雨";1990年本根据国际通行的标准对风力的级数做了重要修改,注释为"发生在太平洋西部热带海洋上的一种极猛烈的风暴,风力达12级以上,同时有暴雨";1998年本的注释为"发生在太平洋西部热带海洋上的一种极猛烈的风暴,中心附近风力常达12级以上,同时有暴雨",与1990年本相近。此例说明《新华字典》的修订工作对注释内容的科学性和时代性是十分重视的。

（三）通过修订，补充某些新意义和新用法，使之尽可能与新时代的语言生活相贴近。例如：

“火”字表示“兴隆”的意义用法（如“买卖很火”）是在 20 世纪 80 年代以后才出现的，并且使用频率越来越高，逐渐被认同，在老百姓的口语当中经常可以听到。《新华字典》1998 年修订本在“火”字下增补了“兴隆”的义项及其用例：⑧兴隆，旺盛：生意很火。

“宰”字“向人索取高价”的比喻义也是 20 世纪 80 年代以后产生的新的意义用法，在老百姓口语中使用频率较高，已进入大众的语言生活。《新华字典》1998 年修订本在“宰”字下未单立义项，但是在第一个义项后增补了这一比喻义及其用例：①杀牲畜：～猪．～鸡．㊟向买东西或接受服务的人索取高价：挨～．～人。

注意增补新意义和新用法是《新华字典》修订工作的一个重要方面，正是因为如此，才使其不落后于时代，给人以常用常新的感觉。

（四）通过修订，对某些体例加以修改、完善，或补充、归并，使其更加便于读者的使用。例如：

1. 1957 年本改为只用汉语拼音注音，取消了用同音字注音的方式；同时还把标注具体方言区用法的“（南）（西南）（吴）”等琐细形式，改为把普通话以外的字头和字义统一用“（方）”标注，1962 年本又把圆括号的“（方）”改为尖括号的“〈方〉”。

2. 1953 年本用外加［ ］，表示与本字意义有关的复合词（如放在“把”字义项②之后的［把持］），用外加《》表示与本字义不明确或本字的意义在本字典中未收的复合词（如放在“把”字末尾的《把戏》）；1979 年本把第二种情况的复合词改为外加【】（如【把戏】），以区别于书名号；1990 年本把两种情况的复合词统一外加［ ］（如

[把持]和[把戏]),所放位置依旧(与本义有关的复合词仍放在所属义项之后,与本义关系不明的仍另行放在所有义项之后)。

3. 从1962年本开始,对主体字头后所附的那些另立字头的异体字,在左上角添加△的标志;并对那些古本字或属古代用法的义项增加了"〈古〉"的标志。

4. 从1992年本开始增加"—"(长横),表示省略的音节,用"-"(短横)表示连接转行的音节,使二者有所区分。

5. 1998年修订本增加了区别繁体字和两种情况的异体字的体例:不带*的为繁体字,带一个*的为《一异表》中的异体字,带两个*的为《一异表》以外的异体字。

《新华字典》通过修订工作不断完善编纂体例的做法,不仅使其更加符合大众的使用习惯,也使字典的整体面貌更加清晰简明。

一部好的辞书应当具有时代性。对于一部老辞书来说,要跟上新时代跳动的脉搏,要靠不断修订来实现。"《美国百科全书》之所以能持久地被誉为第一流参考书,部分地也是由于它的早期编者打下了坚实的基础。同样重要的是它有一个经常改进的使之及时的修订计划。"(见《美国百科全书·前言》)因此说,现代辞书需要及时修订,修订需跟上时代的发展,语文辞书的修订应该符合并跟上新时代语言生活的实际。

三

每次修订均保持原书的风格特点。这是辞书修订工作不容忽视的一个极为重要的方面。

修订绝不是另起炉灶,任何一次修订都应该是在保持原书基本特色的前提下进行,其规模、编纂目的和编纂方法、主要的读者对象、框架结构和体例等，一般来说不应有很大的改变。从《新华字典》的多次修订中我们可以窥见到语文辞书在修订上的这一特点。几十年来，《新华字典》经过多次修订仍然在以下几个方面保持着原有的基本风格。

（一）编纂目的始终如一。

从《新华字典》1953年本的《凡例》到1998年本的《修订说明》，我们都可以清楚地看到该书的编纂宗旨和目的，经过几十年来的多次修订，它始终保持着语文规范型辞书的基本特色。《新华字典》1953年本的《凡例》中说："本字典编写的目的主要是想让读者利用这本字典，对祖国语文的词汇能得到正确的理解，并且知道词汇现代化和规范化的用法，在书面上和口头上都能正确地运用。"1957年本的《凡例》中说"本字典是用1954年出版的部首本新华字典作底稿，经过修订，改为音序排列，重新排印出版的……这次修订，根据汉语规范化和汉字简化的精神，在原有的基础上作了较多的修改，以期更合于读者的需要"，"使读者利用这本字典，对祖国汉语的语词能得到正确的理解，从而在书面上和口头上都能正确地运用"。1990年本的《说明》中说："本字典是根据1979年修订重排本重新排印的。这次重排根据1984年《国务院关于我国统一实行法定计量单位的命令》修改了有关内容；根据1985年《普通话异读词审音表》改定了字音；根据1986年重新发表的《简化字总表》调整了有关字头。"1998年本的《修订说明》中说："本次修订是在1992年重排本的基础上进行的。保持字典原有规模和特点，同时，全面认真地贯彻执行国家颁布的语言文字法令、法规以及有关规范的国家标准，注意吸收了语言文字研究及相关学科的最新成果，对字形、字音、释义、例证、体例以及附录作了较为全面的修改和调整。”

（二）设定的主要读者对象变化不大，篇幅上无明显差异。

《新华字典》从1953年本至1959年本都是“主要供小学教师、初中学生和相当初中文化程度的干部使用”，总字数在50万字以上，70万字以下：1953年本690千字，1954年本为562千字，1957年本为527千字，1959年本为531千字。1962年本改为“主要供中小学教师学生使用，中等文化程度的人也可以参考”，全书总字数为544千字。1971年本未提读者对象，全书总字数为580千字。1979年本笼统地说明“本字典是供中等文化程度读者使用的小型语文工具书”，全书总字数为645千字。1990年本对读者对象的说明与1979年相同，全书总字数为655千字。1992年本对读者对象的说明也与1979年本相同，全书总字数为626千字。1998年本读者对象改为“主要供中小学教师和学生使用，中等文化程度以上的读者也可参考”，全书总字数为640千字。该书读者对象最初首先设定在小学教师，而50年代的小学教师与90年代的小学教师文化程度是不同的，50年代的小学教师是初等文化程度，现在的小学教师则许多是中等文化程度，这可能就是1979年本把读者对象改为“中等文化程度的读者”的原因所在。1998年本中说明“主要供中小学教师和学生使用”，包括了现在是初等的小学生，以及原为初等、现为中等或中等以上的小学教师和中学教师。因此可以认为，《新华字典》在经过多次修订以后，所设定的主要读者群变化不大，从各版次的总字数看，篇幅上也相接近。

（三）结构体例和编纂方法与原本大同小异。

1. 字头上基本保持了原有的体例格式。具体表现在：

(1)字头始终用醒目的较大字号。(2)始终设有主体字头和加括号的附列字头。

2. 注音收音的形式和体例上基本延续。具体表现在：

(1)始终按北京语音或普通话语音为主体字头注音。(2)一直兼收又音和旧读音，又音用“(又)”标明、旧读先用“(读)”后用“(旧读)”标明。(3)多音字始终在注音前用(一)(二)(三)等表明。从1956年开始对多音字分立字头，一直在沿用(一)(二)(三)的做法，除在分列的字头后用(一)(二)(三)标明外，还增设了“X见X页”的体例，也一直沿用下来。(4)字头标音在改用汉语拼音字母以后，始终保留注音字母附列其后。(5)对儿化词的表示方式(一儿)一直沿用。

3. 词语的收选及其体例上改变较小。具体表现在：

(1)始终收有少量的复音词或词组，使字典也兼有词典的某些功能。(2)始终兼收少量的方言区用字或方言用法，并作标注。(3)始终兼收少量的从兄弟民族语言中来的词，加注民族简称，用(　)括起。(4)始终兼收少量的近代的外来词，用(外)标明。(5)表示用词尾跟本字构成的复合词的方式(一子)、(一儿)、(一头)一直沿用。

(四)在注释上基本沿用旧有的形式和体例。

1. 注释一直使用㉛表示由原义引申出的意义；用㊕表示由原义、故事、成语等转化而成的意义；用㊖表示由比喻形成的意义。

2. 用㊗表示本字跟一个意义相同或相近的字并列起来构成大致同义的词，不另加注解。如1953年原本：波①水受振动表面上一起一伏的现象(㊗一浪、一涛、一澜)。1998年修订本：波①江、河、湖、海等因振荡而一起一伏的水面(㊗一浪、一涛、一澜)。

3. 多个义项的用①②③……表示，一个义项下需要再分析的，用1.2.3.……表示。此种方式始终延续。

（五）检字表、插图及附录的主要风格未变。

1. 在检字表的设计上始终保持着最初的特色。从1953年本始终含有音和形两种检字方式。正文按注音字母编排的1953年本，正文前后设有注音字母音序表和笔形部首检字表；正文按部首编排的1954年本，正文前后设有部首索引和注音字母音序检字表；正文按注音字母音序编排的1957年本，正文前设有注音字母音序索引和部首检字表；从1959年开始到以后的各个版本，正文均按汉语拼音顺序排列，正文前均设有汉语拼音音节索引和部首检字表。《新华字典》从最初的体例设计就考虑到了读者查检上的需要：当知道字音想查这个字的写法时需要利用形序索引，当知道字形想查这个字的读音时需要利用音序索引。另外，从1954年本起，正文前一直设有难检字索引，此后的各版本始终保持了这一特色。这些都为其他字典的编纂提供了很好的经验。但近些年出版的不少字词典，只设形序或音序一种查检方式，更不用说设难检字索引了，给读者的使用带来不便。

2. 始终保留了设立综合图的特点。原版设单体插图和综合插图，总计338幅，从1966年版及以后的各版都只保留了少量的综合插图，取消了单体图。但不管怎样，或多或少还是保留了原有的这一特点。

3. 附录少则6个，多则10个，不同版次所收略有变化，但从1953年原版至今始终收有标点符号用法简表、我国历史朝代公元对照简表、世界各国和地区面积、人口、首都一览表、计量单位简表、元素周期表等五个方面的内容。

“就一般而论，辞书为人们提供规范知识，人们寄希望于这位

‘顾问’的，是先进、博识、严谨，出言稳健而不是相反。”“同其他出版物比较，辞书具有较大的稳定性；在辞书内部，语文词典比专科词典又有较大的稳定性。”（陈炳迢《辞书编纂学概论》）几十年来，《新华字典》有过十几次的修订，但从编写宗旨、总体篇幅、编纂方法，到基本内容和结构体例，都未做过根本性的改变，一直保持了原有的风格特点，体现了稳定性、规范性和科学性的统一。

因此笔者以为，辞书不断修订的过程，是不断完善、不断创新的过程；但修订中的创新不是整体的翻新，更不是另起炉灶；较大的修订中必然包含有创新的内容，但那只是在原有基础上的部分创新或更新。在修订工作中需要处理好新与老的关系，处理并把握好修订与创新之间的关系。

《新华字典》通过不断的修订，在保持原有特色的基础上有所创新和改进，但也存在不足之处。如：在内容上从 1957 年的版本开始就取消了形近易混字对比一项（原本和 1954 年的版本中都有像“斑（≠班）”类似的易混字对比的内容）；当 1983 年《汉字统一部首表（草案）》公布以后，未能通过修订对《部首检字表》加以调整；正文之前的《说明》或《凡例》（有的版本称《说明》，有的版本称《凡例》）在后期修订时的趋简倾向，不利于读者使用；等等。然而除去由政治历史原因带来的修订教训以外，《新华字典》多次修订的基本经验是应当充分肯定并值得学习研究的。

总起来说，要做好语文辞书的修订工作，首先必须熟悉原书的内容、体例，主要的风格、特色及此前各个版本的修订情况；必须熟悉国家的语文政策、法令、法规、规范标准；必须制订详细具体的修订方案，以及注意事项等。当然，还有很重要的一点，即：修订工作应当表现为作者与出版者的紧密合作与相互配合。

参考文献

陈炳迢 1991 《辞书编纂学概论》,复旦大学出版社。

池 边 1992 《关于辞书的修订》,《辞书编纂经验荟萃》364页,上海辞书出版社。

《新华字典》,人民教育出版社,1953年10月原版。

《新华字典》,人民教育出版社,1954年8月第一版。

《新华字典》,人民教育出版社,1955年8月第二版。

《新华字典》,商务印书馆,1957年6月商务新一版。

《新华字典》,商务印书馆,1958年5月第五次印刷。

《新华字典》,商务印书馆,1959年5月修订重版。

《新华字典》,商务印书馆,1962年7月修订重排本第3版。

《新华字典》,商务印书馆,1964年12月第39次印刷。

《新华字典》,商务印书馆,1965年修订重排第4版。

《新华字典》,商务印书馆,1971年6月修订第1版。

《新华字典》,商务印书馆,1972年1月第1版。

《新华字典》,商务印书馆,1979年12月修订第5版。

《新华字典》,商务印书馆,1981年1月第42次印刷。

《新华字典》,商务印书馆,1990年2月第7版。

《新华字典》,商务印书馆,1993年7月第8版。

《新华字典》,商务印书馆,1998年5月第9版。

《新华字典》(1998年修订本)修订综述

贾　采　珠

《新华字典》1998年修订本自出版发行以来,受到了读者的欢迎。该字典荣获1999年第三届国家辞书奖特别奖、1999年第四届国家图书奖荣誉奖。修订本比该字典1992年重排本增加篇幅46面,其中"修订说明、凡例、新旧字形对照表、汉语拼音音节索引、部首检字表"增加7面,"字典正文"增加32面,"附录"(9个)增加7面。正文部分是修订重点,内容涉及到收字、字形、字音、释义等方面。以下主要就这些方面的修订进行说明。

一　《新华字典》的影响及修订的必要性

《新华字典》1950年由新华辞书社[①]开始编纂,1953年由人民教育出版社出版。这是建国以后由国家出版社出版的第一部内容和形式都具有新的特点的小型语文工具书。1957年6月商务印书馆出版新1版后,至今一直由商务印书馆出版。《新华字典》出版后曾有多次重排和修订。字典初版时字头按注音字母排列,1954年编写出版了部首本,满足了不同读者的需要。1958年2月颁布了全国人大一届五次会议通过的汉语拼音方案,并在中小学全面推行,为了配合该方案并方便中小学生查阅,1959年《新华字典》的字头改为按汉语拼音字母排列。1962年,全国形势比解放初期有了很大发展,根据形势需要语言所词典室在对字典进行必要的修订后,出版了重排本。1965年,语言所词典室又对《新华字典》再次修订,增加了一些新的内容和常用的字头,并删掉了大部分插图。在十年动乱的特殊形势下,《新华字典》于1971年和1975年先后由两所大学进行修订。商务印书馆于1987年和1992年又进行了两次修订。字典初版时收字只有六千多个,1992年重排本出版时已增加到一万余个。截止本次修订前,前后累计印数已达三亿册。四十多年来,《新华字典》以其规范性、科学性、实用性获得了很高的社会地位。它篇幅精干,释义简明,结构严谨,内容宏富,从用于低幼文化水平者识字认字,到方言区的人学习普通话,乃至一般读者从中了解一些常见的文言词语,掌握一定的哲学社会科学和自然科学知识,都显示出广泛的适用性。在中小学生的书包里以至大学教授的案头上,几乎都有一本《新华字典》,它已成为人们社会生活中不可或缺的语文工具书。不仅在国内,在国外也有较广泛的影响。历经四十年的数次修订,《新华字典》在收词、注音和释义方面提高了很多。但字典中也存在着一些明显的不足之处,再次进行修订是十分必要的。

二 《新华字典》的修订原则

1996年,中国社会科学院语言研究所词典编辑室着手对《新华字典》进行第九次修订。修订的宗旨是在新形势下进一步增强它的规范性、科学性和实用性。修订的原则是:尊重、保留《新华字典》原有的风格和规模,在领会精神实质的基础上,进一步与国家的各项语文政策保持一致;通过修订,使收字、字形、字音更加准确规范，释义更加精当严谨，收词、用例更具现代感。

三 《新华字典》修订的内容

(一)收字和字形

收字方面既包括括号外的正字，即通常所说的字头，又包括某些字头后括号内的繁体字、异体字等。以下分别说明。

1. 增补字头

(1)增补规范字的字头

这里所说的规范字，主要是指《简化字总表》[②]收录的简化字；《现代汉语通用字表》[③]（下简称《通用字表》）收录的汉字。

《简化字总表》共收简化字 2 235 个，《新华字典》增补了漏收的“䎬”(bà)、“谘”(zī)等共计 10 余个。《通用字表》共收汉字 7 000个，字典增补了漏收的“缏”(biàn)、“䲠”(chūn)、“筜”(dāng)、“蓠”(lí)、“骀”(tái)等共计 130 余个。根据《出版物汉字使用管理规定》[④]，恢复了《第一批异体字整理表》[⑤]（下简称《异体字表》）中的26 个原已淘汰的异体字为规范字。这 26 个字是：䜣、䜩、晔、詟、诃、䲡、䌷、刬、鲙、诓、雠、翦、邱、於、澹、骼、彷、菰、溷、徼、薰、黏、桉、愣、晖、凋。对照《新华字典》，其中 13 个字原已单出字头；9 个字除单出字头外，又附在某字后括号内，现把这 9 个字从括号内删去；另外 4 个字“䜣、䜩、晔、䲡”原只收在括号内，现移出括号作字头。

(2)增补多音字的字头

有些两读或三读的字因意义不同而需要重出字头的，进行增补或调整。如“杓”原有 sháo 音，指勺子，现又加了 biāo 音，另出字头，古代指北斗柄部的三颗星。因多音字而重出的字头绝大多数见于《通用字表》,计有20余个。

此外,又增补了《现代汉语词典》(下简称《现汉》)、《元素周期表》等的字作字头,共计10余个。本次修订共增收字头180余个。

2. 删去字头

本次修订删去了10多个字头,多属于不合规范的汉字,其中包括《异体字表》规定废除的异体字,以及繁体字、错误的类推简化字等。

3. 规范字头的字形

根据《通用字表》确定的字形规范,改正字典中少数字头不够规范的字形。如"督"改为"督"、"彗"改为"彗"、"森"改为"森"、"廷"改为"廷",近30个。

4. 删除字头下复合词的繁体及异体字形

字典原收的复合词有的以繁体或异体的字形出现,如"萝"下[萝卜]后的"蘿蔔"、"仿"下[仿佛]后的"髣髴"。因这些繁体字或异体字已附在所收单字后的括号内,故只保留它们的简体字形,删去相应的繁体或异体字形。

5. 整理繁体字和异体字

原《新华字典》字头后括号内收字情况比较复杂,既有繁体字、异体字、旧字形、不规范的简化字等,又有少数《简化字总表》及《通用字表》的字。前者是不规范字,后者是规范字,把两者混排在一起是不恰当的。本次修订对括号内的这些字进行了全面梳理:把规范字移出括号;删去不规范的简化字;删去旧字形;调整、保留部分繁体字;调整、保留部分《异体字表》的字及《异体字表》外的异体字;括号内只收繁体字和异体字,并加形式标志。下面对繁体字、异体字及旧字形的处理作一简单介绍。

整理繁体字。对于繁体字，限于字典的篇幅，基本上维持原状不作变动。但需要说明的是，涉及到简化字表第三表类推简化字中属于简化部首类推的字，其中一部分字因其相应的繁体字容易“反类推”，所以不列相应的繁体字。如“计”不列“計”、“纱”不列“紗”。但有些新增加的字头不容易反类推为繁体字，或不止一个繁体字并分属于字头的不同义项的，则附相应的繁体字；原来应收而漏收的也补上。如：

“咼”(guō)(呙的繁体字)，“鹼”(jiǎn)(硷的繁体字)，“濛”、“矇”、“懞”(méng)(蒙的繁体字)。补收“轂”(gǔ)(毂的繁体字)、“艷”(yàn)(艳的繁体字)、“臟”(zāng)(赃的繁体字)。共增加繁体字 30 多个。改正了不正确的繁体字字形 10 余个。

整理异体字。异体字是指与规定的正体字同音同义而写法不同的字。吕叔湘先生说:“作为现代文字工具，异体字实在是有百弊而无一利，应当彻底整理一下。可是单纯异体字好处理，部分异体字处理起来可得费点心思。”事实正是如此。异体字的存在是汉字使用中的客观现象，它们与正体字之间的音义关系呈多种形式，必须审慎处理。《异体字表》淘汰了 1 027 个异体字，原《新华字典》收了其中的一小部分，大都是与字头有音义关系的。表中的 1 027个字是否要全部列出？个别异体字因有特殊意义而单立字头，对读者理解字音字义有帮助，是否要一刀切，全部删除？如果单纯从国家语委的有关规定出发，必定会给读者阅读古文时理解字义带来一些不便，如果不依规定，则容易造成应用上的混乱。我们的主要做法是：

(1)具体问题具体分析。限于《新华字典》较小的篇幅和版面，并考虑其实用性的特点，原则上不增收《异体字表》的异体字。大部分异体字依然遵从《新华字典》原来的处理方法，不作变动。

(2)音义完全相同的异体字，原作为正字头的，一律移入正字头后括号内，不再单立字头。如“餈”(cí)(糍的异体字)。计共有七八个字。

(3)意义相近读音不同的字(《异体字表》认为是异体字)，原单立字头的，不作变动。如“咳”(ké)的“异体字”是“欬”，“欬”音“kài”。

(4)只在某些意义上通用，在另外意义上不通用的异体字，除放在括号内，另单立字头，并注明其间的对应关系，原来未注明的补上。如“瞋”(chēn)是“嗔”的异体字，“瞋”另有“睁大眼睛瞪人”的意思，则单立字头，注明：同“嗔”。计有10个字左右。

(5)只在某些意义上通用的异体字原已单立字头，但未收在相应字头后括号内，反映不出彼此关系的，则补在括号内。如“荞”(qiáo)后补“荍”，“闸”(zhá)后补“牐”。计有三四个字。

(6)某字的异体字，而另有读音和意义的，除放在括号内，再单立字头。如“酖”(zhèn)是“鸩”的异体字，又读dān音，则“酖”单立字头。计有10多个字。这种情况是原来就有的。

(7)作姓氏用的异体字除放在括号内，另单立字头。如“麴”(qū)、“仝”(tóng)、“線”(xiàn)。这种情况是个别的。

(8)为了平衡不同字头的异体字与异体字之间、相同字头的异体字与字头之间的对应关系，括号内增加了个别异体字。如“戮”(lù)后增加了异体字“剹”，与“戮”的“杀”义相同，另一异体字“勠”与“戮”的“合、并”义相同。

除了《异体字表》中的异体字之外，字典还收有少量《异体字表》外的异体字，即字典原本整理的异体字。如“嵩”(sōng)的异体字“崧”，“貌”的异体字“皃”。这类字，原字典收录的，本次修订原则上不作变动。

6. 整理旧字形

旧字形是与《印刷通用汉字字形表》[6]整理过的标准字形相对而言的。同一个字，写法上与现行的规范字在笔画结构、笔数上有些出入，未整理之前的称为旧字形。本次修订对字典前面所附的“新旧字形对照表”略加修改。“对照表”原收87组新旧字形，现增加3组，改正1组，删去2组，计88组。并改正了原本错误的字形。

鉴于“新旧字形对照表”的调整，对字典所附的旧字形采取两种处理方法：和《异体字表》无关、不能改为新字形的删去，如“滚”(gǔn)、“淨”(jìng)，近20个字；和《异体字表》有关、能够改为新字形的则改为新字形，如“牗”(chuàng)改为“刱”，“淨”(jìng)改为“净”，共有六七个字。经过调整，括号内只保留繁体字和异体字，异体字也出繁体的形式。

另外，根据国家最新发布的《现代汉语通用字笔顺规范》[7]，在原来的基础上完善了字头的排列，但在读音相同的情况下，保留、继承了同声旁的字排在一起的特点。如“丁、仃、叮、玎、盯、町、钉、疔”，“式、试、拭、轼、弑”。同声旁的字排在一起是《新华字典》编纂时首创的，便于初学汉字的人从中寻绎规律。

(二)注音

《新华字典》1992年重排本，在注音方面基本上符合国家语委的有关规定。在注音方面的修订，以《普通话异读词审音表》[8]（下简称《审音表》）为依据，逐一对照检查，使进一步规范。

1. 字头的注音

根据《审音表》，“柄”统读为 bǐng，“嗟”统读为 jiē，“溪”统读为 xī，“喔”统读为 wō，删去这几个字原来的又读音 bìng、juē、qī、ō。

2. 多音字、生僻字的注音

为了便于读者正确地掌握字音，理解字义、词义，在原字典的基础上，对注文、例证、复合词中的多音字、生僻字适当地增加注音。如“参”(cān)下注文中有“弹劾”一词，则补注“tánhé”音，“鲙”(kuài)下注文中有“鳓”，则补注“lè”音，“窗”(chuāng)下举例“～明几净”，则在“几”后补注“jī”音，“宴”下举例“～安鸩毒”，则在“鸩”后补注“zhèn”音。对复合词注音，既有对多音字、生僻字的注音，还包括对某些转化为轻声的字的注音。如“单”下[单薄]后补注(－bó)、“辒”(wēn)下[辒辌]后注“－liáng”、“秧”下[秧歌]后补注(－ge)。对轻重读音不同而意义有区别的复合词，一般只标注轻声，如“霸道”、“东西”重读与轻读意思不同，一般只注轻声(－dao)、(－xi)。

3. 保留少数古音和方言音

《审音表》审订的是现代汉语普通话词语的读音，古代词语和方言词语的读音与《审音表》不完全一致，这是《新华字典》从语言实际出发，保留了少数古音和方言音。如“期”统读为 qī，但文言用于“期年，期月”时仍应读 jī，字典修订时保留了古音。又如“澎”，审音表统读为 péng，但作为“溅”义的“澎”，口语中通常读作 pēng。此次修订，“澎”增加了“pēng”音，按方言音处理。此外，为了符合规范，本次修订删去了字头的俗读音。

(三)释义

释义方面进行修订，同样是按照进一步增强规范性、科学性、实用性的原则进行的。根据社会发展、语言不断丰富变化的事实，释义方面的修订超过三分之一，主要见于以下几方面。

1. 关于义项的分合和增补新义、新用法

(1)首先对原字典个别分合不够恰当的义项进行适当的增补和调整。如“比”,原有5个义项,但没有常用的比较程度或性状差别的介词用法的意义,原义项①“比较”后举例为:～干劲.～大小.生活一天～一天好。释义是动词,前两个例证与释义相符,末一例证是介词用法,与释义不符。本次修订增加了“比”的常用义项“⑤介词,用来比较程度或性状的差别:他～我强.今天的雨～昨天还大”,删去义项①中“生活一天～一天好”的例子,改例为“～优劣”;义项①释义为“比较,较量”,由此理顺了义项与例证之间的关系。又如“窘”,原有两个义项,“①穷困。②难住,使为难”。现增加一个作动词用的基本义项“②为难:这种场面让人觉得很～”,原来的使动用法作为义项③。再如“则”,原④⑤⑦义都是连词义,现归并为一个义项,改为“④连词。1.表示因果关系,就,便。2.表示转折,却。3.表示两件事在时间上前后相承。”把义项⑧“用在一、二、三……等数字后,列举原因或理由……跟‘做’义相近,宋、元、明小说戏剧里常用”分为⑦⑧,使语意更加明确。

(2)增补了少数新的含义和用法。如“发”下加义项“⑥因得到大量资财而兴旺:暴～户.这几年他做买卖～了”;“热”下加义项“⑦指某种事物风行,形成热潮:旅游～.集邮～”。

2. 关于字(词)的释义

(1)修订不够准确和不够恰当的释义。如“鼎”,原释为“①古代烹煮用的器物,一般是三足两耳。㊈1.三方并立:三国～立.……”。“三方并立”之义是由“鼎立”引申出来的,“鼎”本身并没有“三方并立”的意思。因此在释义①后加复合词“鼎立”。“[鼎立]三方并立:三国～～”。又如“佬”,原释义为“成年的人”。这种释义不确切,因为“人”男、女都包括,现改为“成年男子”。再如

“榻”(tà),原释义为“床”。现改为“狭长而低的床”。因“榻”只是床的一种,只注“床”显得含混笼统。

(2)修订循环互训的注释方式。比如“同”(tòng)下[胡同],原释义为“巷”,“巷”(xiàng)下原释义为“胡同,里弄”,用“巷”解释“胡同”,又用“胡同”解释“巷”,这种解释既没说清“巷”是什么,又没说清“胡同”是什么,结果等于两个词都没有解释。现改为“[胡同]巷,较窄的街道”,“巷(xiàng)较窄的街道”。

(3)修订啰唆繁冗的释义。如“会②2.在长时间内为共同目的进行工作而组成的团体”,现改为“2.指某些团体”。又如“匠③具有某一方面熟练技能,但缺乏独到之处”,既显得啰唆,意思又不明确。现改为“③指在某方面有很深造诣的人”。再如“动”下[动员]“2.发动群众,号召大家做某种工作或说服别人做某种工作”,说了两次“做某种工作”,现删去一个。

(4)修订不合时宜的释义。如“霸”①,原释义为“依靠反动势力横行无忌,迫害人民的人”,现改为“依靠权势横行无忌,迫害人民的人”。“尘”②“尘世”原括注为“佛家道家指人间,和他们唯心主义的超现实的幻想世界相对”,现括注改为“佛家道家指人间,和他们所幻想的理想世界相对”。“和(hú)”原释义为“赌博用语,表示赢了”,显然是贬义的,现改为“打麻将或斗纸牌用语,表示赢了”。

(5)修订文言的或过于口语化的释义。修改释文中的文言词语。如“次”⑤原注释为“出外远行所居止之处所”。“居止”相当于现代汉语的“停留”,但现代汉语表达“停留”义时一般不用“居止”,现改为“出外远行所停留的处所”。又如“浔”义项①原释为“水涯”,现改为“水边”。“涯”的“边”义,现代汉语中只说“天涯”、“天涯海角”。

改正释文中过于口语化的词。如“钢”(gàng)原释义为“把刀在布、皮、石头或缸沿上磨擦几下使它快些”，现把“快些”改为“锋利”。又如“经”下[经纪]1.原释义为“管理买卖的”，过于口语，且与“经纪”词性不合，现改为“经济管理”。

(四)举例

《新华字典》用例要求简练、自然。本着这一原则，对用例进行了适当的补充、修改和更换。补充例证如：在“钉(dīng)”义项③“督促，催问”后加例“这事得～着他点儿”；在“拣”义项①“挑选”后加例“挑肥～瘦”；在“区”义项②“地域”后补充“开发～．自然保护～”。简化例证如：“撩”(liāo)义项①“提，掀起”原例证为“跑的时候要把长衣服～起来”，现改为“～起长衫”。经过修订，例证显得更加恰当，典型而多样化。

(五)其他方面

除了形、音、义方面的修订之外，字典在其他方面的修订主要包括：

1. 对现代汉语虚词全部标注了词性。

2. 重庆市升为直辖市后，适时地对相应的地名进行了修改；同时改正了不够准确或错误的地名。如“酃”(líng)，原为“酃县，在湖南省”，现改为“旧县名，在今湖南省衡阳东。现叫炎陵县”。“元塱(lǎng)”，原为“地名，在广东省”，现改为“地名，在香港，今作‘元朗’”。

3. 为了配合中小学语文教学，原来标注的“象声词”一律改为“拟声词”。

4. 根据最新的权威资料，全面修改、调整了书后的附录。如：

《世界各国和地区面积、人口、首都(或首府)一览表》中对国家或地区的名称全部改用全称。《元素周期表》增加了105—109号元素的汉字𨧀(dù)、𨭎(xǐ)、𨨏(bō)、𨭆(hēi)、鿏(mài);之后又据1999年8月柏林会议的决定,7个元素的原子量采用新标准。今年年初,根据国家重点科技攻关项目"夏商周断代工程"公布的《夏商周年表》,调整了《我国历史朝代公元对照简表》。在原有的八个附录之外,增加了《我国各省、直辖市、自治区及省会(或首府)名称表》。

附　注

① 新华辞书社1956年并入中国科学院(1977年5月改称中国社会科学院)语言研究所词典编辑室。

② 《简化字总表》,文改会、文化部、教育部1964年发布,1986年修订重新发表。

③ 《现代汉语通用字表》,国家语言文字工作委员会、国家新闻出版署1988年3月发布。

④ 《出版物汉字使用管理规定》,新闻出版署和国家语言文字工作委员会1992年7月发布。

⑤ 《第一批异体字整理表》,文化部、中国文字改革委员会(后改称国家语言文字工作委员会)1955年制定,后经调整,共淘汰1 027个异体字。

⑥ 《印刷通用汉字字形表》,文化部、文改会、教育部、中国科学院语言研究所1964年5月编就,文化部、文改会1965年1月发布。

⑦ 《现代汉语通用字笔顺规范》,国家语言文字工作委员会标准化工作委员会编,语文出版社,1997年8月第1版。

⑧ 《普通话异读词审音表》,国家教育委员会、广播电视部1985年12月发布。

参考文献

吕叔湘　1981　《异体字利少弊多》,《语文常谈》,三联书店。

关于《现代汉语词典》修订的几点认识

晁　继　周

《现代汉语词典》(以下简称《现汉》)始编于上个世纪50年代后期,原计划在完成编写并征询各方面意见后,于几年内出版,但由于随之而来的十年动乱的干扰,一直拖到1978年才正式出版。此为《现汉》的第一版。1980年,编者对词典的部分条目做了一些修改。这次修改主要是肃清收词、释义及例句中“文革”以来“左”的思想的影响,以及改动个别释义的不准确处,修改后的重排本于1983年出版。此为第二版。1993年起,鉴于词典出版十余年来语言的发展(主要是大量新词的产生),以及80年代几个语言文字规范标准的出台,《现汉》进行了一次较大规模的修订,新的修订本于1996年同读者见面。此为第三版。

经常有人问:《现汉》是不是又在修订?我们的回答是:《现汉》每一个修订本的出版,就意味着新的一次修订工作的开始。也就是说,《现汉》出版以后,修订《现汉》的工作一直在持续不断地进行。统一对词典修订有关问题的认识,包括对词典修订的必要性、基本原则和方法等问题的认识,对于做好修订工作,是十分必要的。下面是笔者的几点看法,提出来就教于同道。

一

说到某部词典要修订，人们一般会想到它一定存在着问题。这种认识有一定道理，但并不全面。应该把词典的修订，特别是现代语言词典的修订，看成一件很自然、很正常的事情。对于现代语言词典来说，及时修订是保持其生命力的惟一方法。历史性词典所依据的资料，从理论上讲是有限的，这类词典的编写和修订，要求编写者或修订者对有限的资料尽量充分地占有，做科学、深入的研究。而现代语言词典面对的是正在使用的活的语言，它不仅有取之不尽的文字资料，还有随处可闻的口语资料。更重要的是，它处在经常不断的发展变化之中，其中最为明显的是新词语的产生，旧词语的消亡，以及词的意义和用法的演变。因此，任何一部现代语言词典，如果要继续为指导人们的阅读、写作、说话服务，它就要不断及时地修订，以正确地反映语言的发展变化。

《现汉》1978 年正式出版，恰逢我国改革开放的开始。从那以后的二十余年中，我国的社会生活发生了巨大的变化，人们的语言生活也折射了这种变化，即大量的新词不断地产生出来，许多原有的词产生了新的意义和新的用法。《现汉》1993—1996 年修订时主要做了两件事，一件是进一步贯彻了 80 年代制定的语言规范标准，另一件就是增收了一部分新词语。尽管这次修订有不尽如人意的地方，这两方面工作的完成，还是得到了读者和学术界的认可。试想，如果没有那一次修订，用原来的《现汉》服务于今天人们的语言生活，其作用肯定会大打折扣。

现在，《现汉》第三版出版又过去了整整五年。五年中间，汉语中又有许多新词产生。《现汉》新一轮修订，仍应该把增补新词作为一个重点。有些新词虽然并不产生在最近几年时间里，但近几年它们使用得更加普遍，它们的生命力也受到了时间的检验，如果说上次修订时收录它们条件还不够成熟，这次则可以收录了。据现在的估计，这次修订增加 1 500 条左右新词是较为适宜的。这些年汉语中出现的新词当然远不止这个数字，但《现汉》作为一部规范型词典，在新词收录上应该遵循一定原则，其中最重要的是两个方面，一是新词使用的普遍性（排除只在某些地域或某些人群中使用的词），二是新词所具有的生命力（排除某些时事词或昙花一现的临时词）。在这一点上，《现汉》不同于某些新词词典，后者在收录新词上可以更迅速一些，更宽泛一些。《现汉》在收录新词上，一方面不能保守，如果不及时把那些已成为全民社会普遍使用的新词收入词典，词典的使用价值就会受到影响；另一方面也要防止冒进，如果把那些只在个别地区、个别行业或少数人群中使用的词，以及那些缺少生命力、瞬息即逝的词收入词典，就会影响词典的稳定性，影响词典指导语言使用的规范作用。

在增收新词的同时，必须适当删除旧词。这件工作是以前修订中没有着力去做的，而这次应该下功夫做好。语言的发展，不仅体现在新词的产生上，也体现在旧词的消亡上，当然前者数量更多、速度更快一些，而后者数量较少、也更为缓慢一些。不能适当地把已经过时而现在不再使用的旧词删减掉，词典面目就显得陈旧，影响词典的实用性。而且，过多的旧词占据着篇幅，也势必影响新词的收录。以下几方面的词应该列为删汰的重点：(1)多字条目中的纯文言词，如屏营、携贰、阉寺、斥卤、匼匝、侜张、酎金。(2)使用范围过于狭窄的方言词语或过于粗俗的词语，如白相人、炒更、吃讲茶、赤佬、港纸、撒丫子、开瓢儿、操蛋。(3)过时的音译词，如哀的美敦书、爱美的、苦迭打、杯葛、梵亚铃、布尔乔亚、普罗列塔利亚。在删减旧词时也要注意到,《现汉》在收词上有兼顾查考需要的一面,因此,在确定某个词条的取舍时应取慎重的态度。

《现汉》所以需要不断修订,除了语言发展的原因外,语言研究的不断深入也对词典的修订提出了要求。应该看到,在吕叔湘、丁声树先生的主持下,《现汉》编写中融入了当时汉语研究的多方面的成果,体现了较高的学术水平。从《现汉》出版到现在的二十余年间,我国语言学研究得到了长足的发展。语法学、词汇学、语音学、文字学等方面的新的研究成果,对于提高《现汉》的质量都有借鉴和参考作用。特别是语义学的研究,对提高词典释义的水平具有重要的意义。上世纪70年代末,义素分析法介绍到中国,并逐渐被应用到汉语词义的分析与描写中来。义素分析法把义位(即词典学上说的义项)分解成若干意义成素——义素,用义素作语言分析比较的最小单位,加深对语言成分及成分间关系的认识。传统词典释义是在尽可能多的语言资料中收集例句,从例句中分析概括出被释词的意义;而义素分析法则强调从相关的一组词或一群词中提炼词义的构成成分,使一个词的意义在同别的相关词的比较中清楚地显示出来。虽然义素分析由于方法本身的局限性和研究得尚不充分,并不能代替传统的释义方法而普遍应用于词典编纂中,但以它为辅助手段,检验某些词释义的准确性以及相关的一组词、一群词释义用语的一致性,无疑是可以发挥积极作用的。汉语研究的其他方面,如词的用法(语用)研究、虚词研究等取得的成果,都有助于词典释义水平的提高。

二

修订不是重编。《现汉》修订的基本原则是按照《现汉》的精神修订《现汉》。离开《现汉》精神去另搞一套，对《现汉》不是修订而是破坏。而一味守成，缺少创新精神，也是修不好《现汉》的。《现汉》的精神概括起来就是科学加创新。《现汉》把我国辞书编纂的优良传统与西方现代词典学理论结合起来，开了我国规范型词典编写的先河。如何按照《现汉》的精神修订好《现汉》，我认为要做到以下四点。

第一，把《现汉》里体现科学精神、具有创新意义的做法坚持下去，并使之继续完善。前面说过，《现汉》编写时融入了当时语言研究的多方面的成果，这些成果通过词典特有的体例表现出来。这就使《现汉》比以前的词典为读者提供了丰富得多的信息，使读者通过词典得到大量科学而实用的语文知识。在修订中，我们要把《现汉》的成功做法坚持下去，并通过研究，使之逐渐完善。以下几个问题是值得我们着力研究的：

（一）区分同形同音词与多义词。多义词是一个词有几个相互之间有联系的意义，同形同音词则是书写形式和读音相同而意义完全不同的两个（或几个）词。以前的词典不区分同形同音词与多义词，把“开花”的“花”与“花钱”的“花”当作一个词的两个义项。《现汉》第一次在词典里把同形同音词与多义词区别开来，把“开花”的“花”与“花钱”的“花”当作两个不同的词（语素）分别立条。同理，把“燃点”分立为“燃点^{1}”（加热使燃烧）和“燃点^{2}”（某种物质着火燃烧所需要的最低温度）；把“小节”分立为“小节^{1}”（指与原则无关的琐碎事情）和“小节^{2}”（音乐节拍的段落）。《现汉》这样做，把词汇学上的一个基本原理贯彻到词典编纂中来，无疑是一个大的进步。但由于是初创，还有待完善。有些词义在《现汉》中被当作一个词的两个义项，实际上它们之间缺少意义上的联系，如“国家大事”的“大事”与“大事渲染”的“大事”，“开展学术交流活动”的“开展”与“油画展明日开展”的“开展”，“痛感知识的贫乏”的“痛感”与“针灸有轻微的痛感”的“痛感”等，究竟是一个词的两个义项，还是两个不同的词，都值得深入研究，如果属于不同的词（同形同音词），就应该分别立条。

（二）对离合词做出标志。离合词指的是一类动宾结构的复合词，中间可以插入别的成分，如“打仗”（可以说“打了八年仗”、“仗打赢了”），“过年”（可以说“过一个欢乐祥和的年”、“年过完了”）等。这一类词有它们自身的特点，从词汇的角度看，它们“可以算做一个词，可是从语法的角度看，不得不认为这些组合是短语”。（吕叔湘《汉语语法分析问题》26 页，商务印书馆，1979）为了表示这类词在结构和用法上的特殊性，《现汉》在注音的拼写形式上加了标志，即在两个音节之间加上双斜线。这方面存在的不足是，有些动宾结构的复合词不能拆开使用，也加上了离合词的标志。有一类词虽不是动宾结构，但在实际使用中是可以拆开的，赵元任先生称这种现象为“假 V—O 复合词的离子化”。（《汉语口语语法》203 页，商务印书馆，1979）这一类词中，有的（如“洗澡”、“睡觉”）被人们使用得习惯了，就当成了动宾结构看待，《现汉》也加了离合词标志；有一些则还没有得到认可（语言使用者认可了，词典滞后了）。最明显的如“登记”（可以说“请您登一下记”、“他俩是去年登的记”），“游泳”（可以说“今年夏天只游过三次泳”、“我一次泳还没游过呢”），“考试”（可以说“我还没考完试呢”）。对离合词的判断，要根据大量的资料，仅凭“语感”是不够的。在这方面，《现汉》通过修订是可以做得更好的。

（三）释义中加括注。在释文中使用括注也是《现汉》具有开创性的做法。词典通过括注的手段对被释词语补充语义或语用的说明，是词典释义精确化的需要，《现汉》的做法基本上是成功的。但也还有不尽完善之处，有些该加括注的地方未加括注，也有些括注加得多余，在体例上也有不够一致的地方。这些，有待于通过研究，在修订中不断完善。

（四）异形词的处理。异形词是读音、意义相同而书写形式不同的词。异形词问题是汉语书面表达中一个特有的问题，也是语文规范中不容忽视的问题。《现汉》对异形词的处理，既不是简单划一，也不是不加区别地照单全收，而是突出规范，照顾查考需要，根据不同情况区别对待。在这方面，突出表现了《现汉》编者的规范意识和学术眼光。由于汉语中异形词数量大，情况复杂，在部分异形词的处理上学术界尚存在歧见。在词典修订中，应该通过研究，按照理据性和通用性等原则，使异形词的处理更加科学合理。

第二，努力做好《现汉》要做而没有做的事。吕叔湘先生主持起草的《现代汉语词典编写细则》中说“本词典暂不标词类”。“暂不标”并不是永远不标，正确的理解，恰恰应该是以后是要标的。大家知道，上世纪50年代，关于汉语有无词类的问题还在争论，词类划分标准研究得还很不深入，这时词典上标注词类确实有困难。但是，在当时的情况下，《现汉》还是为全部虚词和实词中的代词、数词、量词注明了词性（不是用符号，而是把词类名称作为释义的一部分）。名词、动词、形容词虽未注明词性，但在释义行文上和例句配合上大都有鲜明的特点，词性实际上是呼之欲出的。那种认为不标词性是《现汉》的特点，标了词性就不是《现汉》了的认识是没有根据的。从《现汉》编写开始到现在，将近半个世纪过去了。汉语研究、汉语教学（包括对外汉语教学）以及计算机中文信息处理等工作都迫切需要词典标注词性。随着语言研究的深入，词典标注词性也已经存在现实可能性。我们认为，在《现汉》今后的修订中，应该把标注词性的工作提到日程上来，这实际上是在做《现汉》编写者们想做而没有来得及做的事。目前，语言所词典室正在组织人力做词性标注的研究工作，并在《现代汉语小词典》的修订中做了有益的尝试。《现汉》标注词性，将使它在科学性和实用性上前进一步。汉语词典标注词性不是轻而易举的，但只要我们在研究的基础上认真去做，总是能做起来的。个别条目（或义项）词性标注出现偏差也不要紧，集思广益，择善而从，问题总会得到解决。

第三，进一步完善《现汉》的体例。《现汉》的体例，严密而不烦琐，详尽而易掌握。在条目的安排、字形和词形、注音、释义等方面，《现汉》都有可依循的规矩。《现汉》修订时，还有必要不断完善体例。这是因为原《现汉》及后来的修订本在贯彻体例上还有不够一致的地方，原来的体例也有需要调整的地方，比如区分繁体字和异体字就是原体例没有而下次修订准备做的事。

第四，改正《现汉》中存在的问题。毋庸讳言，《现汉》无论是一版、二版还是三版，都存在着缺点和某些失误。存在的问题涉及字、词的形、音、义等各方面。知错必改，这是我们的原则。在今后的修订中，要把发现的问题及时改正过来，只有这样，才能使《现汉》精神得到更好的发扬。

三

最后要说到如何做好修订工作。我们现在的队伍状况、工作环境和工作条件，与四十几年前《现汉》编写的时候相比，有了很大的不同。要修订好《现汉》，除调动参加修订工作的同志的积极性，团结一心，兢兢业业工作外，还要特别重视以下四个方面：

一是发挥所内外专家的作用。《现汉》初编阶段，语言所曾聘请包括叶圣陶、王力、魏建功、黎锦熙、陆宗达、陆志韦、丁声树、吕叔湘等先生在内的多位著名学者担任审订委员。现在我们更应重视听取所内外专家的意见，包括宏观上对修订指导思想和计划、安排的意见，微观上对具体条目修改的意见。组织形式上，成立由语言学家、词典学家组成的审订委员会。此外，专门问题请教于有关专家。近些年来，我国科学技术迅猛发展，社会生活发生巨大变化，大量自然科学和哲学社会科学新词产生出来，许多原有的词含义发生了变化，在增收新词、修改原有释义中，我们要更多地向各方面的专家请教。

二是加强与所外单位的协作。《现汉》刚出版的时候，我国的词典品种、数量都不多，一度存在"一部词典包打天下"的局面。现在情况已大不相同，词典的品种、数量迅速增加，词典编纂队伍不断扩大，辞书理论研究逐步深入。在这种形势下，我们必须破除门户之见，与所外同行们多交流、多切磋。在一些重要的带有学术性的问题（如异形词问题）上，不同的词典（特别是在社会上有较大影响的词典）在处理上越一致越好，免得读者无所适从。另外，一个单位的力量毕竟有限，我们必须善于借他山之石，为错攻玉，以保证修订工作的顺利完成。

三是发挥现代化科技手段的作用。同《现汉》编写时相比，我们在科研手段现代化方面大大前进了。过去靠人工做不到、做不好的，现在用计算机可以做到、做好了。在高速高效地收集语言资料上，在收词的完备性和科学性上，在相关条目释义行文的统一上，在最大限度地做到编写体例的一致上，计算机都可以发挥人工所不能企及的作用。

四是加强词典编辑队伍的建设。1956 年，为编写《现汉》，语言所成立了词典编辑室，这是国内惟一的永久性的词典编写机构。语言所词典室肩负着编写和不断修订《现汉》及其系列辞书的重任。将近半个世纪过去了，这支专业队伍薪尽火传，保持了一定的规模和水平。《现汉》要与时俱进，词典编辑队伍也必须与时俱进。针对目前的情况，词典编辑队伍要从业务素质和思想素质两个方面提高。我们这支队伍平均年龄较轻，学历较高，但词典编纂的实际经验不足，需要在实践中继续学习，不断提高自己的业务水平。另一方面，要注意克服由于受外部环境影响而产生的心浮气躁的毛病，增强修订好《现汉》的责任感和使命感，静下心来工作，让《现汉》精神在新的世纪进一步发扬光大。

《新华词典》2001年版修订概述

周　洪　波

《新华词典》是遵照周恩来总理的指示编纂的。1971年10月开始工作,1973年编出初稿,1974年受到"四人帮"的严重干扰和破坏,编纂工作几乎陷于停顿。1977年2月对词典进行重新审查定稿,1980年8月正式出版,1989年9月出版修订版。二十余年来,印行海内外,影响广泛。为了更好地适应社会生活的变化和科学技术的发展,保持《新华词典》的生命力,1998—2001年,商务印书馆辞书研究中心组织了专家学者,对这部词典进行了全面修订。

一

《新华词典》是一部以语文为主兼收百科的中型词典,主要供中等文化程度的读者使用。该书自出版以来,一直受到广大读者的欢迎,总发行量近七百万册。原因何在呢?主要在词典的定位上。

一是语词条目注重查考性。该词典语词条目侧重书面语词汇,口语词、方言词收得很少,释文综合、简明,一般不出例证。所收的12 000余个单字,几乎囊括了《三国演义》、《水浒传》、《西游记》、《红楼梦》四大名著中出现的全部汉字,其中约9 000个通用汉字收在正编中,约3 000个生僻字收在附录中。

二是百科条目分量较大。该词典收词30 000条，其中一般语词约占60%，百科（社会科学与自然科学）词语约占40%，[①] 而且百科条目释文较长，总篇幅较大，约占全书一半还多。这个比例设计在语文性词典中是很有远见的。

三是附录内容丰富。除“生僻字”外，还有“常用标点符号用法简表”、“现代汉语语法简表”、“地质年代简表”、“基本几何图形的面积和体积”、“世界各国和地区面积、人口、首都（或首府）及同我国建交日期一览表”等12个主题，共113页。

上述定位，使《新华词典》在众多的品牌辞书中具有明显的特色：与语文辞书《现代汉语词典》相比，它从收词到释义有更多的百科性；与综合辞书《辞海》相比，它收词数量适中，释文浅显、简明，有更多的语文性。可以说，《新华词典》是介于《现代汉语词典》和《辞海》之间的一部小百科辞书。读者从中除了可以查阅一般语词外，还可以查检成语和常见的各种专业名词、术语、人名、地名、名胜古迹以及古今中外的重大历史事件等。

二

《新华词典》2001年版的修订原则是：保持以语文为主兼收百科的定位，面向21世纪，力求有所创新，并提升其百科含量，使词典条目多、释文简、内容新、信息量大，更具时代性、科学性和实用性，更好地满足读者的需求。

（一）语词条目查考功能增强

新版词典语词部分在保持书面语为主导的基础上，适当考虑向现代倾斜。

首先，依据有关标准订正了字词形音义。原版词典出版后，国家有关部门增加和修订了某些规范标准，如 1985 年公布的《普通话异读词审音表》，1986 年重新发表的《简化字总表》、1988 年发布的《现代汉语通用字表》等。新版词典依据新标准，对某些字形、字音的规范做了调整；还依据 2000 年 11 月正式公布的"夏商周年表"，对"夏"、"商"、"周"、"西周"、"禹"、"启"、"纣"、"汤"等条目的释文年代进行了相应修改。

其次，增补了少量具有查考性的新词新义，如"休闲、双赢、另类、克隆、减肥、瘦身、按揭、层面、误区"等，把断了二十余年的线续了起来。与此同时，也删除了部分现代生活中罕用的纯文言词语，如"若夫"、"迩者"、"犹之乎"、"庶几乎"、"庸何伤"、"岂有他哉"、"甚矣吾衰矣"、"索我于枯鱼之肆"等；删除了受当时政治影响而收录的词语及古代诗句，如"东风压倒西风"、"山雨欲来风满楼"、"沉舟侧畔千帆过，病树前头万木春"、"尔曹身与名俱灭，不废江河万古流"等。

第三，调整了少数词目。比如同样意思的成语，原版词典以古者为正条，甚至不收通行的说法，如"别具只眼"、"功成名遂"、"舍死忘生"、"网开三面"等。新版依据当今读者的使用习惯，改为以"别具慧眼"、"功成名就"、"舍生忘死"、"网开一面"为正条。

第四，完善了编纂体例。原版词典将"生僻字"放在附录里，又按部首编排，等于把一部词典劈成了两半，查找起来非常不方便。新版将原附录中的"生僻字"作了调整处理后，分别编入正编中，并且按使用频度将单字分为三类：通用字（共 7 000 个）、非通用字（右上角标注"□"）和罕用字（右上角标注"☒"）。目的是向读者推荐使用国家颁布的 7 000 个通用字。

（二）百科条目比例增大

新版词典百科部分基本保持了原版篇幅较大的特点，调整、压缩了有关内容，腾出的篇幅用于增补百科性新词新义，提升了词典的百科含量。

首先，新版词典大量增收了近年来出现的百科性新词新义，充分反映了当代学科发展的新水平，使词典跟上了时代前进的步伐。

新版分基础学科和应用学科两个层面增收词语。基础学科包括语文、政治、历史、地理、数学、物理、化学、音乐、体育、美术等，如同金字塔的塔基，注重系统性和平衡性，尽量收罗中学课本和通俗读物里经常出现的词语。如原版音乐条目侧重在中国音乐上，这次增加了外国音乐的有关条目；原版医学部分侧重在中医，西医条目很少，这次也相应做了增补。应用学科包括信息、环保、法律、财经、军事、医学、教育、建筑等，如同金字塔的塔尖，收录时不求系统和平衡，只要与人们日常生活关系密切的词语即可收录。如原版环保学科只收 22 条，新版增至 129 条；建筑学科只有 15 条，新版增加到 216 条。信息学科原版在“网”字头下，与“像网一样的”义项相关的词语只有“网络”一条，新版增收了“网民、网页、网虫、网关、网址、网吧、网迷、网站、网络电话、网络经济、网络营销、网络银行”等十多条。从某种意义上说，我们增收百科新词语，实际上也是在做科学知识的普及工作。

在增收新词新义的同时，新版也大量删除了一些旧的带有政治色彩的词语，如“变天账、又红又专、思想斗争、命令主义、革命委员会、三查三整运动、阶级异己分子、能动的革命的反映论、帝国主义是资本主义的最高阶段”等；删除了过时或过专的词语，如“步犁、片帮(矿业用语)、致良知(王守仁语)”等；删除了在当时看来是新的，现在已经落伍或过细的词语，如“拾音器、试电笔、测光表、曝光表、插秧机、拔秧机、打稻机、割草机、收割机、扬场机、挖掘机、脱粒机、绞盘机、手扶拖拉机、饲料粉碎机"以及"晶体二极管、晶体三极管、半导体二极管、半导体三极管、晶体管收音机、半导体收音机、超外差式收音机、双水内冷发电机"等。

其次,新版词典纠正了原版百科条目中不少"左"的东西和"穿靴戴帽"的文字,增进了词典释义的科学性与准确性。

百科条目中,自然要涉及历史事件评价、现实政治和意识形态问题,带有相当的敏感性。由于原版词典编写过程中某些历史背景的因素,这类条目达到现有水平已经很不容易了,但其中的某些不足也是显而易见的。请看"利息"这个词条,原版释文长达159个字:

> 借款人按照借款本金数额、期限和利率支付给贷款人的报酬。在以私有制为基础的社会,利息反映着阶级剥削的关系。社会主义社会仍然存在着利息的形式,但它是劳动人民为社会创造的纯收入的一部分,不体现阶级剥削关系。社会主义银行对企业收取和支付利息,目的在于促进企业加强经济核算,加速资金周转,节约使用资金。对储蓄存款支付利息,是为了鼓励勤俭节约,支援国家建设。

原版词典编写时的主调是:千万不要忘记阶级斗争,要把无产阶级专政落实到每一个词条上。这种过繁的释文表面上看很有阶级观点,实际上是将上世纪五六十年代体制化了的价值取向与科学知识混淆在一起,是很不科学的。新版只保留了第一句,将"在以私有制为基础"以下的内容全部删除,从而保持了词典应有的价值中立的客观态度。类似"利息"这样的问题比较多,新版都作了程度不同的删改,基本上清除了"文革"极"左"思潮留下的残余影响。

新版还根据最新资料，对一些历史人物和历史事件做了重新评价。如胡适、林彪等条目；增加了中国现代建筑学家梁思成的条目，“虽然寥寥数语不能涵盖梁先生的成就与正直，但我们毕竟已经开始普及一种认识，一种对学术的正直性的认识。”[②] 新版还依据“抗美援朝运动”50周年纪念活动的有关资料，对该条做了较大调整和充实，如采用了“以美军为首的所谓‘联合国军’”的新说法等。

第三，新版词典还注重提升释文的百科含量。譬如“人权”条目，原版释文比较简单，“指享有的人身自由和各种民主权利”。新版依据《中国的人权状况》等资料做了充实：“人民应当平等享有的权利。人权首先是人民的生存权，同时包括人身自由、民主权利及经济、文化、社会等方面的权利。它既是一项个人权利，又是一项集体的权利，其中包括国家的独立权和发展权。”又如原版“虎”的释文中，就有“毛皮可制毯子，骨可供药用”等文字，新版不但予以删除，还加上“是中国国家重点保护动物”等内容，融入了一种浓浓的环保理念。

第四，新版词典在百科条目的规范性上也有不少改进。如依据国家科学技术名词审定委员会的规定，将“格林威治”改为“格林尼治”、“白血球”改为“白细胞”、“美尼尔症”改为“梅尼埃病”、“直升飞机”改为“直升机”、“噪音”改为“噪声”，等等。依据中华人民共和国法定计量单位的规定，将压强单位“巴”定义为“非法定计量单位”，并将“1巴$=10^6$达因”改为“1巴$=100$千帕”，因为“达因”为非法定计量单位，这里应使用法定计量单位“千帕”来换算。

（三）附录有不少创新

新版附录作为正文内容的延伸，在突出百科性、实用性上下了工夫。如保留了“节气表”、“元素周期表”等，删除了查检率不高的

“常用标点符号用法简表”、“地质年代简表”、“基本几何图形的面积和体积”等，对“计量单位简表”做了改造，重点放在常用法定计量单位与非法定计量单位的对照和换算上，使之一目了然；将“我国历代纪元表”改为“中外历史大事年表”；增加了“夏商周年表”、“中外历史大事年表”、“中国重点风景名胜区”、“世界重大公害事件”等。

由此，新版附录由四个板块十六个主题组成：历史板块包括“夏商周年表”、“中外历史大事年表”、“中国主要亲属关系简表”，地理板块包括“中国行政区划简表”、“世界各国和地区简表”、“中国少数民族简表”，环保板块包括“中国重点风景名胜区”、“中国重点自然保护区”、“中国特有珍稀动物”、“世界重大公害事件”，科技板块包括“计量单位简表”、“常用科技名词规范简表”、“科学技术的重大发现发明”、“科学技术史上的重大事件”、“元素周期表”、“节气表”。

此外，附录前正编后增加了“西文字母开头的词语”，前后环衬增加了彩色中国地图和世界地图。我们希望由此给读者带来一种视觉冲击力，让读者意识到我们所处的时代是全球化的时代，人类生活在同一个地球村里。

三

这次修订，遇到了几个值得进一步探讨的问题。

一是怎样把握读者的中等文化程度？《新华词典》将读者对象定位在中等文化程度上，与《新华字典》、《现代汉语词典》基本一致。可是，二十年过去了，读者“中等文化程度”的内涵已发生了不少变化，如今读者的中等文化程度与当年的中等文化程度相比，总体水平明显上扬了，加上科学技术的日新月异，人们在遇到不理解的或不太知道确切含义的词语时，没有工夫去寻找各种专科辞书，而要求语文词典能解决更多的问题，承担起百科词典的任务等。为此，新版将百科条目扩容，目的是取语文词典和百科词典之所长，为读者提供一种兼有二者功能、使用方便轻巧的工具书，使读者一书在手，疑难都可迎刃而解。

问题是读者有不同层次，可谓众口难调。词典以语文为主兼收百科，但如何把握语文和百科的比例，使百科条目释文尽量语词化，让读者看了能懂，专家看了不错，这是我们试图解决却又尚未解决好的问题。

二是怎样确定词典百科词条的最小集？所谓最小集，主要包括学科里最基本的、最常见的、最实用的词语的集合。新版词典从基础学科和应用学科两个层面来确定词条的最小集，如军事词条涵盖军兵种、部队建制、军事法规、战法、军事技术、军事术语、武器装备、军事名人等八类，其中军事常识占 85%，专业术语占 15%，这个比例既照顾到基础学科的广泛性和系统性，又兼顾到应用学科的普及性和实用性。

问题是从哪里出发来确定学科中的最小集？恐怕可以从不同视角提出，然后集成。这就需要与教育部门、科技名词审定部门、国家技术监督部门的通力合作。最好申请立项，取得经费、组织、人力等方面的支持，走联合行动的道路。如果此方案可行，以后可在索引上增加分类检索目录，如信息、环保、医学、军事、建筑、生命科学等学科的词条细目，以便查找，并起到小百科的作用。

三是辞书如何超越现行规范？辞书编纂或修订必须依循国家规范和词语理据，这是毫无疑问的；但是这种规范、理据与现实生活的矛盾、缺憾之处，无不让辞书编纂者为难。譬如，“荫”字原先有两读：一作 yīn，“树荫”义，构成的词语有“树荫、林荫道、绿树成荫”等；一作 yìn，“荫庇”义，构成的词语有“封妻荫子”等。1985 年《普通话异读词审音表》规定“荫”统读“阴 yīn”，即取消了“荫 yīn”，显然与原来的字表存在矛盾。[3]修订本将“荫 yīn”字立为字头，并在释义后加“注”予以说明。这是在学术研究的基础上超越了现行规范。又如，“惟一”与“唯一”这组异形词中，“惟”、“唯”都是通假，因此，写“惟一”不错，写“唯一”也不错。《现代汉语词典》以“惟一”为主条，“唯一”为副条。新版《新华词典》则正好相反，这是基于对有关语料的检索，“唯一”的使用频率要大大高于“惟一”。由此可见，“超越规范不是反对规范，而是在规范指导下描述语言的新变化。”[4]

问题是这种超越往往会使读者陷入两难境地：究竟依据标准还是依据辞书？依据《现汉》还是依据《新华》？答案恐怕只有从宽，即甲不错，乙也不错。但愿这种超越会促进有关机构修正或补充规范条文。

四

这次修订，是在市场经济的大背景下进行的。辞书的编纂和修订既要面向市场，又要保证质量，如何运作就显得至关重要。

一是以科研带动修订工作。词典修订初期，我们曾发动编辑室同人分头研讨词典的部分内容，就如何修订发表意见。后根据修订方案中的有关精神，撰写了“语文辞书修订的几点思考”，提交第三届全国辞书理论学术研讨会（安徽太平，1999 年 6 月），得到了学界同行的充分肯定。此后，我们多次召开专家座谈会，就词表审定、字头分级、异形词规范、附录制作等问题进行研讨。还撰写了“语文辞书附录的推陈出新”，提交中国辞书学会第三届语文辞书学术讨论会(云南昆明，2000 年 8 月)。

二是借助社会力量。新版词典采用开门修典的方法，广泛聘请社会各界专家学者近百人参与修订工作。如百科条目聘请全国科学技术名词审定委员会、中国社会科学院、北京大学、清华大学、中国人民大学、北京师范大学、人民教育出版社等单位的有关专家学者修订或撰稿，再由语文专家加工打磨，最后交百科专家确认。此外，我们请两位中学老师作为第一读者通读了校样，又请我馆辞书研究中心特约研究员曹先擢、胡明扬、陆俭明、蒋绍愚、符淮青、王宁、韩敬体、晁继周等专家审读了清样，使词典的修订质量有了保证。

三是利用计算机手段。传统词典的编纂和修订，只是凭借手工操作，难免有顾此失彼的地方。这次在收词的完备、相关条目释文的统一以及体例的一致上，电脑发挥了很大的作用。拿“部首检字表”制作来说，以往都是先按正文次序抄录字头卡片，并标明笔顺、部首、笔画数等，然后填上字头在正文中的相应页码，再按笔顺、部首、笔画数等编排卡片，最后按编排好的顺序将字头和页码抄录下来，形成检字表，而每一个环节都需要进行检查、核对，前后花费两三个月时间。[⑤] 如今只要先在计算机上设置出若干个项目，并逐字输入这些项目下的有关数据，形成有用的数字资源，就可利用计算机技术来制作检字表，时间上要便捷得多。

四是试行流水作业。我们把原版词典分为语词和百科两大块分别进行修订，语词部分定稿后先行发稿、校对，为的是给大字头录校多留出一些时间。百科部分又拆散成语文、政治、历史、地理、数学、物理、化学、生物、法律、军事等二十几个学科，分别修订、定稿和发排，三校后按学科逐条插入语词校样中，接着进行专项检查和交叉条目的合并，最后通读和打磨全稿，既加快了修订进度，又保证了词典质量。

五是团队精神。词典编纂和修订都是集体的成果。新版词典的修订工作得到了陈原、曹先擢等先生的关怀和指导。馆主要领导亲临一线，多次听取汇报，对修订进度、装帧设计、出版时间等及时做出决策，提供有利条件。编辑室修订人员全身心投入，从拟订修订方案、细则，到词表审定、样稿确认，再到专项检查、交叉条目处理等，都尽心尽责、毫不含糊。还有总编室、排校部、出版部、发行部等部门都全力配合，充分体现了商务务实、创新的精神。

辞书的生命是在不断修订中延续的。这次《新华词典》的修订，也留下了一些遗憾。如漏收了一些词条(如"二噁英、陈寅恪"等)，新增条目打磨得不够，释文用语未能封闭，音译外来词未能附注外文，一些百科条目释文过专，政治人物条目释文偏长，缺少线条插图，等等。这些问题将在以后的修订中逐渐得到解决。

附 注

① 《新华词典·凡例》，商务印书馆，1980。

② 实建《喧嚣中的怀念》，《人民日报》2001 年 4 月 24 日第 12 版。

③ 厉兵《爱之深，责之切——从汤伏祥"〈现代汉语词典〉修订了什么"说开去》，《新闻出版报》2000 年 6 月 22 日第 1 版。

④ 陈原《辞书与语言规范化问题》，《辞书研究》1999 年第 1 期。

⑤ 史建桥《利用计算机技术制作〈古今汉语词典〉检字表》，《中国辞书论集 2000》，中国大百科全书出版社，2001。

《新华词典》字头的修订

李 青 梅

《新华词典》1980 年首次出版，1989 年出版了修订版，其字头的处理从一开始就注重规范性，充分体现当时的语言文字规范，突出实用性和查考性，读者日常阅读中遇到的字尽可能收进来。此次修订继承了原版的这个传统。从初版到现在的二十年来，国家相继公布了一系列语言文字的规范和标准，如《现代汉语常用字表》、《现代汉语通用字表》、《普通话异读词审音表》、《现代汉语通用字笔顺规范》等等，《简化字总表》重新发表，《第一批异体字整理表》中的一些字做了调整。2001 年修订版《新华词典》(以下简称"新版")的字头修订完全服从国家语言文字规范化的要求，同时兼顾文字的实际使用情况。

一　附录(一)生僻字字头的修订与大字头的分类

原版《新华词典》附录(一)生僻字收录 2 694 个字，按部首顺序排列。新版为方便读者查考，附录不设生僻字，把生僻字全部融入正文大字头中，按音序排列。其中三百多个字属于通用字，三十多个字属于《第一批异体字整理表》中的字。新版把这部分字与正文大字头及附列的异体字合并，还做了其他几方面的修订。

(一)删字

1. 删除部分极生僻或不见书证的字，如几、夨、乢、臾、冃等。

2. 删除通用字的繁体字，如犖(荦的繁体字)。

3. 删除附列的《第一批异体字整理表》之外的异体字(因新版附列的异体字仅限于表内异体字)。

4. 删除旧字形，如丒。

5. 删除过于繁杂的异体字或异形词用字，如屹嶜、圪墖、肐膳、趷跶。

(二)改字形

1. 取较通行的字形，如鷹改为鹰，曹改为嶆。

2. 改正简化错误的字形，如驮改为骣(飛不能类推简化)。

3. 改正旧字形，如昷改为昷。

(三) 补字

1. 补充复音词涉及到但漏收的字，如"圝濊"的"濊"，"墒塎"的"塎"，"嵾嵳"的"嵳"，"榠樝"的"樝"，"醂醣"的"醣"等。

2. 补充字头的繁体字。

生僻字融入正文之后，正文字头数量增多了。为方便读者查考，引导读者使用规范字，新版给字头分了类。给字头分类的做法并不是新版的首创。许嘉璐的《现代汉语模范字典》、曹先擢、苏培成的《汉字形义分析字典》、张书岩的《标准汉语字典》、魏励的《汉字规范字典》等都对 3 500 常用字或 7 000 通用字做出了标记或说明。原版《新华词典》将生僻字放在附录里虽然没有分类的说法，但体现了这种精神，它的目的是引导人们多用通用字，不用生僻字，收录生僻字只是为了读者查考的需要。新版继承了原版《新华词典》的这个思想，把字头分类明确化，并且比其他字、词典更进了一步，把字头分为三大类。第一类为 7 000 个现代汉语通用字，不加标志。第二类为次通用字，在字头的右上角加“□”，共 600 多字。第三类为罕用字，在字头的右上角加“⊠”，共 2 200 多字。

第一类是国家公布的规范字，第三类是现代汉语书面上见不到的字。第二类不属于规范字范围，但在现代汉语书面上经常见得到，主要包括以下几方面的用字：

1. 姓氏、人名用字，如江、闫、畑。

2. 地名、山名、水名用字，如奤、邑、垧、崀、岎、瀫、湑。

3. 动植物名用字，如鹟、鳹、貗、枹、簕、葎。

4. 专业用字，如吖、苝、铍、铋、镖、氰、朊、礞。

5. 方言用字，如娭、戹、䟦、汏、扽、甪、乇、褯。

6. 拟声词、口语词用字，如哪、欸、唰、踖、嗐、吰。

7. 音译用字，如呇、噹、哄。

8.《简化字总表》收了但《现代汉语通用字表》未收的字，如䅪、刬、䌷、䜣、谶、誊。

9. 另出字头的附列字或其简化字，如晻、氾、袷、刽、钼、麹。

10. 异形词用字，如僇、搘、觋、觎。

11. 淘汰的计量用字，如呎、唡、乇、吋、瓩。

二 附列字

附列字指大字头后面括号里的字。

(一)原版情况

原版的附列字情况比较复杂，其中有《第一批异体字整理表》的全部异体字，《简体字总表》表一和表二的繁体字，还有《第一批异体字整理表》之外的异体字(如捱、爊、菴)、旧字形(如奐、衮、爭、双)、《现代汉语通用字表》中的字(如案、擘、阪、暴、柏)。

（二）新版的处理

1. 删除旧字形。

2. 通用字单立字头。

3. 表外异体字单立字头，其中需要类推简化的删除，因为这些字在《汉字简化方案》公布之前就已被淘汰，所以不立其简化字头，如收捱、爊、萢等，不收騂、飈、燘等。

4. 保留原来收的繁体字，增补类推简化字头的繁体字，即所有的简化字头后都附有繁体字。

5. 保留原来收的《第一批异体字整理表》中的异体字，但是由于使用情况的变化、新的语言文字规范与原字表的矛盾以及字表本身的错误等原因，有几个异体字明显不应该收入，它们是：呆的异体字"騃"，拈的异体字"撚"，挪的异体字"挼、捼"，券的异体字"劵"。新版删除了这几个字，并加注说明。

"呆"后注：呆②（不灵活；死板）旧读 ái，此义又作"騃"。故《第一批异体字整理表》将"騃"作为"呆（ái）"的异体字处理。后《普通话异读词审音表》规定"呆"统读 dāi，而"騃"并无 dāi 音，故不将"騃"作为"呆（dāi）"的异体字。

"拈"后注：拈，旧又读 niǎn，同"撚"、"捻"，义为"用手指搓"。《第一批异体字整理表》据此将"撚"处理为"拈"的异体字。但今天"用手指搓"的意义多使用"捻"，而在"拈"字下只注 niān 音，义为"用手指夹取"。因此，今天"拈"（niān，用手指夹取）与"撚"（niǎn，用手指搓）音义都不同。二者已不存在异体关系，不再将"撚"作为"拈"的异体字。

"挪"后注："挼"、"捼"二字过去在"揉搓"的意义上与"挪"相通，并有 nuó、ruó 二读，故《第一批异体字整理表》将"挼"、"捼"处理为“挪”的异体字。但今“揉搓”义一般不再使用“挪”字，一般字、词典在“挪”字下只注 nuó 音，并不注“揉搓”义；而“挼”、“挼”并无“挪动”义，且 1985 年《普通话异读词审音表》又审定“挼”统读 ruó，故不将“挼”、“挼”作为“挪”的异体字。

“劵”后注：《第一批异体字整理表》将“劵”作为“券”的异体字。其实“劵”本为“倦”的异体字，“劵”和“券”在意义上并无关联，故不将“劵”作为“券”的异体字。

（三）附列字另出字头的处理与照应

附列字有另外的意义或另外的音义时，需要独立出来单立字头，这就产生了与原大字头和它本身的照应问题，这个问题交代清楚了，才便于读者查考。新版在这方面做得更加系统化、科学化。以下是几种照应格式（A 为大字头，B 为附列字）。

1. A(B) 注音 释义。

“B”，另见（××页）。

B 注音 释义。

另见“A”（××页）。

另有义的异体字和另有义的繁体字兼通用字用这种格式，如：

嗔（*瞋） chēn 释义略。

“瞋”，另见（116 页）。

瞋 chēn 释义略。

另见“嗔”（115 页）。

伙（夥） huǒ 释义略。

“夥”，另见（442 页）。

夥 huǒ 释义略。

另见“伙”（441 页）。

2. A(B) 注音 释义。

"B",另见"B的简化字"(××页)。

B的简化字(B) 注音 释义。

"B",另见"A"(××页)。

另有义的繁体异体字和另有义的需类推简化的繁体字兼通用字用这种格式,如:

锄(*鉏) chú 释义略。

"鉏",另见"钽"(138页)。

钽(鉏) chú 释义略。

"鉏",另见"锄"(138页)。

余(餘) yú 释义略。

"餘",另见"馀"(1199页)。

馀(餘) yú 释义略。

"餘",另见"余"(1198页)。

3. A(B) 注音 释义。

"B",另音×(××页)。

B 注音 释义。

另音×,见"A"(××页)。

另有音义的异体字、另有音义的不需类推简化的繁体字和另有音义的繁体字兼通用字用这种格式,如:

暗(*晻) àn 释义略。

"晻",另音 yǎn(1136页)。

晻 yǎn 释义略。

另见 àn,见"暗"(11页)。

克(剋) kè 释义略。

"剋",另音 kēi(560 页)。

剋 kēi 释义略。

另见 kè,见"克"(558 页)。

了(瞭) liǎo 释义略。

"瞭",另音 liào(616 页)。

瞭 liào 释义略。

另音 liǎo,见"了"(615 页)。

4. A(B) 注音 释义。

"B",另音×,见"B 的简化字"(××页)。

B 的简化字(B) 注音 释义。

"B",另音×,见"A"(××页)。

另有音义的繁体异体字和另有音义的需类推简化的繁体字用这种格式,如:

翻(*繙) fān 释义略。

"繙",另音 fán,见"㠶"(256 页)。

㠶(繙) fán 释义略。

"繙",另音 fān,见"翻"(255 页)。

苹(蘋) píng 释义略。

"蘋",另音 pín,见"𬞟"(755 页)。

𬞟(蘋) pín 释义略。

"蘋",另音 píng,见"苹"(758 页)。

另外还有一种照应情况,即一个附列字不另立字头,但它隶属于不同的字头,其照应格式如下(A 为大字头,B 为附列字,C 为另一个大字头):

1. A(B) 注音 释义。

"B",另见"C"(××页)。

C(B) 注音 释义。

"B",另见"A"(××页)。

另有义的附列字用这种格式,如:

炉(*鑪) lú 释义略。

"鑪",另见"铲"(637 页)。

铲(鑪) lú 释义略。

"鑪",另见"炉"(638 页)。

2. A(B) 注音 释义。

"B",另音×,见"C"(××页)。

C(B) 注音 释义。

"B",另音×,见"A"(××页)。

另有音义的附列字用这种格式,如:

奶(*妳) nǎi 释义略。

"妳",另音 nǐ,见"你"(717 页)。

你(*妳) nǐ 释义略。

"妳",另音 nǎi,见"奶"(706 页)。

(四)对恢复使用的 26 个异体字的处理

《语言文字规范手册》(增订本)(语文出版社 1993 年版)在《第一批异体字整理表》前有个说明:一、根据 1986 年 10 月 10 日重新发表《简化字总表》的说明,确认《简化字总表》收入的"䜣、䜩、晔、詟、诃、䲡、䌷、刬、鲙、诓、雠"11 个类推简化字为规范字,不再作为淘汰的异体字。二、根据 1988 年 3 月 25 日国家语言文字工作委员会与中华人民共和国新闻出版署"关于发布《现代汉语通用字表》的联合通知"中的规定,确认《印刷通用汉字字形表》收入的

“翦、邱、於、澹、骼、彷、菰、溷、徼、薰、黏、桉、愣、晖、凋”等15个字为规范字，收入《现代汉语通用字表》，不再作为淘汰的异体字。根据这个精神，新版不把这26个字作为附列字处理，但是与原选用字的关系要交代清楚。我们归纳了一下，这26个字中，只有少数几个字完全独立出来，分担原选用字的一部分功能或不再表示原选用字的意义，大多数字除了新的音义外，仍有原选用字的音义，原选用字的音义还得使用选用字表示，而不是这些字。新版把这26个字分成5种情况来处理。

1. 完全独立出来的异体字(5字)。这种情况不交代与原选用字的正异关系。

凋 diāo 凋谢。(例词、例句略，下同)

骼 gé 骨头。

愣 lèng ①呆；失神。②鲁莽；说话做事不考虑效果。

黏 nián 像糨糊、胶水等所具有的、能使一个物体附着在另一物体上的性质。

詟 zhé 害怕；恐惧。

凋、骼、愣、黏分别承担了原选用字雕、胳、楞、粘的这一部分意义，原选用字不再表示这一意义。“詟”原为“慑”的异体字，《普通话异读词审音表》审定“慑”统读 shè，所以二字不再同音，不再存在异体关系。

2. 部分意义独立出来的异体字(7字)。这组字与原选用字同音，与原选用字的正异关系用出义项的形式注出。

菰 gū ①多年生水生草本植物(略)。②“菇”的异体字。

溷 hùn ①污秽。②厕所。③猪圈。④“混(hùn)”的异体字。

翦　jiǎn　①姓。②“剪”的异体字。

徼　jiǎo　①求。②“侥(jiǎo)”的异体字。

邱　qiū　①姓。②“丘”①的异体字。

薰　xūn　①薰草，一种香草。②花草的香气。③“熏(xūn)”的异体字。

於　yú　①用于地名，如於陵(在今山东)。②“于”的异体字。

3. 部分意义独立出来的繁体异体字(7字)。这组字与原选用字的正异关系在释义后另起一行加以说明。

雠(讎)　chóu　校对文字。

“讎”，也作“仇(chóu)”的异体字。

诃(訶)　hē　音译用字。如契诃夫。

“訶”，也作“呵(hē)”①的异体字。

晖(暉)　huī　阳光。

“暉”，也作“辉”的异体字。

鲙(鱠)　kuài　见“鳓”(588页)。

“鱠”，也作“脍”的异体字。

䜣(訢)　xīn　姓。

“訢”，也作“欣”的异体字。

䜩(讌)　yàn　相聚叙谈。

“讌”，也作“宴”的异体字。

晔(曄)　yè　兴盛；充满生机。

“曄”，也作“烨”的异体字。

括号里的字既是前面简化字的繁体字，又是原选用字的异体字，所以用“也作”二字。

4. 部分音义独立出来的异体字（3 字）。这组字与原选用字的正异关系在释义后另起一行加以说明。

桉　ān　桉树，常绿乔木。（略）

另音 àn，“案”的异体字。

彷　páng　［彷徨］也作旁皇。犹疑不定，不知往哪里去好。

另音 fǎng，“仿”的异体字。

澹　tán　［澹台］复姓。

另音 dàn，“淡”的异体字。

5. 部分音义独立出来的繁体异体字（4 字）。这组字与原选用字的正异关系在释义后另起一行加以说明。体例是 3 和 4 的综合。

刬（剗）　chàn　见［一刬］。

“剗”，另音 chǎn，也作“铲”的异体字。

紬（紬）　chōu　抽引；理出丝缕的头绪。

“紬”，另音 chóu，也作“绸”的异体字。

诓（誆）　kuāng　欺骗。

“誆”，另音 kuáng，也作“诳”的异体字。

鳝（䲡）　qiú　逼迫；践踏。

“䲡”，另音 qiū，也作“鳅”的异体字。

三　字数、字形、字序

原版《新华词典》收字（包括附列字和附录中的生僻字）12 000 余个，新版经过增删后收字（包括附列字）15 000 余个，比原版增加约 3 000 字，这 3 000 字主要包括类推简化字头的繁体字，漏收的《现代汉语通用字表》和《简化字总表》中的字，还有一些通行较广的社会用字、专业用字，如焗、跆、铲、镙等。

新版的字形修订严格执行国家有关的规范和标准，对原版不合现在规范的字形做了改正。如原版的“嬎、鷩、鼈、鼀、腬、鍪、旹”，新版改为“嬎、鷩、鼈、鼀、腬、鍪、旹”。但含“廷”的字字形不做改动。《现代汉语通用字表》规定“廷、庭、蜓、挺、艇”等字所从的部件为“壬”，撇下是土。《现代汉语通用字笔顺规范》“廷”组字形改为从“壬”，撇下是土。但目前没有见到有关修订《现代汉语通用字表》字形的正式文件，所以仍从撇下士。

原版字头的排列原则是：单字按汉语拼音字母次第为序排列。同音节的字依阴平、阳平、上声、去声的顺序排列。同音字按下述原则排列：1. 先将同偏旁或形相近的字按笔画多少为序排在一起组成一组（以便于群众识字）；2. 各组（以第一笔的笔画为准）与未归入组的单字再按笔画多少排列。新版依据《现代汉语通用字笔顺规范》对原字序做了调整，即笔画数相同的字原版按起笔丶、一、丨、丿、乛的顺序排列，新版按起笔一、丨、丿、丶、乛的顺序排列，笔画数笔形都相同的字依笔顺规范排列。如“宬城”、“裎程”、“挨埃”是原版的字序，新版字序为“城宬”、“程裎”、“埃挨”。

《新华词典》百科词目的释义模式

王 金 鑫

《新华词典》是一部以语文为主兼收百科的中型词典，它收入了大量的百科词目，大大提高了语文词典的知识性、科学性与实用性。[①]语文词典百科词目的释义要求概括词义的主要特征或主要特征的主要方面，虽不像专科词典那样精确，但也必须既能使外行人看得懂，又能使内行人看了不错。[②]因百科词目的系统性非常强，很适用“种差＋属概念”的定义方式，所以同级（同类）概念释义时应该做到：选用相同的属概念、截取共同的语义取向（种差范围）、使用语义明确的释义术语，这样就形成了一套固定的释义模式。

一

由于事物从不同的角度分类会有不同的结果，因此一个概念会有不同的属概念，这就有一个选择问题，如动物界、脊索动物门、脊椎动物亚门、哺乳纲、真兽亚纲、食肉目、犬科、犬属、高等动物、家畜、恒温动物等都是“狗”的属概念，这就需要结合词典编纂的读者对象进行综合考虑。《新华词典》是一部供中等文化程度的读者使用的中型词典，它之所以选择“哺乳动物”作为“狗”的释义属概念，是因为：一、界、门、纲、目、科、属、种系统是动物分类时最通常使用的科学分类系统；二、哺乳动物是中等文化程度的读者熟知的概念，易于理解。在确定了属概念“哺乳动物”之后，与“狗”同级（同类）的词目“狼、猫”等的释义就要统一使用这一属概念。而这基本的体例问题在辞书中很容易出现问题，如：

【狼】食肉类犬科哺乳动物……

【狗】哺乳动物……

【猫】食肉类哺乳动物…… 《新华词典》(1989 年修订版)

《新华词典》(2001 年修订版)在这方面做了大量工作，如动物名统一使用鱼类、两栖动物、爬行动物、鸟类、哺乳动物（以上是脊椎动物）、原生动物、海绵动物、腔肠动物、扁形动物、线形动物、环节动物、软体动物、节肢动物（其中昆虫纲另立）、棘皮动物（以上是无脊椎动物）中的一个作为属概念；化学元素统一使用金属元素、非金属元素、气体元素作为属概念。这样做的目的就是要使同级（或同类）概念的释义的属概念相同，这样同级（或同类）概念就具有了某种共同的标志，借助计算机查检技术可以统计出具体的数量，可以集中起来比较语义取向是否一致、词目是否系统等，可以说这是实现辞书编纂客观化、科学化的基础。

二

同级（或同类）概念在统一的属概念之下，又各有其区别于其他同类概念的众多的区别特征，编纂者不可能也不必要将所有的该类事物的特征罗列殆尽，而是要求概括该词目的主要特征或主要特征的主要方面。这就仿佛从矿石中提炼金属一样，找出最重要的、读者最关注的本质属性方面，截取共同的语义取向（也就是确定种差的释义范围[③]）来描述同级（或同类）概念，真正做到释义的系统性。如：

【石家庄市】河北省会。位于该省西南部。人口130万(1997年)。是京广、石太、石德铁路的交会点，为全省政治、经济、文化和交通中心。有纺织、机械、化工、钢铁、电力、制药等工业。市内有华北烈士陵园，内有白求恩墓、柯棣华墓。

【沈阳市】辽宁省会。位于该省中部偏东，浑河北岸。人口386万(1997年)。京哈、沈大、沈丹等铁路在此相交。是东北地区的政治、经济、文化和交通中心。机械制造工业闻名全国，冶金、电力、化工等工业也很发达。名胜古迹有清初皇宫建筑群故宫、北陵、东陵等。

【西安市】古称长安。陕西省会。位于渭河中原中部。人口226万(1997年)。陇海铁路经此，是中国西北联系内地各省的交通枢纽。为全省政治、经济、文化和交通中心。是以机械制造、纺织为主的工业城市。为中国古都之一，名胜古迹很多，其中以碑林、大雁塔、半坡遗址、华清池、秦陵兵马俑等最为著名。

《新华词典》(2001年修订版)统一截取城市行政区划、地理位置、人口数量、交通、地位、工业、名胜古迹等七个方面的语义特征来定义28个省会(首府)城市，整齐划一。具体到选择哪几个方面来释义主要是根据词典的读者对象，对于中等文化程度的读者来说，了解了一个城市的上述七个方面也就基本够用了，如需要更为精细的内容(如辖区、历史沿革、高等院校和科研机构设置等)，可查阅《辞海》或专科词典。下面简单列举新版《新华词典》对相应类别的词目的处理方式：

1. 人名：①全名；②生卒年；③评价（定性）；④简历；⑤贡献；⑥代表作。

2. 动植物：①类别；②体形特点；③生活环境；④用途。

3. 化学元素：①定性；②元素符号；③原子序数；④特性；⑤功用。

4. 朝代：①朝代名（时间段）；②……建立；③建都……，国号……；④（农民起义情况）；⑤……年为……所灭。

5. 民族：①中国少数民族之一；②人口……万（1990年）；③主要分布在……；④（有本民族语言文字，兼通汉语文）；⑤建立有……等民族自治地方。

6. 省会（首府）城市：①……省会（首府）；②位于该省（区）……部；③人口……万（1997年）；④是……铁路的交会点；⑤为全省政治、经济、文化和交通中心；⑥有……等工业；⑦名胜古迹有……。

以上我们只是列举了一些大面上的、很容易总结出来、适用面比较大的释义模式。其实随着词目类别的细分，释义模式也会越来越精细，甚至两个词目就可自成一个小系统，共用一个释义模式。中型语文词典的百科词目是有限的，总结出其包含的各个小系统的释义模式是完全有可能的。在确定了同一类词的释义模式之后，辞书编纂者的工作就相对简单了些，他只要将与该词目相关的内容填入与之相应的释义模式中去，就可得到一个与同类词目非常配套的释义。这样，词典编纂也就有了一定的规矩，按空填内容，有点类似于考试中的填空题，这样可以避免辞书释义中同类词目语义取向和释义详略不当的老毛病。

语文词目（普通语词）的释义同样可以总结出一定的释义模

式。[④]《新华词典》(2001 年修订版)在语文词目的释义模式方面也做了一些探讨,特别是字头的释义。词典中的字头是有一定的内在联系的,释义时不联系相关的字头就容易出现问题,因此,很有必要做好 7 000 通用汉字的内在联系的分析工作。只有弄清楚一个字头和其他字头的各种联系,才好准确而恰当地释义。而复音词目的系统分析比较困难,因为我们的词汇学研究成果目前仅限于举例性地证明现代汉语词汇是一个系统,但是怎样的系统,还缺乏必要的分析。因此,当前具体的复音词群(尤其是动词、形容词)的释义模式(不是释义方式),一时还很难总结出来。

在确定了属概念和语义取向之后,就会出现一个语义表达的问题 。我们都知道,同一个意思在汉语中有多种表达方式,这就需要编者加以选择确定,确定的原则是实用、科学、规范。辞书的首要功能是为查检者答疑解惑,必须考虑能让读者读懂,因此,《新华词典》(2001 年修订版)对各种鸟、鱼释义时,选用比较通俗的"鸟类"、"鱼类"作为其属概念,而舍弃了科学、规范的生物学术语"鸟纲"、"鱼纲"。再有很多植物的花可供观赏,因此在专家的稿子中就出现了"可供观赏"、"供观赏"、"适于观赏"、"是观赏植物"等不同的表达方式,而意思一样。经综合考虑,我们选用第一种表达方式,并一贯到底。经过这样处理后的同级(同类)词目的释义整齐划一,便于比较、理解。

三

释义模式中还涉及到一些常用术语问题。无论是语文词目还是百科词目,释义过程中肯定会遇到一些释义常用术语,如合称、总称、统称、通称、俗称、也叫(又叫、又称、也称)、也作(又作)、也说

(又说)等,目前这些释义术语还没有公认的适用范围,体现在各词典中使用比较混乱,我们在编辑加工词典稿的过程中,参照其他工具书,总结出上述术语各自的适用范围,并在《新华词典》(2001 年修订版)中贯彻执行。[5]现将其使用范围列举如下:

合称:适用于被释词的词表形式是由释义词语的构成语素组合而成的集合概念的释义。如:【经络】中医学名词。人体内经脉和络脉的合称……

总称:1. 适用于由整体的各个组成部分来释义的个体概念的释义。如:【大洲】面积广阔的陆地及附近岛屿的总称……

2. 适用于由同一类个体组成的集合概念的释义。如:【帮会】旧中国封建性的民间秘密组织的总称。如哥老会、大刀会、青帮等。

统称:适用于用下位概念来释义上位概念。如:【北曲】宋元以来北方戏曲、散曲所用各种曲调的统称。

通称:适用于同一概念的科学术语与通常的名称之间的释义。如:【嘴】口的通称。

俗称:适用于同一概念的科学术语与带有一定色彩义(感情色彩、形象色彩等)的名称之间的释义。如:【癞蛤蟆】蟾蜍的俗称。

也叫:适用于名物性的同实异名词之间的释义。如:【合会】也叫邀会、来会、成会。一种自发的民间信用互助形式……

也作:适用于同音的同实异形词的释义。如:【臌胀】也作鼓胀。中医病证名。主要症状……

也说:适用于非名词性的同实异名现象之间的释义。如:【背井离乡】也说离乡背井。离开自己的故乡,到外地生活……

见:适用于该词目的释义包含在另一词目中,该词目不再需要释义，直接“见[……]”。如：【调幅】见[调制]①(977 页)。

参见：适用于该词目本身有释义，但不很充分，可“参见[……]”。如：【机械能】机械运动的能量。包括动能和势能。参见[动能](222 页)、[势能](901 页)。

在实际的释义过程中，既要遵循既定的释义模式，又要有一定的灵活性。这表现在三个方面：其一，具体到每个词目，在语义取向(也就是释义范围)上可以有所突破，如对省会城市“太原市”释义时突破了原有框架，加入了“特产老陈醋”这一特点。这种突破是十分必要的，条件是加入的必须是该事物在某一方面最突出的特点。其二，在个别词目释义的表达方式上可有所变化，以满足行文的需要。其三，词目语义取向的顺序可有所更改，以便于释文前后的连贯。

总结出一部词典的释义模式，实际上就搭起了辞书释义的框架，就好比钢筋混凝土搭建起来的楼架，这是关键的工程。如出了问题，填入的砖料再结实，整个工程也会毁于一旦。因此，在辞书编纂过程中词目确定之后，依据该词目总结出一部辞书的释义模式系统，就成为辞书释义的基础，直接决定着辞书质量的高低。

附　注

① 参见丰逢奉《语文词典的专科词处理问题浅识》，《辞书研究》1995 年第 2 期。

② 参见陈原《释“典”》，《辞书和信息》，上海辞书出版社。

③ 由于百科词目多是由各方面的专家学者编写，他们一般缺乏词典编纂的知识，没有确定的释义范围，很容易出现释义的论文化倾向。参见潘长胜《专科辞书编纂中几个值得注意的问题》，《辞书研究》1995 年第 6 期。

④ 符淮青先生曾根据《现代汉语词典》归纳出不同语法性质的词的释

义方式，这是就语词中的整个词类的释义的总结，可以说是大的释义模式，我们所说的释义模式是在一个非常有限的小的词目系统中适用的具体的释义方法，如对“看”族词语从动作方向、动作方式、动作对象、语体色彩、成词与否五个方面所做的释义。参见《词的释义方式剖析》，《辞书研究》1992 年第 1、2 期。

⑤ 参见卢莹、王金鑫《试析辞书释义中的总称、统称、合称》，《辞书研究》2003 年第 3 期。

词典编纂中的配套词问题
——以《新华词典》(2001 年修订版)为例

宿　娟

一

配套词是个词典编纂用语,其内涵和外延同汉语语义研究术语"语义场"大致相当,是指在语义上有联系的一组词。中国有的学者把"语义场"改称"词群","以适合汉语的表达习惯"。[①] 我们赞成这种说法。在词典编纂中,如何处理配套词,体现了编纂者对于词在词汇系统中的地位和相互关系的认识,决定了词典能否准确而科学地反映语言现实和词汇的系统性,因而是一个十分重要的体例问题。

二

在进入正题之前,我们首先回顾一下中国辞书编排方式的发展。我们认为编排方式与配套词的处理之间有着密切的联系。中国辞书编排方式有三大模式,分述如下:

(一)从语义上分类,以《尔雅》为代表的义类编排方式。《尔雅》全书共分 19 类:(1)释诂,(2)释言,(3)释训,(4)释亲,(5)释宫,(6)释器,(7)释乐,(8)释天,(9)释地,(10)释丘,(11)释山,

(12)释水，(13)释草，(14)释木，(15)释虫，(16)释鱼，(17)释鸟，(18)释兽，(19)释畜。前三篇汇集了大量的同义、近义词，后十六篇根据语言所反映的客观事物和现象的分类对词汇进行分类，并对同一组词的异同进行分析。《尔雅》是“小学家缀辑旧文，递相增益”[2]而成的中国第一部词典，显然不是一人一时一地的作品。值得注意的是，这部词典已经认识到词汇的意义系统，并按照事物的分类对词汇进行分类，可以说代表了当时汉语语义研究的最高水平。而这种建立在语义系统基础上的编排方式成为了中国辞书编纂的重要传统。西汉扬雄的《輶轩使者绝代语释别国方言》以及模仿《尔雅》并以“雅”命名的一系列“雅书”，收词范围虽不相同，但编排方式基本一致。

（二）从字形上分类，以《说文解字》为代表的部首编排方式。东汉许慎的《说文解字》是中国第一部字典，共收 9 353 个字，从形、音、义三方面加以注释，并且引用古籍例证。在编排方面，最值得称道的是，许慎通过对字形的分析，归纳了 540 个部首，将九千余字分别部居，首创了部首检字法。《说文解字·叙》中说：“其建首也，立一为耑，方以类聚，物以群分，同牵条属，共理相贯，杂而不越，据形系联，引而申之，以究万原，毕终于亥。”许慎在以部首驾驭千变万化的字形的同时，并未忽略词汇之间在意义上的联系。收入同一部首之下的字，往往在意义上有关联。如玉部所收之字，所表示的意义大多与“玉”有关，有“玉石名”（如璥、瓘、璪、玲）、“玉器名”（如瑞、瑗、琮、珪）、“玉石特性”（如玷、瑕）、“玉声”（如玲、玎）、“玉之形貌”（如玼、玢）、“制玉行为”（如理、琢）等。从字形的分类引申到意义上的关联，这与汉字是表意文字的特点紧密相合。从这个角度来说，《说文解字》也是根据义类来编排的。

（三）从语音上分类，以《广韵》、《新华字典》为代表的音序编排方式。魏晋南北朝时期，学者们对汉语声韵的研究取得了很大的进展，并且出现了专为做诗押韵而编纂的韵书。最早的韵书是魏李登的《声类》，但早已失传。现存最早的韵书是隋陆法言的《切韵》，可惜只有残卷。孙愐等人在《切韵》的基础上修订成了《唐韵》。而流传最广、影响最大的是陈彭年等人在《唐韵》基础上修订的《广韵》。《广韵》共收 26 194 个字，其编排方式是：先分平上去入四声，每声下再按韵分部，共分 206 韵。从本质上讲，《广韵》这种按声韵编排的方式也是一种音序编排方式。真正意义上的音序编排方式是在 1918 年的注音字母公布以后出现的，1937 年黎锦熙的《国语词典》就是按照注音字母来编排的。1958 年汉语拼音方案公布，1959 年《新华字典》出版了按拼音字母顺序编排的新版本。由于音序编排方式的严谨性和易检性，加上拼音方案的不断推广和普及，它已经成为目前汉语辞书最为常见的编排方式。

三

与义类编排方式和部首编排方式相比，音序编排方式尽管在归属字词和方便检索等方面占有绝对优势，却容易忽略对语义系统的探讨，使得在语义上有关联的各个词散居各处，孤立起来。读者在查检某个词时，无法连带获得同属一个词群的其他词汇的意义，这不能不说是一个缺憾。如何弥补这一缺憾呢？辞书编纂的前辈们已经注意到，在音序编排方式的前提下，合理地处理配套词，可以加强同一词群的词汇之间的联系。可见配套词问题是词典编纂的一个不能回避、也不应回避的问题。因而，我们在编纂《新华词典》（2001 年修订版）之初，就对配套词的收词、释义方式、释义内容等各方面进行了分析和归纳，力求使这部语文和百科兼收的中型词典，在内容上丰富，在体例上完备。

下面就以《新华词典》(2001年修订版)为例，分三个方面来谈一谈配套词问题。

(一)配套词的收词情况

配套词从数量上大致可以分为封闭和开放两类。

1. 封闭类数量有限，可以尽举。例如：

四季：春　夏　秋　冬

四方：东　南　西　北

四声：平　上　去　入

四部：经　史　子　集

四大佛山：五台山　普陀山　峨眉山　九华山

五爵：公　侯　伯　子　男

五音：宫　商　角　徵　羽

生物分类等级：门　纲　科　目　属　种

六部：吏部　户部　礼部　兵部　刑部　工部

七个国际基本单位：米　千克　秒　坎　开　安　摩

八卦：乾　坤　震　巽　坎　离　艮　兑

军队编制单位：军　师　旅　团　营　连　排　班

天干：甲　乙　丙　丁　戊　己　庚　辛　壬　癸

地支：子　丑　寅　卯　辰　巳　午　未　申　酉　戌　亥

十二时辰：子时　丑时　寅时　卯时　辰时　巳时　午时　未时　申时　酉时　戌时　亥时

数量较多的还有“二十四节气”、“二十八宿”、“中国各省”、“中国各省省会”、“朝代名”、“五十六个民族”、“化学元素”等等(因篇幅所限,不再详细列出)。

封闭类的配套词收词要平衡,应收的要收齐。单音词的在字头下立义项,复音词的单立词条。

2. 开放类的配套词,数量一般很大,受词典性质和规模的限制,无法尽举。

《新华词典》(2001 年修订版)中开放类的配套词的收词与整部辞书的收词原则相一致,百科与语文并举。例如:

烹饪方法:熬　煲　爆　煸　炒　氽　煎　溜　焖　炸　蒸等(关于烹饪方面的词,词典只收了因字头而出现的单音词,复音词没有收。)

数目:零　一　二　三　四　五　六　七　八　九　十　百　千　万　亿(“数目”是个开放的类,数量上可以无限大,词典只收了这些基本数词和单位,由它们可以组成其他数词。)

国家简称:澳　德　俄　法　美　日　意　英　中(世界上有二百多个国家或地区,每一个都设立简称的义项,数量大而且没有必要。以上九个,是比较大的国家,其简称在汉语中经常出现,故在字头下立义项。)

还有“植物”、“动物”、“武器”、“农具”、“乐器”,“异形词”、“同义词”、“反义词”以及各种词类等大量的配套词,或是因字头而立义项,或是根据系统性和实用性,有选择地收取。

(二)配套词的释义方式

释义方式要求一致,整齐划一,但不能只追求形式而损害了内容。《新华词典》(2001 年修订版)配套词的释义方式是:一般先有一个综括性的词语,表明该词所归属的词群;然后按一定的顺序排列构成该词词义的其他意义成分，对前面的综括性词语进行修饰和限制。

例如“动物”类词，首先说明类属，其次描述体貌特点，说明生活习性、饮食习惯、生活环境等相关内容。例如：

> 【河马】哺乳动物。体肥重。长3—4米，重达3—4吨。皮肤裸露，黑褐色。头大，嘴阔，耳小，尾短。大部分时间生活在水中，食草类和水生植物。分布于非洲的河流和湖沼地带。

又如“助词”类词，一般先说明词性，再说明语法分布和语法意义。例如：

> 地 de 助词。用在某些词或短语后，表示它前面的词或短语是后面中心语的状语。
>
> 者 zhě ❶助词。1.用在形容词、动词、数词或某些名词后面，表示人或事物。……2.表示语气停顿。……❷……。

这种处理方式也是辞书编纂电子化的要求，利于电脑检索。比如用电脑查找“助词”一词，整部辞书中所收的助词可以集中在一起列出，便于统一处理，大大减轻了后期编辑工作，使编辑有更多的时间致力于内容方面的加工。

（三）配套词的层次与释义内容的关系

配套词内部各成员之间在意义上有着各种各样的关系，体现在辞书释义的具体操作中，可以归纳为并列关系、主次关系和互补关系。下面依次说明。

1.并列关系

在释义方面处于并列关系的配套词，在词群中往往处于同一层次，它们之间表现为同位关系、反对关系等。

同位关系的如“军队编制单位”词群中的“军”、“师”、“旅”、“团”、“营”、“连”、“排”、“班”诸词，其释义如下：

军：军队编制单位。在师之上。

师：军队编制单位。在军之下，团之上。

旅：军队编制单位。相当于副师级。在集团军之下，营之上。

团：军队编制单位。在师之下，营之上。

营：军队编制单位。在团之下，连之上。

连：军队编制单位。在营之下，排之上。

排：军队编制单位。在连之下。班之上。

班：军队编制的最基层单位。在排之下。

释义针对各个词，简洁概括。都是军队编制的一级单位，处于同位关系。

反对关系的如“四方”词群中的“东”、“西”、“南”、“北”四个词，其中“东”和“西”是一对反义词，“南”和“北”是一对反义词。其释义如下：

东 dōng ❶方向。日出的一边。与“西”相对。❷……。

西 xī ❶方向。日落的一边。与“东”相对。❷……。

南 nán ❶方向。清晨面向太阳时右手的一边。与“北”相对。❷……。

北 běi ❶方向。清晨面向太阳时左手的一边。与“南”相对。❷……。

2. 主次关系

在释义方面处于主次关系的配套词，在词群中有的处于同一层次，有的处于不同层次，它们之间表现为同义关系、上下位关系等。为表明主次关系,《新华词典》(2001年修订版)把这些词处理成主条和副条,除了在释义内容上有侧重之外,还规定了一系列的体例用语,以区分不同的关系。主要有以下几种:

(1) 异形词。用“也作”和“同”联系。例如:

【按语】也作案语。作者或编者对有关文章、词语、句段所做的说明、评论或提示。(主条)

【案语】同“按语”(10页)。(副条)

(2) 同义词。分两种情况:对于名词性词语,用“也叫”和“即”联系;对于动词性或形容词性词语,用“也说”和“即”联系。例如:

【密语】❶也叫暗语。为了保密,通常以数字、字母、单词等代替真实的通信内容。❷秘密交谈。(主条)

【暗语】即“密语”①(681页)。(副条)

【斧正】也说斧削。请人修改诗文的客气话。(主条)

【斧削】即“斧正”(289页)。(副条)

(3) 简称。用“……的简称”和“简称……”联系。例如:

【太阳黑子】简称黑子。太阳光球上出现的斑点。它的温度比光球低,和光球相比成为暗淡的黑点。太阳黑子有的年份多,有的年份少,变化周期约为11年。大黑子和黑子群出现时,地球上往往发生磁暴和电离层扰乱现象。《汉书·五行志》上载有中国在公元前28年(西汉和平元年)发现太阳黑子,这是世界公认的最早的太阳黑子的记录,早于欧洲一千多年。(主条)

【黑子】太阳黑子的简称。(副条)

3. 互补关系

在释义方面处于互补关系的配套词,在词群中处于不同层次,它们之间表现为上下位关系等。下面以“干支”词群为例，进行说明：

【干支】天干（甲、乙、丙、丁、戊、己、庚、辛、壬、癸）和地支（子、丑、寅、卯、辰、巳、午、未、申、酉、戌、亥）的合称。中国古代分别拿天干和地支序列中的奇数和奇数、偶数和偶数相配，共组成甲子、乙丑等六十组，用来表示年月日时的次序，周而复始，循环使用。最初用于纪日，后多用于纪年。现在农历纪年仍用干支。

【天干】也叫十干。甲、乙、丙、丁、戊、己、庚、辛、壬、癸的总称。中国古代分别将天干和地支相配，用来表示年、月、日、时的次序。现常用作表示顺序的符号。参见[干支]（301页）。

甲：❶天干的第一位。现常用来表示顺序的第一。

乙：❶天干的第二位。现常用来表示顺序的第二。

丙：❶天干的第三位。现常用来表示顺序的第三。

丁：❶天干的第四位。现常用来表示顺序的第四。

戊：天干的第五位。现常用来表示顺序的第五。

己：❷天干的第六位。现常用来表示顺序的第六。

庚：❶天干的第七位。现常用来表示顺序的第七。

辛：❹天干的第八位。现常用来表示顺序的第八。

壬：天干的第九位。现常用来表示顺序的第九。

癸：天干的第十位。现常用来表示顺序的第十。

【地支】也叫十二支。子、丑、寅、卯、辰、巳、午、未、申、酉、戌、亥的总称。中国古代分别拿它和天干相配，用来表示年、月、时的次序。旧式记时法也用地支表示次序，如子时、丑时等。参见[干支](301页)。

子：❼地支的第一位。❽子时，旧式记时法，相当于二十三点至次日一点。

丑：❹地支的第二位。❺丑时，旧式记时法，相当于一点至三点。

寅：❶地支的第三位。❷寅时，旧式记时法，相当于三点至五点。

卯：❶地支的第四位。❷卯时，旧式记时法，相当于五点至七点。

辰：❶地支的第五位。❷辰时，旧式记时法，相当于七点至九点。

巳：❶地支的第六位。❷巳时，旧式记时法，相当于九点至十一点。

午：❶地支的第七位。❷午时，旧式记时法，相当于十一点至十三点。

未：❷地支的第八位。❸未时，旧式记时法，相当于十三点至十五点。

申：❷地支的第九位。❸申时，旧式记时法，相当于十五点至十七点。

酉：❶地支的第十位。❷酉时，旧式记时法，相当于十七点至十九点。

戌：❶地支的第十一位。❷戌时，旧式记时法，相当于十九点至二十一点。

亥：❶地支的第十二位。❷亥时，旧式记时法，相当于二十一点至二十三点。

"十个天干"和"十二个地支"字头下立义项,分别进行解释,"天干"和"地支"都是总称,"干支"又是"天干"和"地支"的合称,明显分为三个层次;释义内容也各有侧重,有详有略,详略得当,所有的解释合在一起,就大致把"干支"这个词群内部的关系和意义讲清楚了。这种释义方法使得词典在有限的规模内尽可能多地提供信息量,满足读者的要求。

四

词典的编纂离不开词汇系统理论的支持,"语义场"理论是词汇系统问题中的一个很重要的部分,并且在实际研究中已经取得不少成果。词典从某种意义上说,是一种学术著作,理应在词典的框架内记录学术研究成果,尽量反映这个时代的学术发展状况。《新华词典》(2001 年修订版)在这方面做出了努力,希望对汉语语义研究和词典编纂有所补益。

附　注

① 见《词义的分析和描写》223 页,符淮青著,语文出版社,1996 年。

② 见《四库全书总目》339 页上栏,[清]永瑢等撰,中华书局,1965 年。

参考文献

胡明扬等　1982　《词典学概论》,中国人民大学出版社。
刘叔新　1984　《词汇学和词典学问题研究》,天津人民出版社。
——　1990　《汉语描写词汇学》,商务印书馆。
符淮青　1996　《词义的分析和描写》,语文出版社。
苏宝荣　2000　《词义研究与辞书释义》,商务印书馆。
贾彦德　1992　《汉语语义学》,北京大学出版社。
中国辞书学会学术委员会编　1999　《中国辞书论集 1997》,商务印书馆。

谈百科辞书的“保养”问题

刘　　玲

一

提到“保养”二字，人们往往想到汽车、机器、电脑甚至精密仪器需要人工护理，定期定时加以维修、检查，以达到延长使用寿命的目的。其实图书也同样需要“保养”，特别是工具书，需要长期加以“护理”，及时发现“隐患”，及时解决；定期进行大规模“维修”，使其尽善尽美，保持长久的生命力。如果概括一下工具书“保养”的含义的话，我们可以这样说：一部工具书出版以后，编辑和作者应对该书进行及时或定期的检查，发现问题并记录在案，以备及时更改；随时注意读者的反馈信息；收集与该书内容相关的社会、学科、领域等新的资料；定期组织作者对该书进行规模较大的修订。

在工具书家族中，百科类辞书以其特有的丰富内容、鲜明的专业色彩而占有相当重要的地位。对百科类辞书而言，“保养”尤其重要。正是由于它涉及的范围广，内容异常丰富的特点，不仅给辞书的编纂和编辑工作带来相当的难度，也给辞书的“保养”带来相当的难度。就像精密仪器的结构越复杂，部件越多，保养起来就越困难一样。这就需要编辑把保养工作做得深入细致和及时。

辞书编纂是一个系统工程，编纂、编辑、保养都是缺一不可的重要环节。编纂、编辑是出版前的准备工作，“保养”是出版后的完善工作，只有这三项工作都出色地完成好，辞书的质量才真正有保证，辞书才有可能保持旺盛的生命力。而很多作者和出版社编辑往往认为辞书正式出版后，就完成了“历史使命”，如释重负，忽视了辞书保养这个重要的环节。他们没有认识到辞书正式出版后，并不意味着这一系统工程的完结，而是一个新阶段的开始。商务印书馆的拳头产品《现代汉语词典》、《新华词典》、《新华字典》等工具书之所以能够长销不衰，其秘诀就在于不仅重视抓编纂、编辑这前两个环节，也重视抓“保养”这后一个环节，把工具书的“保养”与工具书的编纂、编辑放在同等重要的位置，三个环节一起抓，缺一不可。可以说，辞书的保养是商务印书馆的传统。

二

我们知道，一部优秀辞书的成功，需要作者和编辑人员的共同努力。作为系统工程的新阶段，“保养”需要出版社、编辑与作者共同完成。辞书出版后，编辑部需要进行的保养工作有：

（一）应立即组织人员对辞书进行通读检查，包括编辑专项查，专家定向查，作者自查。从不同的角度及时发现问题并记录在案，在可能的情况下，及时挖改，及时纠错。无论是重点书，还是非重点书，这一项工作都应该进行。百科类工具书的编纂需要很多学科的作者进行大量的案头工作，条目的注释受各学科作者个人学术水平、写作风格、对工具书编纂特点了解的深浅等多种因素影响，难免会出现这样或那样的问题；而编辑人员又不可能对每一个学科都了如指掌，尽管编辑人员在出版过程中付出了大量的辛勤劳动，一遍遍地加工修改，通读校样，但产生疏漏的可能仍然存在。多次的检查结果表明，这样可以及时发现一些问题，大部分问题能够及时得到更正。因此，这项检查工作尤其必要。

（二）主动听取社会各方面的意见，包括正反两方面的意见。特别是该词典主要读者对象的意见以及建议。可以采取走出去、请进来的方式请专家学者挑毛病、提意见。对于提高辞书质量而言，听取批评意见往往比听溢美之词更重要。一部有影响的辞书，势必会受到社会各个不同层次读者的关注，对他们的意见视而不见，听而不闻，绝不是明智之举。读者的赞扬，对于该书的发行和扩大影响固然大有益处，但是善意的批评，可以给编辑和出版社敲响警钟，帮助编辑防微杜渐。其结果是辞书质量会得以提高。当然，能够真正做到鼓励别人提意见，主动请人提意见并非容易，这需要大度和勇气。

（三）注意收集反馈信息，包括不同层次的各类读者对该书的评价。读者来信反映的问题建议，要及时反馈给作者。收集反馈信息，建立问题档案，是辞书保养的一个重要内容。辞书出版一段时间以后，编辑会收到很多读者来信，大多是针对书中的某一个或几个具体问题提出异议，有些属于学术讨论；有些直指失误；有些是学者的意见；有些是学生的疑问。对于这些，编辑除认真答复外，还应分门别类地将问题存入档案，并反馈给作者，涉及到专业问题，请作者予以答复。我馆出版的《新华词典》是一部语词加百科性的工具书，经过了两次较大规模修订。每一次修订，编辑保留的问题档案都起到了很好的作用，纠正了不少失误之处。仅举两例为证：第一次修订前，《新华词典》35页“杯”字头下，义项②的例句：考比伦杯（世界乒乓球锦标赛女子单打冠军的奖杯）。括号内的注释有误，应该是团体冠军而不是单打冠军。这个疏忽，在第一次修订时得到纠正。第一次修订版，947页“蜈蚣”条，注释为“节肢动物”。有学生来信指出，这与她们的教材有出入，应该是“环节动物”。信息反馈给作者，经核查，注释有误，学生正确。在第二次修订中，这一失误得到更正，在2001年修订版1 042页可以看到。较大的事件，一般不会被遗忘，比如行政区划的变更如海南建省等重大事件，修订时作者和编辑都会想到做必要的调整。但是，一些具体的问题，如果没有详细记录，则很难一一解决、不存遗漏。2001年修订版在校样最后付型前，原词典责任编辑专门根据以往读者来信和问题档案的记录，逐条进行核对，一些不易被发现的失误，在最后的关键阶段被清除，从而保证了失误不再延续。

(四)有意识地收集与辞书内容相关的信息，包括各种新的规则、规定和对原有词目内容可以补充或修改的信息。作为百科辞书的责任编辑，要有意识地积累相关资料，为今后的修订做好准备。《新华词典》第一版编纂之时，限于众所周知的历史原因，遗留了一些问题，像对某些历史事件的评价、对某些人物的评价等，比如，“裴多菲俱乐部”条，第一版注释为：“匈牙利的反革命组织。……”在词典修订的后期，匈牙利的形势发生了变化，对裴多菲俱乐部给予了平反，当时，国内外各大报纸都做了相关报道。编辑及时捕捉到这一信息，将原来的条目做了调整，删去了有关反革命的定性语言，使条目注释比较客观。再如，“北大西洋公约组织”条，第一次修订版注释有成员国英、美、法、荷兰、比利时、卢森堡、加拿大、丹麦、挪威、冰岛、葡萄牙、意大利、希腊、土耳其和联邦德国15个国家；2001年修订版根据编辑收集的资料，增加了近几年新参加的成员国：西班牙、匈牙利、波兰和捷克，对原条目做了补充。如果没有及时地收集、记录和有意识地积累，类似这样的具体问题在词典修订时现找资料，不仅费时费力，而且很可能事倍功半。2001年7月29日《北京晚报》登载了一则报道，题目是《国家信息化指标提出新的现代化标准——“新恩格尔系数”今天发布》。报道对经济学中的“恩格尔系数”做了解释，对国家信息化指标即“新恩格尔系数”也做了说明，这是一条十分重要的信息，它是世界上第一个由政府推出的信息化指标体系，与信息资源、信息网络、信息技术应用、信息技术和产业、信息化人才、信息化政策、法规和标准等密切相关，是“衡量以信息化为代表的现代化的工具”，代表了一个国家、地区的发展潜能。今后用这个体系定期发布测评结果，检验各地区、各行业的信息化程度以及个人信息消费能力。也就是说，这个体系，将会对各个地区和行业甚至每一个人都会产生巨大的影响。查阅一下《新华词典》2001年修订版，“恩格尔体系”没有收录，“国家信息化指标”更不可能收录。编辑应该意识到这两个条目在今后的修订中很可能被增补进来，应及时收集这方面的资料，包括该体系制定的过程、体系制定的依据、发布的时间、体系内容、作用和意义等，这样在下次修订词典时，处理这两个条目内容就会比较得心应手。

（五）督促和指导作者参与“保养”阶段的工作，有计划地在一定时期内组织作者对该辞书进行修订。作者在出书后往往认为大功告成，缺乏“保养”意识。这就要求编辑督促指导其注意收集本行业本领域的新生词汇、发生变化的或被淘汰的词汇，收集对本辞书需要修订的和补充的材料，使下次修订辞书准备充分，有的放矢。这项工作需要作者配合，需要作者和编辑共同努力。

三

辞书的保养，一方面是为了纠错补漏，尽一切可能提高辞书的准确率；另一方面则是为了创新出新，开阔视野，发现新的动态，收集新的资料，补充新的内容，满足读者新的需要，使辞书始终保持时代的气息。仍以《新华词典》为例，它的每一次修订都增加了许多新的内容，包括新的字形，新的词汇，新的条目，甚至新的附录，同时也删掉很多被时代淘汰的内容。

《新华词典》1989 年修订版增补条目 4 000 余条，当时计算机已经开始普及，诸如“软件”、“硬件”的内涵已经渗透到普通语词之中。修订时，这类新词被及时增补进来，一些查阅率较低的中成药名被替换下去。同时，将第一版中过“左”的内容，“穿靴戴帽”的文字做了较彻底的删除，使该词典的面貌焕然一新。

《新华词典》2001 年修订版增补新的内容就更多，除富有时代气息的生活用语外，还把信息、环保、法律、财经、军事、医学、计算机、建筑、生命科学等领域的新词语约 7 000 余条收进来，弥补了前一版在这些领域收词不足的缺陷，使百科方面的内容更加丰富。淘汰的词目达 2 000 余条。在提倡保护动物的今天，修订者将原词典中某某动物“肉可食用，皮可制衣”之类的文字全部删去，贯彻和维护了动物保护法精神。1989 年以前，我国的股市还处于休眠状态，证券业尚不发达；信息产业也还处于较早的发展时期；环保的意识还很薄弱等等，这些方面的词汇在当时是不可能进入到词典中来的。现在随着形势的发展，证券业朝气蓬勃，信息业蒸蒸日上，环保意识逐渐加强，与其相关的词汇进入词典就势在必然。仅与股票有关的词汇就有 76 条之多；在“网”字头下，原来只有 6 条词目，现在增加到 18 条，如网卡、网民、网页、网虫、网站、网络经济、网络营销、网络银行等信息类条目跃然纸上；在“环”字头下，与环境保护有关的条目，原来仅有 7 条，现在增加到 23 条，如环境权、环境灾害、环境资源、环境治理、环境要素、环境经济、环境质量标准等，基本满足了一般读者的需要。《新华词典》原有附录 12 个，多年来一直是其特色之一，深受读者欢迎，但是随着时间的推移，有些内容已经不再适合读者需要，有些已经陈旧了，2001 年修订版将这些不适合读者需要的陈旧的附录替换下来，如《常用标点符号用法简表》、《现代汉语语法简表》等，取而代之的是内容全新的附录，如《中国重点自然保护区》、《中国特有珍稀动物》、《常用科技名词规范简表》等。这些新的内容，新的词汇，正是在发现了原有词典不足的同时又敏锐地感到市场的需要而增加的，而这种发现和敏感，恰恰是辞书保养的结果。因为有了辞书保养的意识，才能不断发现词典在哪些方面存在不足，在新的时代新的情况下，还需要补充哪些内容，哪些是读者需要的，哪些是应该淘汰的。作为辞书的编辑，增强辞书保养意识，是提高辞书质量的需要，也是市场的需要。

从组合型到统编型

——谈《中国大百科全书》条目总表的修订

楼　遂

中国大百科全书出版社修订《中国大百科全书》(简称《全书》)的工作已经进行几年了。为了做好这项工作,我社所有参与此项工作的同志对《全书》第一版进行了全面、细致地分析讨论,统一思想,为《全书》的修订奠定了基础。在这里,我仅从百科全书条目选收原则的角度谈谈《全书》条目总表的修订。

一　修订重编势在必行

从具百科全书性质的著作出现,至今已有 2 000 年的历史,西方第一部现代百科全书,法国狄德罗的《百科全书,或科学、艺术与手工业大词典》,出版至今也有 200 多年了。在这 200 年中百科全书的种类日趋完备,发展成为系列化的工具书,但笼统说来可以分为专业百科全书和综合性百科全书两大类。从内容上讲,综合性百科全书与专业性百科全书有明显的区别。综合性百科全书,特别是以成人为读者对象的大型综合性百科全书的内容涵盖了人类一切门类的知识,如我国 74 卷本的《中国大百科全书》、法国 21 卷本的《拉鲁斯大百科全书》;而专业百科全书的内容选收宽的可以覆盖一个广阔的知识领域,如美国的《科学技术百科全书》、我国

30卷的《中国农业百科全书》,选收窄的则只是单一学科或单一知识门类的知识,如我国单卷本的《儒学百科全书》、《奥林匹克百科全书》等。从编排方式上来说,则不外乎按字顺编排的统编型、完全按学科或大类分卷的组合型和大类分卷与按字顺编排相结合的组合型。例如:苏联的《苏联大百科全书》、英国的《不列颠百科全书》等世界著名百科全书绝大多数是按字顺编排的统编型百科全书;日本的《玉川百科大事典》和《万有百科大事典》分别是按大类分卷编排和按大类分卷,卷内按字顺编排的组合型百科全书。我国的《中国大百科全书》是按学科或门类分卷,卷内按字顺编排,是组合型的百科全书。

然而,无论采用哪一种编排方式,编纂初期都需要进行全书的总体设计,统筹安排,不可忽略学科门类间的平衡,交叉内容的处理;否则合成全书后便会弊病百出,降低全书的内在质量。

《中国大百科全书》第一版的编辑出版正处于我国缺少图书,特别缺少工具书的时期,为尽快给人民提供精神食粮,《中国大百科全书》的编纂采取了分卷编排的方式。《全书》74卷,66个学科或门类。《全书》编纂前由于缺乏必要的统筹规划,而是编一本出版一本推向市场一本,造成每一学科卷相对独立,"综合性百科全书"只能是对《全书》而言,对每一单卷称为专业性百科全书更为合适。日本百科全书界在评论《全书》时把它说成是"类书式的",应当说并不为过。

经过认真分析讨论,我们认为缺少统筹规划的《全书》,其缺点主要有以下三个方面:(一)学科之间不平衡,该有的学科、条目缺漏,如世界经济分支学科、科学总论、艺术总论、国家综述条、安全科学等条目;(二)卷次设立不尽合理,有轻工卷又设纺织卷,有经济学卷又设财政金融卷，造成概念重叠，结构失衡；（三）知识分割有横向有纵向，却没有很好地处理条目内容的交叉重复问题，如地理学、地质学、大气科学、生物学和海洋科学之间有大量内容，甚至同名条目多次出现。另外，《全书》编纂的时代人们思想不够解放，“左”的思想观念影响了条目的选择和释文的撰写，军事、历史、哲学、文学等学科卷中有所表现；对外部世界缺乏了解，有些内容，如对外国文学作家、作品的介绍只收到“文革”之前的材料，也是第一版的不足。正因为如此，我们认为《全书》的修订，不同于一般意义上的修订。而是要把《全书》74 卷各成体系的百科全书改造成一个整体，这对每一卷来说是修订，对《全书》来说相当于重编。

其实对于《全书》第一版编辑方式带来的缺陷，编纂者当时就已经清醒地认识到了。总编辑姜椿芳同志于 1979 年 3 月在《物理学》卷编委座谈会上说：“从我国的现实条件和读者方便出发，我们决定第一版分类分卷出。当然，各学科和门类之间交叉很多，还有一些边缘学科如何安排，这是很需要费一番功夫的。而且，这种编法本身就不是很科学的，做起来总是困难重重。但我们不得不走这条路，首先是为读者着想，他们可以分科分卷购买；其次也是为了早日出书，可以编好一卷出一卷，不必等全部编好再按字母顺序编排发稿。”一版前言则明确地把按字顺统编的百科全书的出版任务留给了第二版。解决上述内容方面的缺憾，完成一版留下的统编任务正是我们修订重编《全书》的目的。

为此，我们在第二版条目总表修订之始便从条目的学科知识体系、知识层次、知识的分割与综合，以及如何使《全书》内容更贴近普通读者的角度，进行了探索和实践。

的综合性百科全书无论怎样选条，这种条目都是必选的。但对它以下的层次的主题就要谨慎遴选，同时在释文撰写上下功夫，减少术语使用密度，并对所用术语给以适当解释，使读者对条目所述主题在定性、重要意义、研究方向等方面有个总体把握。

层次较低的知识主题，也不是都不可以设立为条目，相反，有的主题是不能不设的。例如，有些在生物学分类中层次较低的物种，像白菜、水稻、猪、狗、猫之类，与人类生产生活紧密相关是非设不可的。一版条目中只设“猫科”、“犬科”而不设“猫”、“狗”，实属憾事。

我们在第二版选条时正是遵循了这一原则，力学部分完全不追求体系完整，而是与物理学共同考虑，大大精简条目层次，只收了最基本的概念、定理、术语。如“牛顿流体”、“黏性流体”、“理想流体”、“伯努力定理”、“亥姆霍兹定理”、“层流”、“射流”等。总之，条目的知识层次间的辩证关系正是我们在修订条目框架时力求把握的。

四　条目的知识分割

百科全书的选条过程就是对知识的切割过程。每个条目都是一个独立的知识单元。如果把几个关系密切的上下层概念，或相邻概念的条目放在一起看，就会发现一个更大些的主题在一定程度上被割裂开了。其中每个条目为了保持独立性，所涉及的内容必然与其他相关条目有或多或少的重复。这种重复在一部百科全书中是不可避免的，是合理的。一部好的百科全书应当做到重复在最大限度上得以控制。上述目标也是百科全书选条的一个基本原则。

《全书》第一版有些学科卷对此把握得并不十分理想，知识切割不尽合理，存在着同一主题在多个学科卷中重复出现，以及同学科卷中同一主题的信息过于分散的现象。例如本文开头提到的海洋科学，海岸一组6个条目与地理学重复；海底地形、海洋沉积、海底构造及有关学说、大洋地质历史和海底矿产资源5部分52个条目与地质学重；海底地质调查的20个条目与固体地球物理学重。如此大规模的重复只能说明知识切割时的头几刀没切好。同一客体，不同学科从不同角度、以不同方式进行研究，是当今科学研究的普遍现象，反映在百科全书中就是同一主题在多个学科中可以设条（或同名或不同名），虽然可能释文各有侧重。例如，重力仪在不同学科领域用途不同，反映在第一版中固体地球物理学的"重力仪"介绍了绝对重力仪和相对重力仪两类仪器；地质学的"重力勘探仪器仪"只介绍了相对重力仪。两个条目释文有同有异，相同部分是重复，不同部分是信息的割裂。对一版来说，全书缺少统一设计规划，编一卷出版一卷，这种问题的出现是不可避免的，也是情有可原的。二版先进行规划，搞条目总表，然后再分各个学科编写，有了避免出现类似问题的可能性。

同一学科条目设列过细的情况第一版也有，例如，环境科学卷中关于大气污染的主题从污染源、污染物、污染形态、污染物迁移转化、污染对植物和人类的影响，以及污染检测、评价、法规、治理等10个方面设了70多个条目。这种设条方式对专业人员来说可能实用，对以外行读者为主要服务对象的综合性百科全书就不合适了。我们在修订第二版时，注意把一个知识主题尽量集中在一个或几个条目里，力求减少知识的分散。对比较大、比较复杂的主题，则从更高层次加以论述。如只设"中国文学"、"中国文学史"条目而不设"先秦文学"、"秦汉文学"、"魏晋南北朝文学"、"隋唐五代文学"等一系列断代文学条目;太平天国的军事条目“太平军湖口大战”、“太平天国兵制”、“天京保卫战”、“太平军二破江南大营”、“太平军北伐”、“三河之战”等不再分设条目,而是通通并入“太平天国”中介绍。又如音乐部分,第一版的“人声与歌唱艺术”分支中有“发声器官与发声生理”、“歌唱呼吸法”、“歌唱共鸣体”、“嗓音音量”、“嗓音声区”、“嗓音分类”、“假声”、“胸声”、“头声”、“变声”、“声乐教学法”、“欧洲歌唱艺术”、“中国歌唱艺术”等,共收31条,第二版则只收“歌唱”,另相应选收常见概念作参见条。这样不但减少了“死条”,而且将一个主题的相关内容集中阐释,增强了综合性。

五　条目的综合性

综合性百科全书的读者大约有三种:(1)寻求一个范围较小的知识,如人、事、物,甚至只是一个数据,一个年代,一个定义;(2)寻求一个范围较大,但仍属有限的知识主题,如一个学科的资料;(3)寻求一个跨学科的更大范围的知识主题。第一种可能是想了解某一画家的生平、成就;第二种可以是想了解某一画种的概况,或某一国家的美术概况;第三种也许是想了解“艺术”的正确含义以及艺术在人类历史中的地位和作用。这不再是单一学科的内容,而是关于音乐、美术、舞蹈、文学、戏剧、电影整个艺术门类的综合知识。百科全书的编纂者针对三种读者必须设置三种条目。第三种条目对一个大的主题多层次、多角度地加以论述,内容往往跨越学科界限,知识覆盖面宽。这种条目专业百科全书是不收的。但这并不是说,综合性强的条目都一定是跨越学科界限的主题,从选条角度将条目设置层次高些,尽管局限在一个学科内,其综合性也必然大大提高。

通观第一版的条目设置情况，前两种条目具备，第三种条目明显欠缺。我们在修订《全书》条目总表时有意识地增加了科学艺术总论条目、国家综述性条目、人类普遍关注的重大社会问题和国际问题条目，弥补了第一版的不足。

六　条目要贴近生活

《全书》第二版的读者定位较第一版有不同。第一版的读者定位于具有大学或大学以上文化水平的读者，第二版定位于具有高中文化水平的读者。这样一改，条目的选收原则也必须相应变化。我们在选收学科条目时注意选收“四个基本”内容，减少以“××学”为条头的条目和专业人员感兴趣的文史资料性条目，对有些学术性强但必收的条目在立条时修改了条头名。同时我们还刻意补充了第一版未收的普通知识，例如民俗类条目“旗袍”、“满汉全席”、“风筝”，音乐中的流行音乐条目“蓝调”、“重金属”、“ABBA”；舞蹈中的自娱舞蹈、大众熟悉的舞剧条目“社会舞蹈”、“《红色娘子军》”；家政类条目“家庭暴力”、“谭家菜”、“消费者权益”，以及大量增加了地名条，等等。希望这种做法能获得普通读者的认可，《全书》能进入寻常百姓家。

《全书》第二版的条目总表尽管变化较大，但绝不是重起炉灶，而是修订重编。为达到总体设计中提出的“基于第一版，又跳出第一版”，向统编型综合性百科全书跨近一大步的要求，编辑部的资深编辑在条目总表修订之初提出了“留”、“删”、“改”、“增”、“合”、“分”、“移”七字诀，对第一版条目表的修订做到了反复斟酌，谨慎落笔。

《中国大百科全书》的修订与创新*

傅　祚　华

一　呼唤《中国大百科全书》第二版

大型辞书编纂周期长，使用时间长，修订再版是一个通例。

《不列颠百科全书》1768—1771 年出版第一版，历经约 160 年，到 1929 年出版第 14 版。随后的 45 年间，第 14 版重印 42 次，中间有小的修改。1974 年出版第 15 版。随后仍在重印时做小修改。目前正在进行修订，将推出第 16 版。

《辞海》1936 年初版问世，1979、1989、1999 年正式出版修订版，成为国内影响最大的综合性辞书之一。

《中国大百科全书》第一版上马之初，设想 10 年出齐。为了“比较易于有节奏地组稿和出版，也符合实现四个现代化的迫切需要”，即为了早见书，决定按大类分卷出版。当时，已考虑到随后出版按字顺编排的第二版的问题。第一版各卷是陆续出版的。正文的最后一卷《财政、税收、金融、价格》(1993.8)出版时，第一卷《天

---

* 本文撰写过程中，参阅了孙关龙、黄鸿森、金常政、周志成、胡人瑞、孔凡明、戴中器、丁日昕、楼遂等先生发表在本社内部刊物《探讨》上的文章，谨此致谢。

文学》(1980.12)已出版13年。早出的各卷内容已显得陈旧。(《总索引》1994年8月出版)

《中国大百科全书》第一版的面世,填补了中国现代出版事业的一个空白,引发了20年不衰的"百科热",也在百科人心中留下了出版更完美、更适用的百科全书的许多设想。到如今,《天文学》已面世21年,《总索引》也已完成7年。人们呼唤一套新的《中国大百科全书》的尽快出世。

二　第二版的筹备和起步

1980年12月,在《中国大百科全书》第一版"前言"中就已明确提出了有关第二版的一些设想。

在《中国大百科全书》第一版之后,陆续编辑出版了《中国大百科全书》(简明版)、《中国大百科全书》(青少年版),出版了几种《中国大百科全书》图文数据光盘,编辑出版了《世界经济百科全书》、《科学社会主义百科全书》、《中国烹饪百科全书》、《自然辩证法百科全书》、《材料科学技术百科全书》等数十卷专业百科全书,《黑龙江百科全书》、《潮汕百科全书》、《广州百科全书》等十余卷地区百科全书,这期间还翻译出版了《不列颠百科全书》(国际中文版)、《苏联百科辞典》,编辑出版了《百科知识》和《小百科》杂志。这些都为《中国大百科全书》的修订积累了经验,积累了素材。

1994年2月,在研究室及总编室百科青少年版编辑组的基础上组建了《中国大百科全书》第二版编辑部。

1994年3月13日,总编辑梅益撰写《关于中国大百科全书第二版编辑工作几个重要问题的设想》。

1994年5月,中国大百科全书出版社内部刊物《探讨》复刊。

改由第二版编辑部《探讨》编辑组编辑。至2001年7月底，共出版55期，刊出分析总结《中国大百科全书》第一版和构想《中国大百科全书》第二版的文章200多篇。

1995年3—7月，第二版编辑部成立读者调查组。向44个有代表性的单位发出3 092张问卷，收回1 078张，获有效票741张。召开座谈会两次。收集了读者对《中国大百科全书》第一版的评价。

《中国大百科全书》第二版的工作得到了国家新闻出版署的关心和支持，被列入国家“九五”、“十五”重点图书规划。

经过几年工作，制定了《〈中国大百科全书〉（第二版）总体设计纲要》、《〈中国大百科全书〉（第二版）编写体例》、《〈中国大百科全书〉（第二版）编纂工作程序、方法和要求》、《〈中国大百科全书〉（第二版）选条原则》，拟定了全书总条目表第二稿。

三　第二版的几点创新

《中国大百科全书》第二版是在第一版的基础上进行设计的，它要继承第一版的成果，同时也利用第一版的丰富经验，并听取读者的意见，在诸多方面有所创新。主要的，可举出如下几点。

（一）编排方式

国外大型综合性百科全书一般按字母顺序统编。

从实际情况出发，1978年5月21日姜椿芳起草，胡乔木审改过的，以国家出版事业管理局党组、中国科学院党组、中国社会科学院党组名义上报中央的《关于编辑出版〈中国大百科全书〉的请示报告》中设想：“先出分科性百科丛书，分科分类编写，编好一本即出一本，先在国内流通，请有关方面和广大读者提意见，修改后再出版综合性百科全书。”在《中国大百科全书·前言》中就此做了清楚的说明：“因为这是中国第一部百科全书，编辑工作的困难是可想而知的。但是，由于读书界的迫切要求，不能等待各门学科的资料搜集得比较齐全之后再行编辑出版；也不能等待各学科的全部条目编写完成之后，按照条目的汉语拼音字母顺序，混合变成全书，只能按门类分别邀请全国专家、学者分头编写，按学科分类分卷出版，即编成一个学科（一卷或数卷）就出版一个学科的分卷，使全书陆续问世。这不可避免地要带来许多缺点，但是在目前情况下不得不采取这种做法。我们准备在出第二版时，再按现在各国编辑百科全书一般通行的做法，全书的条目不按学科分类，而按字母顺序排列，使读者更加便于寻检查阅。”

分类分卷出版的好处是明显的：1. 迅速出书。从中央批准设立中国大百科全书出版社到《中国大百科全书》第 1 卷出版，只有 26 个月。而后至 1993 年 8 月除《总索引》外各卷出齐，平均每年出版 6 卷。2. 兼作专业百科。我国以往专业辞书相当缺乏。比如《天文学》卷出版前就没有一本天文学的词典。《考古学》卷出版前也没有考古学的词典。《中国大百科全书》分类分卷出版，缓解了专业辞书缺乏的状况。3. 进入家庭。按 1993 年的价格，一套《中国大百科全书》乙种本定价相当于一个教授一年的工资。甲种本和特种本还更贵一些。显然，绝大多数读者无力购置一套《中国大百科全书》。买最需要的一卷或几卷还是可能的。缺点也同样明显：1. 规划不周。立卷层次不平衡；有些卷拼合多个学科，卷名过长；各卷厚薄相差悬殊。2. 内容重复。卷和卷有重复，如《财政·税收·金融·价格》与《经济学》。相关卷有分支的重复，如《教育》卷和《心理学》卷都有“教育心理学”分支。条目的重复就更多了。如亚里士多德,就在12个卷设条。3. 留下缺口。主要是小学科、小门类难以归类,导致遗漏,如计量科学、杂技、科学总论等。4. 信息离散。如没有国家条目。虽然若干卷有关于国家的内容,却凑不起国家的完整面貌。

(二)读者对象

《中国大百科全书》第一版为自己的定位是"适于高中以上,相当于大学文化程度的广大读者使用"。然而出书后相当一些专家反映内容偏专、偏深。原因除了按学科分卷外,就是这个定位了。其实,对于具体行业的专家来看,《中国大百科全书》第一版恐怕还是不解渴的。然而,综合性百科全书,主要面对的应是查阅非本人专业知识的读者。1993年《美国百科全书·前言》就讲,必须执行"为非专业读者撰写"的方针,以"向多方面的读者传达信息。青年学生可以找到他们所寻求的知识并能理解所读内容。教师、图书工作者和一般成年人可以查到自己所需要的资料和知识。"

经研究,去掉了"大学文化程度"的提法。现在拟定的第二版《总体设计纲要》的提法是"以高中及其以上文化程度的读者为对象"。其实这里的"及其以上"也可以去掉。综合性百科,应面向接受过普通教育的读者。某个专业的大学生,对于其他专业,实际是高中程度。何况我国现在普及九年(初中)义务教育,高中并不算低。

当然,定位读者文化程度是高中,可不是说这套书的内容是高中水平的。事实上,《中国大百科全书》是给已经具备高中毕业文化程度的读者向更广阔、更高深的领域求索而准备的。

(三)规模指标

主要体现为卷数、条目数和字数。《中国大百科全书》第一版总计74卷、79 541条、13 070万字。

《不列颠百科全书》15版(1994年本):32卷,81 653条,约合汉字8 316万字。

《美国百科全书》1980年版:30卷,约45 000条,约合汉字5 670万字。

《苏联百科全书》第三版(1978):31卷,约100 000条,约合汉字6 400万字。

日本《新世界大百科事典》(1988):35卷,约90 000条,约合汉字6 200万字。

《中国大百科全书·前言》谈到:“全书第一版的卷数和字数都将超过现在外国一般综合性百科全书,但与一些外国百科全书最初版本的篇幅不相上下。我们准备在第二版加以调整和压缩。”

考虑到可以去掉一版部分偏专、偏深的内容,去掉重复的内容,二版规模的压缩是切实可行的。目前设计的《中国大百科全书》第二版为32卷,约60 000条,5 000万字,配图30 000幅,其中地图约1 000幅。

(四)内容比例

作为一部大型的综合性百科全书,内容的比例问题是不能回避的。它必然体现在多方面。《中国大百科全书》第一版的一个原则是:“既关注基础,又偏重前沿;既回顾过去,又重视现代;既侧重中国,又涵盖世界。”这个原则将为二版所继承。而在社会科学与自然科学两大部类的比例上,二版将与一版不同。

《中国大百科全书》第一版的编辑方针中提到“为我国的社会主义现代化建设服务”。当时人们心目中的现代化建设,即“四个现代化”,又似乎可以归结为一个“科学技术现代化”。因而,第一版对自然科学方面的内容给予了较多关注。据调研，世界几家重要百科全书科技内容所占比例为：《不列颠百科全书》第14版，25%左右，第15版，40%；《美国百科全书》，30%强；《苏联百科全书》，44%。《中国大百科全书》第一版与众不同：自然科学（含工程技术）37卷，字数占56%；社会科学（含人文科学）36卷，字数占44%。

后来，人们对科学、对现代化的认识当然是深入、广泛得多了。1994年梅益总编辑在《关于〈中国大百科全书〉第二版编辑工作几个重要问题的设想》中就谈到："第一版自然科学所占比重大于社会科学，第二版打算把比重倒过来。"

从目前设计的条目数目来看，自然科学和工程技术占40%—45%，社会科学和人文科学占55%—60%。

（五）综合性

《中国大百科全书》第一版尽管在总体上说，包括了哲学、社会科学、文学艺术、文化教育、自然科学、工程技术等各个学科和领域的内容，但具体而言，"离真正综合性的要求仍有相当大的距离"，曾有"半专业、半综合"的说法。第二版在选条和条目内容的综合性方面将比第一版有重大改进，表现为从组合型到统编型的变化。这个问题由其他同志作专门探讨，这里不再赘述。

（六）检索系统

《中国大百科全书》第一版各学科卷设有条目分类目录、条目汉字笔画索引、条目外文索引和内容索引，大事年表、彩图插页目录、条目内参见系统也都有检索功能。堪称检索渠道众多。《总索引》卷则仅以正文条目标题为索引主题。又有同志探讨过简式、复式（内容）索引的问题。考虑到复式索引工作量太大，这次修订难以编制，因此第二版检索系统较第一版不会做大的改动。

近20年来，中国和世界都发生了巨大变化，各学科、各知识领域涌现大量新的现象、概念、理论、事件、实物、人物、团体等，显然，《中国大百科全书》的修订版必然设立相当一批新条目。对第一版原有的条目则将慎重地分别情况采取留、删、合、分、移、改的办法处理。

《中国大百科全书》的修订工作还刚起步，就有关情况和构想做了以上一点介绍。为了使这项工作能做得好一些、快一些，希望辞书界同行给予批评和指点。

科学性——古汉语辞书编纂与修订的首要原则

张 双 棣

无论是编纂还是修订古汉语辞书，科学性都应当作为首要原则。这个原则主要包括历史主义观点和语义学观点。所谓历史主义观点，就是要用历史发展的观点去看待词汇的演变和词义的变迁；所谓语义学观点，就是要把词义看作一个系统，要理清词义的引申脉络。古汉语辞书中很多问题都是与此密切相关的。我们应当把这一原则贯彻于古汉语辞书编纂与修订的始终，贯彻于编纂与修订的全过程。这个过程可能是长时期的，因为历史词汇学的研究不断会取得新的成果，所以辞书就有不断修订的可能和需要。我们贯彻这一原则，应当是全心全意的，不能受别的什么原则的干扰，不能用别的什么原则去取代它或冲淡它。如果违背或偏离这一原则，就只能给读者以误导。

一 关于历史主义观点

社会是发展的，语言词汇也随着社会的发展而发展。古代有的词和词义，后代可能改变了或消失了；后代新产生的词和词义，又是古代所没有的。因此研究词义要树立历史发展的观点，编纂和修订辞书也要树立历史发展的观点。现行某些古汉语辞书在释义方面存在着不符合历史发展观点的现象。举例说明如下：

(1)桥 《辞源》:①桥梁。《史记·秦本纪》昭襄王五十年:"初作河桥。"②器物上的横梁。《仪礼·士昏礼》:"笲,缁被纁裏,加于桥。"③桔槔,井上提水的工具。《礼·曲礼上》:"奉席如桥衡。"注:"桥,井上桔槔。"

《简明古汉语字典》[①]:①桥梁。《史记·秦本纪》:"昭襄王五十年,初作河桥。"②器物上的横梁,有横梁的器物。《仪礼·士昏礼》:"笲加于桥。"③井上桔槔。《淮南子·本经》:"桥直植立而不动。"

这两本辞书都将"桥"的本义看作"桥梁",是受了许慎《说文》的误导。《说文》:"桥,水梁也。"是用汉代的意义为"桥"作解。这种情况在《说文》中并非仅见。不能以此作为根据而把"桥"的本义定为"桥梁"。段玉裁说:"见于经传者,言梁不言桥也。"其实,"桥"的"桥梁"义是汉代才产生的,先秦文献,"桥"字无一例作"桥梁"解就是明证。"桥"的本义应该是桔槔或桔槔上的衡木,引申为器物的横梁。这两本字典颠倒了本义与引申义的关系,颠倒了古义与后起义的关系。

(2)副 《辞源》:1. fù 敷救切①次,贰,位居第二。见副王,副使。2. pì 芳逼切⑦破开,剖分。《诗·大雅·生民》:"不坼不副,无菑无害。"

《简明字典》:㊀fù①非正的。《史记·留侯世家》:"良与客狙击秦皇帝博浪沙中,误中副车。"㊁pì⑦剖,剖开。《礼记·曲礼上》:"为天子削瓜者副之。"

这两本辞书又把本义和其他义弄颠倒了。《说文》:"副,判也。"段注:"郑仲师注《周礼》云:'贰,副也。'贝部贰下因之。《史记》曰：‘藏之名山，副在京师。’《汉书》曰：‘臧诸宗庙，副在有司。’周人言贰，汉人言副，古今语也。”段玉裁的话是对的。先秦古籍中，未见“副”有“非正的，次”的意义，到汉代才引申出此义。先秦则只用“贰”。“副”的本义和古义是判，剖分。应该排在第一义项的位置。

(3)殿　《辞源》：①古代高大房屋，通呼为殿。后专称帝王所居及朝会之所或供奉神佛之所为殿。《战国策·魏四》：“仓鹰击於殿上。”②行军的尾部。《论语·雍也》：“孟之反不伐，奔而殿。”③下等，末等。见“殿最”。④镇抚，镇守。《诗·小雅·采菽》：“殿天子之邦。”

《简明字典》：①高大的堂屋。《后汉书·蔡茂传》：“茂初在广汉，梦坐大殿。”②行军时走在最后。《论语·雍也》：“孟之反不伐，奔而殿。”③最后。《左传·襄二十六年》：“析公奔晋，晋人置诸戎车之殿，以为谋主。”④收梢；结尾。苏轼《雨晴后步至四望亭下》：“殷勤木芍药，独自殿馀春。”⑤镇，镇住。《诗·小雅·采菽》：“殿天子之邦。”

这两本辞书将“高大的房屋”作为第一义项，而将“行军走在后边”及“镇守”等义置于其后，这也是颠倒了历史。《说文》：“殿，击声也。”段玉裁注：“此字本义未见。”先秦古籍中，仅《庄子》杂篇及《战国策》偶见有“殿”指“高大房屋，宫殿”义的，然《庄子》杂篇乃庄周后学所为，多产生于秦汉之间，而《战国策》经西汉刘向整理，其中有刘向的改动，殿字当是一例。这就是说，“殿”的这个意义在先秦不曾有过，战国末期的《韩非子》和《吕氏春秋》都不曾出现此义。“镇守”及“行军走在后边”的意义先秦所在多有。即使“殿”的本义未出现，字典排列义项亦应以时代为序，“镇守”义应排在前边。

(4)段 《辞源》:①布帛等之一截。《文选》张衡《四愁诗》之四:"美人赠我锦绣段,何以报之青玉案。"亦泛指长度,事物、时间的一部分,如片段,分段。②椎击。《说文》:"段,椎物也。"参见"段氏"。

《简明字典》:①节。《晋书·邓遐传》:"遐挥剑截蛟数段而去。"②量词,用于成段的东西。萧绎《金楼子·志怪》:"有千余段木流出。"③缎。李贺《荣华乐》诗:"绣段千寻贻皂隶。"④捶打。《十洲记》:"以铁椎段其头数十下乃死。"⑤通"锻"。《考工记》有"段氏",主管锻铸农具。

《王力古汉语字典》[②]:①锤击。《说文》:"段,椎物也。"《周礼·考工记·輈人》有"段氏为鎛器"。段氏即指锻铸工。此义后来写作"锻"。②截断,分开。银雀山汉墓竹简《孙膑兵法·擒庞涓》:"於是段齐城、高唐为两。"又用作量词。《晋书·邓遐传》:"遐挥剑截蛟数段而去。"

这里《辞源》、《简明字典》颠倒了古义和后起义、本义与引申义。"段"的本义是"棰击物","锻"是"段"的后起区别字,在"棰击物"的意义上是一个词。《王力字典》把这个意义作为第一义项是对的。《辞源》、《简明字典》第一项"布帛等之一截"、"节"都是引申义。《王力字典》引银雀山竹简"截断、分开"义,正是"棰击物"义的引申,也正是"物之一段"义的源头。《简明字典》义项的排列更是混乱。

有些释义,某一义项用两个解释语,这两个解释语的时代是颠倒的,而且与书证发生混乱,使读者无所适从。比如:

《辞源》"粪"字条:①扫除。②粪便,污秽。《左传》僖二八年:"荣季曰:'死而利国,犹或为之,况琼玉乎,是粪土也,而可以济师，将何爱焉。'"③肥田，施肥。

"粪"的第一个义项"扫除"是对的，这是粪的本义。第二个义项"粪便，污秽"把不同时代的两个意义作为同一个义项的解释语，搅乱了词义的历史发展。先秦时代，"粪"义为污秽或污秽之物，而"粪便"的意义是晋以后才产生的，《王力字典》、《古汉语常用字字典》[3]、《古代汉语字典》[4]都引贾思勰《齐民要术》例，是恰当的。《简明字典》将"屎，粪便"作为第一义项，更大错特错了。《辞源》引《左传》"粪土"例作为"粪便，污秽"释义的例证，使读者不知"粪土"的"粪"到底是指污秽还是粪便，引起混乱。这个义项的表述可以这样：②污秽，污秽之物。《论语·公冶长》："粪土之墙，不可圬也。"《吕氏春秋·上农》："不操麻，不出粪。"引申指粪便。《齐民要术·种瓜》："内热牛粪中。"

关于历史主义观点，还有一个例证的始见书的问题。这也是一个很重要的问题。王力先生多次强调古汉语字典引例要举始见书的例子。有的字典明确否定这一原则，是不妥当的。《简明字典》凡例十六说："引例不拘历史时代，但求贴切妥适，明确易懂。"《常用字典》凡例十二说："例句的作用在于帮助读者理解词义。尽量选择典型性强，明白易懂的例句。一般不考虑是否出现于始见书，也没有完全按时代先后排列。"这两部字典的初衷可能是好的，是为便于读者理解词义，但明确提出不拘历史时代，不考虑始见书则是十分有害的。某个意义，在什么时代产生，在字典中，就是通过引用始见书的例证来告诉读者的。读者了解了这一点，就等于掌握了词义发展线索，就不会用后代才产生的意义去解释前代文献中的词，就不会犯颠倒历史、忽视词义时代性的错误。当然这是一件很困难的工作，要靠历史词汇学的研究成果作支撑。即使一时举不出始见书的例证，也要尽量举出现此义最早的例证，随着研究的不断深入，最终总会达到举始见书例证的目的。比如“仆”字，现行各字典如《辞源》、《王力字典》、《常用字典》、《简明字典》、《北大字典》等在“对自己的谦称”的意义上都是引司马迁《报任安书》中的句子作为例证。在当时，或以此例为最早，人们因此会有“仆”表自我谦称之义始于汉代的印象。但最近的研究发现，《吕氏春秋·高义》中有“杀人者，仆之父也”这样的例子，“仆”正是自我谦称之义。因此，修订字典时，应采用《吕氏春秋》的例子作为书证。这说明“仆”的自我谦称之义在战国末期就产生了。又比如“著”字的“穿戴”义，《王力字典》、《常用字典》、《北大字典》均引《木兰辞》“著我旧时裳”一例，《辞源》用《世说新语》注所引《文士传》“著此新衣”例。这两处例证都是魏晋前后的。新的研究发现《吕氏春秋·士节》有“著衣冠，令其友操剑奉笥而从”的例子，此处“著”正是“穿戴”的意义。这说明，战国末期，“著”字已有“穿戴”的意义。通过这两例说明，字典的始见书用例是在不断完善的。同时，我们应当注意，我们在采用新的研究成果时要采取审慎的态度，王力先生早就批评过所谓“新颖可喜”，不要以为所谓新的都是好的，不能把词义的可能的发展看成发展的现实，新的成果不能凭空推测，一定要有确凿不刊的证据。

始见书的例证一般时代较早，有的不甚好懂。所以前引两种字典确定以明白易懂为原则而不考虑始见书。好像这个矛盾就只能这样解决而别无他法。殊不知这种做法是捡了芝麻，丢了西瓜。西瓜、芝麻都不丢，都要捡，也不是没有办法。办法可以是，一、先举始见书的例证，再举一明白易懂的例证；二、在举始见书例证时，如果文辞古奥，可采用括号加注帮助读者理解。

二 关于语义学观点

语义学内容很广泛,这里主要强调的是词义的系统性和词义的概括性。词义是成系统的,从一个原始意义,或者称作本义,随着社会生活的发展,不断产生新的意义,这种意义又称作引申义。本义和引申义之间有必然的联系,这种联系,是以民族的思维方式为纽带维系的。引申义有的是从本义直接引申出来的,有的是从引申义引申出来的。本义和这诸多的引申义就形成了词义的系统。我们的辞书应该把这种词义演变的系统清楚地描写出来,给读者一个清晰的认识。一般来说,本义应该作为第一个义项,然后是按引申远近排列各个引申义,近引申义归为一个义项,远引申义单列。现行的古汉语字典都是以字为单位的,字有假借,因此各个字的引申义后还有假借义[5]。要清楚地描写词义的系统,首先要抓住本义。本义是纲,纲举目张,纷繁的词义就会变得简单而有条理了。

与词义的系统性相关的是词义的概括性。词义的系统性要靠词义的概括性来支撑。离开词义的概括性,词义的系统性也就很难显现了。清人的《经籍纂诂》是将古人的训诂罗列在一起,以便于人们查检,是有它的益处的。现代我们编写辞书,不能再像《经籍纂诂》那样,只把上下文中所体现的意义罗列出来,而是要把上下文中所体现的意义,按词义引申关系进行概括。这样词义的发展脉络才能清楚,词义的本质才能得到真正的反映。《王力字典》序言所强调的八个特点,第一条就是扩大词义的概括性。王力先生说:"一般字典辞书总嫌义项太多,使读者不知所从,其实许多义项都可以合并为一个义项,一个是本义,其余是引申义。"王力先生的话是对的。

现在有的辞书忽视词义的系统性和概括性，下面举例说明。

(1)屋　《辞源》：①房屋，居舍。《诗·秦风·小戎》："在其板屋，乱我心曲。"②泛指覆盖之物。《礼·杂记上》："素锦以为屋而行。"此指盖棺的小帐。……

这里把"屋"的本义定为"房屋，居舍"是不妥的。许慎《说文》："屋，居也。"是用汉代的意义作解，不是屋的本义。屋的本义当指屋顶。段玉裁说："屋，室之覆也。"《说文》"囱（窗）"下说："在墙曰牖，在屋曰囱。"所谓"室之覆"就是盖在室（房间）上的，即房顶。所谓"在屋曰囱"，就是在房顶上开的天窗叫窗。因为是"室之覆"才能引申出泛指覆盖之物，即《辞源》的第二义项。如果照《辞源》把"房屋，居舍"作为第一义项，如何引申为"覆盖之物"？词义的系统性又如何体现？

(2)祥　《辞源》：①幸福，吉利。《礼·礼运》："嘏以慈告，是谓大祥。"②吉凶的征兆。《左传》僖十六年："是何祥也？吉凶焉在？"本通指吉凶。《礼·中庸》："国家将兴，必有祯祥。"此指吉兆。《史记·殷纪》："亳有祥桑谷共生于朝，一暮大拱。"此指凶兆。后多以吉兆为祥，而以凶兆为不祥。

这里第二个义项"吉凶的征兆"当是本义，应作为第一义项。又特指吉兆。从吉兆义引申出吉利，幸福。这样词义的引申系统清晰明了。《王力字典》、《北大字典》正是这样做的。

《王力字典》：①征兆。《左传》僖公十六年："是何祥也？吉凶焉在？"特指好的征兆。《诗·小雅·斯干》："维熊维罴，男子之祥。"引申为幸福，吉祥。《左传》僖公三年："齐方勤我，弃德不祥。"

《北大字典》：①吉凶的征兆。《左传·僖公十六年》：

“是何祥也？吉凶焉在？”《论衡·异虚》：“善祥出，国必兴；恶祥见，朝必亡。”特指吉兆。《吕氏春秋·应同》：“凡帝王之将兴也，天必先见祥乎下民。”引申为善，吉利。《墨子·天志中》：“而不知其为不仁不祥也。”《左传·僖公三十三年》：“纵敌患生，违天不祥。”

如果按照《辞源》那样排列义项，不但颠倒了历史，也破坏了词义的系统性，看不出词义的引申线索。

(3)于 《辞源》：①超过。《荀子·劝学》：“冰，水为之，而寒于水。”②往，去。《诗·周南·桃夭》：“之子于归，宜其室家。”③取。《诗·豳风·七月》：“昼尔于茅，宵尔索绹。”⑦介词。⑧连词。⑨助词。

这里词义系统有些紊乱。第一义项“超过”是不是本义？用《荀子·劝学》“寒于水”证明，是否相符？“寒于水”的“于”是介词，引进比较对象，所谓“超过”是今人的翻译，并不是词自身的意义。下文义项⑦列有介词一项，其中又分别为5个小项，为什么将“寒于水”的“于”采用翻译的办法释义而单列，且作为第一义项，令人费解。应合并到义项⑦内。关于义项③“取”的解释，王力先生早有批评，“于”没有“取”的意义。

(4)投 《辞源》：①掷，扔。《诗·小雅·巷伯》：“取彼谮人，投畀豺虎。”②投入。《庄子·让王》：“因自投清泠之渊。”③投赠。《诗·卫风·木瓜》：“投我以木瓜，报之以琼琚。”④投奔。《文选》张协《杂诗》之八：“述职投边城。”⑤投递，呈递。见“投劾”。⑥投合。《楚辞·大招》：“二八接舞，投诗赋只。”⑦到，临。

这里的几个意义缺乏概括性，因此系统性凸显不出来。投掷，扔引申为投赠，再引申为投递，线索比较清楚，是着眼于人使某物从此处及于彼处。至于弃、赠、递都是投的目的，可作为同义项的近引申义，因此可归并为一个义项。投入引申为投奔，是着眼于自身由此及彼，“投渊”是自身从渊上进入渊中，“投边城”是自身从边城以外的地方进入边城。这也是一个义项的近引申，应归并为一个义项。由“投奔”又引申为“到”，因“到”有具体也有抽象，故而可以分列为一个单独的义项。这样各义项的关系就清楚了，系统性也更强了。

(5)杖　《辞源》：①手杖，拐杖。《礼·曲礼上》：“必赐之几杖。”②棍棒或棍状物。《孔子家语·六本》：“大杖则逃走。”③兵器。《汉书·西域传》：“以金银饰杖。”④刑具。《魏书·刑罚志》：“民多不胜而诬引，或绝命於杖下。”

《王力字典》：①手杖，拐杖。《论语·宪问》：“以杖叩其胫。”②棍棒或棍状物。《吕氏春秋·贵卒》：“衣铁甲操铁杖以战。”又指兵器。《汉书·西域传》“以金银饰杖。”又指刑具。《魏书·刑罚志》：“检杖之小大。”

《王力字典》将《辞源》的②、③、④三个义项合并为一个义项，符合词义的概括性原则。

(6)门　《简明字典》：①门。陶渊明《归去来兮辞》：“园日涉以成趣，门虽设而常关。”②形状或作用像门的东西。欧阳修《与尹师鲁书》：“下至灶门老婢，亦相惊怪。”③途径。杜甫《白马》诗：“丧乱死多门，呜呼泪如霰。”④家；家族。⑤派别；学派。⑥门类；类别。⑦守门。《公羊传·宣公六年》：“勇士入其大门，则无人门焉者。”又为攻门。《左传·襄公十年》：“偪阳人启门，诸侯之士门焉。”

这里义项①、②、⑦可以合并，“门”用为动词有攻门、守门的意义，从门引申，指形状或作用像门的东西，关系很清楚。把它分成三个义项，而且义项⑦与义项①隔得如此之远，既不符合概括性原则，又破坏了词义的系统性。

(7)豆 《辞源》：①古代食器，初以木制，形似高足盘，后多用于祭祀。《诗·大雅·生民》：“卬盛于豆，于豆于登。”②豆类植物，种类甚多，其实皆结荚。古称菽，自汉以后称豆。《文选》杨恽《报孙会宗书》：“种一顷豆，落而为萁。”③古量器名。《仪礼·士丧礼》：“稻米一豆实于筐。”注：“豆，四升。”又为重量单位。刘向《说苑·辨物》：“十六黍为一豆，六豆为一铢。”

“豆”的本义是食器，引申为量器名，又指重量单位，这都是先秦古义，且引申线索明确，应排在第一、第二义项。“豆类植物”义是汉初才产生的，很可能是一种假借，这个义项应放在“量器名”之后，排为第三个义项。同时，《辞源》“豆类植物”义引《报孙会宗书》嫌稍晚，《素问》中“豆”用于“豆类作物”义有多处[⑥]。《素问》约产生于汉初，早于杨恽。

(8)招 《辞源》：①以手示意，或用某种方式召之使来，引致。《书·说命下》：“旁招俊乂。”《荀子·劝学》：“登高而招，臂非加长也，而见者远。”②自取，引起。《书·大禹谟》：“满招损，谦受益。”③供认罪行。《旧唐书·哀帝纪》：“乙未，敕伪称官阶人泉州晋江县应乡贡明经陈文巨招伏罪款，付河南府决杀。”④羁绊，牵系。《孟子·尽心下》：“如追放豚，既入其苙，又从而招之。”⑤射之的，箭靶。《吕氏春秋·本生》：“万人操弓，共射其一招，招无不中。”

这里义项①、②应该合并，义项②是义项①的近引申义。义项④、⑤都是从“招致”义引申出来的，应紧随其后。义项③夹在中间很不妥，应放在后边。《王力字典》正是这样排列的：①以手示意召之使来，招致。引申为导致。②羁绊。③箭靶。④供认罪行（后起义）。

古汉语辞书的科学性，除了重视历史观点，注意词义的时代性，强调词义的系统性、概括性之外，还要注意释义的准确、释义与书证的吻合等。下面举两个例子：

（1）病　《辞源》：①疾病，生病。轻者为疾，重者为病。《论语·子罕》：“子疾病。”《孟子·公孙丑下》：“今病小愈，趋造于朝。”

这里“疾病、生病”并列为一个义项，不妥当。“疾病”是名词释义，“生病”是动词释义，应当分开表述。书证“子疾病”的“病”是什么意义？读者很难从释义中找到答案。实际上“疾病，生病”都不是这里“病”的意义。《集解》引包咸曰：“疾甚曰病。”这里的“病”是“病情加重”的意思。“子疾病”的意思是“孔子病了，病得越来越重”。《说文》：“病，疾加也。”也是病情加重的意思。“病情加重”是“病”的本义。“病”作动词也有生病、染病的意义，引申为名词，指疾病。《北大字典》是这样表述的：①病情加重。《说文》：“病，疾加也。”《论语·子罕》：“子疾病。”《庄子·徐无鬼》：“仲父之病。病矣。”又泛指染病。《孟子·滕文公上》：“今吾尚病。”《吕氏春秋·长攻》：“赵简子病。”又用作名词，泛指疾病。《韩非子·喻老》：“君之病在肌肤，不治将益深。”《吕氏春秋·察今》：“病万变，药亦万变。”这样表述较准确、清楚。再者，《辞源》所谓“轻者为疾，重者为病”亦不妥。这是误解《说文》等造成的。如上文所说《说文》的“疾加”并不是重病，而是病情加重，是动词而不是名词。“疾、病”在

"疾病"与"生病"的意义上同义,没有轻重的分别,都既可指重病,也可指一般的病。《吕氏春秋·贵公》:"管仲有病,桓公往问之。"又《知接》:"管仲有疾,桓公往问之。"同一件事,或用"病",或用"疾",可见没有轻重之别。《吕氏春秋·异宝》:"子培疾而死。""疾"而至於死,可见"疾"并不是轻病。"疾"与"病"的区别是"疾"不具备"病"的本义"病情加重"的意义。

(2)烂　《辞源》:①熟。《说文》作爤。《方言》七:"烂,熟也。自河以北赵魏之间火熟曰烂,气熟曰糦,熟其通语也。"亦谓过熟或不熟。《吕氏春秋·本味》:"熟而不烂。"高诱注:"烂,失饪也。"

《辞源》认为"烂"、"亦谓过熟或不熟",失当。《吕氏春秋》"熟而不烂"的"烂"是"过熟"之义。高诱注以"失饪",高注是对的。所谓失饪是失生熟之节,或过熟或不熟,但在某一特定的语境中,它不可能兼而有之。是"过熟"就不是"不熟",是"不熟"就不是"过熟"。高诱这里说的是"过熟",所以是对的。《辞源》"亦谓过熟或不熟"不是在解"烂"字,而是在为"失饪"作解,所以错了。

附　注

① 四川人民出版社,1993年版。以下简称《简明字典》。

② 中华书局,2000年版。以下简称《王力字典》。

③ 商务印书馆,1993年版。以下简称《常用字典》。

④ 北京大学出版社,2000年版。以下简称《北大字典》。

⑤ 如果以词为单位,假借义则是属于另一个词的,应单出词条。

⑥ 《战国策·韩策一》:"五谷所生,非麦而豆。民之所食,大抵豆饭藿羹。""豆"用作"豆类植物"义。此文或产生于秦汉之间,或出自刘向的整理。

规范化是辞书修订的重要方面

陆 嘉 琦

辞书,尤其是著名品牌辞书,应该及时修订,跟上社会发展的步伐,满足读者与日俱增的实际需求。辞书修订,除了对所提供的知识和信息要追踪时代的发展而及时作出修改之外,还须在编纂的规范化方面狠下功夫,把实行规范化作为辞书修订的重要方面之一。

一 实行规范化的必要性

关于辞书修订实行规范化的必要性,似可从这样几个方面认识。

(一)依法治国的需要

现代化的国家崇尚法治,同时也要求每个公民具有法制意识,自觉遵守法律法规,整个社会才能协调地向前发展。所谓法律法规,并不仅仅限于宪法、民法、刑法、行政法、经济法等调节人们的社会、政治、经济、人身等关系的法律,国家颁布的各种国家标准或技术规范,是技术业务领域内的法规,也与前者一样具有权威性。当然,由于调节的关系对于社会的影响程度不同,技术性法规的强制性不如前述各种法律那么大,但它们并非是可遵守可不遵守的,它们也带有一定的强制性,是国家要求公民们在从事技术业务领域的活动时所必须遵循的。

法制意识的最集中体现，就是“有法必依”。认真执行国家的技术规范，就是技术业务领域中法制意识的直接体现。以前由于众所周知的原因，我国在立法方面曾一度严重滞后，不少辞书因为尚无多少法规可作依据而存在一些不够规范、统一的现象，这也是可以谅解的。但时至今日，与辞书编纂出版直接或间接有关的技术性法规，国家已经颁布了许多。辞书的编纂者和出版者就有义务认真贯彻执行这些技术法规，使辞书的编纂和修订走上法制化的轨道，飞速发展。

（二）辞书本身特性的要求

辞书是工具书，许多读者往往把其视为“典范之作”，作为释疑解惑的标准书。不但辞书中的释文内容会成为读者的标准答案，就是辞书中所使用的文字表述方式和采用的符号等形式语言，也常常会成为读者直观的参照标准。可见，辞书在宣传规范知识、普及推广技术性法规方面负有重大的责任，远非一般图书可比。辞书本身做到了规范化，就能以直观的形式，直接或间接地为读者起到正确的导向作用，引导他们逐步认识、理解、掌握有关的技术法规，并养成良好的规范意识和执行国家法律法规的自觉性。

（三）减轻读者的学习负担

辞书都有一定的体例格式。如果辞书不能够根据国家标准的规定而采用规范化的形式语言体系，那么，读者每使用一种辞书，就要细心地学习一次该辞书采用的形式语言；而万一交叉使用几种辞书时稍有失误，将一种辞书的形式语言套用到另一种上，就会轻则检索失败，重则得出错误的查检结果。辞书实行规范化，统一采用国家标准规定的形式语言，就可让读者只要将一种辞书的形式语言弄清楚，便能运用到其他辞书的查检使用上。这无疑可以让读者收到事半功倍的辞书使用效益。

（四）为向电子化转化打好基础

辞书从传统的印刷型向电子化转化是时代发展的必然趋势，这已是辞书界绝大多数专家学者的共识。电子辞书的基本要求之一，便是文本数据和格式描述的规范化。否则，同样一种形式语言，在不同的辞书中表示不同的意义，检索和显示时便会错误频频。要保证电子版辞书的高质量，词条各个项目的规范化就是必不可少的。

此外，印刷型辞书的规范化，也便利它自身向电子化转化。大家知道，作为电子辞书知识内容核心部分的词条数据库，对于词条信息的输入有严格的要求，词条中各个不同的项目必须存放到不同的相应字段内。在所有数据都用人工一一输入的情况下，这倒也没有多大困难，只要录入员按照对于相应项目的标引将数据对应输入即可。而如要利用印刷型辞书的电子排版文件来建立数据库，以保证数据输入的正确无误和节省人力，那么，词条中各个项目就必须有统一规范的格式或者标记，才能利用电脑程序实现从一般文本文件到数据库文件的快速转化。

二　辞书修订中要注意规范化的几个方面

辞书规范化的涉及范围很广，在一篇小文中难以作全方位的阐述，而且其中不少方面，目前已经在许多辞书中得到贯彻（这里仅指那些认真编纂出版的辞书，惯于粗制滥造的辞书编者目无法纪，根本难以与之谈“规范”二字）。因此，本文不打算对于辞书规范化的各个方面作全面的论述，而只是根据笔者对《现代汉语词典》(下简称《现汉》)等一些主流辞书的分析,从有利于它们今后的修订着眼,就其中较普遍存在的不足提几点看法。

(一)语言文字规范

首先是词目收录问题。国家已经颁布有几个基本字表,如《现代汉语常用字表》(下简称《常用字表》)、《信息交换用汉字编码字符集·基本集》(国家标准 GB2312—80,下简称《基本集》)、《现代汉语通用字表》(下简称《通用字表》)。笔者以为,国家颁布的这几个字表,包括了最基本的汉字,也在一定程度上反映了汉字的使用频度(由常用字向通用字递减)。辞书在收录单字时,应该根据本书的类型,按照常用字—次常用字—电脑用字—通用字的级别顺序确定收录单字的范围。如小型辞书可以只收到常用字级或次常用字级;中型辞书可以收到电脑用字级或通用字级,或者在此基础上再扩大;大型辞书则可以在中型辞书的基础上作更多的扩展。总的原则是:所收单字在级别上必须向下全部兼容,不能收了频度较低的字而漏了频度较高的。

主流辞书在收录单字上,对《常用字表》贯彻得比较好,而对其他两个字表,尤其是《基本集》,就要差一些。比如,《现汉》收录单字一万以上,但却失收《通用字表》里列出的三个字"狨、跆、艽",《基本集》里的字则失收更多。这是不能令人满意的。所有电脑中最基本的中文字库,都是以《基本集》所收字作为基准的,而电脑又在日益普及。对于广大的习惯于用拼音在电脑上输入汉字的读者来说,如果某些字因在辞书中找不到其正确读音而导致输入发生困难,他们的失望是可想而知的。建议各种辞书在修订时,不妨借助电脑,根据本辞书的类型,对于收录单字的情况对照国家颁布的各种字表仔细核查,不要遗漏了频度相对较高的字。

至于复音词的收录，因目前国家尚未有正式的基本词表公布，尚难以有法定的依据。不过，国家对外汉语教学领导小组办公室制订的《汉语水平词汇与汉字等级大纲》中列出的6 000多个基本复音词，还是可以作为参照的。

第二是字形问题。这方面需要注意改进的，是要将繁体字与异体字作明确区分，不能混杂在一起。因为繁体字和异体字的性质是不同的，两者与规范字（简化汉字）的对应关系也是大相径庭的。锐声先生曾指出："就拿上举的《新华字典》、《现汉》诸书为例吧，它们对待旧繁体、异体以及俗字、古今字是未作任何区分，一律笼统地当作一种情况处理的。于是，问题正是在这里出现了。"① 于是，在一些因特殊需要而须使用繁体字排版的书刊中，难免常有异体字夹杂其中，显得不伦不类。其原因就在于作者或者编辑只按照一些辞书的提示而误将异体字认作繁体字了。因此，已有辞书修订时或编纂新辞书时，宜像《现代汉语规范字典》和《新华词典》那样，对繁体字和异体字作出明确的区分。

第三是注音问题。这方面需要我们予以多加注意的，是汉语拼音正词法规则的落实。现有辞书中，拼音写法不符合规则的，并不在少数，尤其是对于多音节词语，按字分写的现象经常可以看到。国家颁布有《汉语拼音正词法基本规则》、《中国人名汉语拼音字母拼写法》、《中国地名汉语拼音字母拼写规则》、《中文书刊名称汉语拼音拼写法》等规范，对于汉语拼音的分词连写、成语拼写、外来词语拼写、人名地名拼写、书刊名称拼写的方式以及标调法、移行规则、大写字母的运用等作出了明确规定。这些法规应当成为辞书注音方式遵循的标准。

第四是标点符号和数字用法问题。关于标点符号和数字的用法，国家早有规定，而且在1995年，相应的两个规范文件又都先后升格为国家标准，即《标点符号用法》(GB/T15834－1995)和《出版物上数字用法的规定》(GB/T15835－1995)。这意味着它们的强制性又有上升。然而，主流辞书中未能严格执行这两个国家标准的情况还是常常可见。比如，国家标准规定，引号里面还要用引号时，外面一层用双引号，里面一层用单引号，并且从其所有的引例来看，单独的引号都应该用双引号形式。而《现汉》却无论是在"凡例"中还是在条目释文中，都普遍使用单引号。再如，按照国家标准，"陈述句末尾的停顿，用句号"，"语气舒缓的祈使句末尾，也用句号"，以区别于单词、词组、短语。可是，《现汉》条目释文中出现的例句，却往往没有打上句号，只是位于义项释文末尾的例句才有句号，而这个句号，实际上表示的是某个义项或者整个条目的结束。有意思的是，《现汉》对于陈述句例句不加表示句子结束的句号，而对于疑问句或感叹句例句却又都加了同样表示句子结束的问号或者感叹号。"可^{2}"条相当典型地反映了这种情况，此不具引。

在数字用法上，关于年份应该用阿拉伯数字表示的规定执行得较好，世纪和年代的写法则良莠不齐，而其他的规定执行得较差，主要是该用阿拉伯数字的地方却习惯用汉字数字。比如，《现汉》"的^{1}"条义项❻中有"这间屋子是五米的三米，合十五平方米"的写法，"标准粉"条有"指一百斤麦子磨出八十五斤白面的面粉"。其他一些专科词典和综合性词典中，数字写法不够规范的情况就更多了。这是需要辞书的编纂者和出版者予以足够重视的，以维护国家技术业务法规的严肃性和权威性。

(二)释文用语规范

释文用语方面，目前存在问题较多的是如何正确使用规范的科技名词术语和法定计量单位。

国务院曾于1987年明文规定，全国科学技术名词审定委员会（原名“全国自然科学名词审定委员会”）的职权范围，是“审定、公布各学科名词”，“经其审定的自然科学名词具有权威性和约束力，全国各科研、教学、生产、经营、新闻出版等单位应遵照使用”。1990年，国家科委、中国科学院、国家教委、新闻出版署又联合发文强调指出：“特别是各种工具书，要把是否使用公布的规范词，作为衡量该书质量的标准之一。”但是，国家已经规定应予以淘汰的一些旧的科技名词，还时不时地出现在我们的辞书中，例如“机率、几率”（应为“概率”）、“大脑皮层”（应为“大脑皮质”）、“导热率”（应为“热导率”）、“噪音”（应为“噪声”）、“直升飞机”（应为“直升机”），等等。[②]这是亟需我们引起注意并予以纠正的。

1984年，国务院发表了《关于在我国统一实行法定计量单位的命令》，确定了以国际单位制单位为基础的我国法定计量单位。原文化部出版局、国家计量局在《贯彻〈中华人民共和国法定计量单位〉的联合通知》中要求：“从1986年起，再版的出版物（除古籍、文学和翻译书刊）需重新排版时，对其中的计量单位，应按法定计量单位进行修订。”重新排版的图书都应按法定计量单位进行修订，那作全面修订的辞书和新编的辞书，就更应该正确使用法定计量单位了。但实际情况并不乐观，辞书中还经常会出现非法定计量单位，如前举《现汉》“标准粉”条中，就出现了“斤”这个非法定计量单位。关于辞书中计量单位的正确使用，乐嘉民先生曾做过较系统的评述，[③]在此就不赘言了。

（三）形式语言规范

所谓“形式语言”，是指辞书中使用的具有特定含义的各种符号和缩略语以及字体。1989 年颁布的国家标准《辞书编纂符号》(GB11617—89)和 1995 年颁布的国家标准《辞书编纂常用汉语缩略语》(GB/15933—1995),对于辞书中应该或者可以使用的符号、缩略语和字体等有明确的规定。但是,实际执行情况却令人失望。许多辞书,包括《现汉》这样的规范词典在内,都没有很好地贯彻落实国家规定。比如:表示引出例证的横向三角形符号"▷",在除了《现代汉语规范字典》之外的其他辞书中就很难看到。词目的规范形式应该是用黑体汉字,不加其他符号,而辞书中以加黑鱼尾号"【】"或白鱼尾号"〖〗"的宋体字来表示词目的也并不罕见;虽然黑鱼尾号在国家标准中作为可以并存使用的词目标志,但它同时又是专业域的标志符号,让一个符号"身兼两职"并不妥当,辞书中似应尽量避免。按国家标准规定,义项序号应该用带圈的阳码数字"①、②、③……",不过可以并存使用阴码数字"❶、❷、❸……",而《英汉大词典》和新近修订的《新英汉词典》(世纪版),却只用单纯的数字"1、2、3……"。如此种种,不一而足。缩略语使用的情况稍好一些,但是不够规范的现象仍然时有发生。

笔者以为,这两个国家标准都明确说明是为辞书编纂、出版而制订的,与辞书的关系应该是最密切的;而且,贯彻执行这两个国家标准,对于印刷型辞书向电子化转化具有重大意义。辞书编纂、出版者理应不折不扣地执行。检查、修改形式语言,是一个时期内辞书修订的重要任务。

(四)排检方法规范

辞书的正文条目编排和索引制作,在应用原理上具有共性,可视为同一个问题。

目前使用最普遍的辞书排检方式,不外乎偏旁部首法、笔画笔形法和汉语拼音法。1992年颁布的国家标准《文字条目通用排序规则》(GB/T13418－92),对于这三种排检方式的基本原则有较详尽的规定:

偏旁部首排序 首先按汉字所属的部首、偏旁入部,同部首、偏旁的字按部首外汉字笔画数从少到多排列。如果部首外汉字笔画数相同,按部首外汉字起笔至末笔各笔笔形的"横、竖、撇、点、折"顺序排列。如果上述各笔笔形仍然相同,则按汉字在国家标准汉字编码字符集中的编码值从小到大排列。

汉语拼音排序 首先比较汉字的音,即按汉语拼音字母表顺序对汉字字符排列。如果拼音相同,比较音调,按阴平、阳平、上声、去声、轻声的次序对汉字字符排列。如果音和音调相同,比较汉字的总笔画数,从少到多对汉字字符排列。如果笔画数相同,比较汉字的起笔至末笔各笔笔形,依"横、竖、撇、点、折"顺序排列。若起笔至末笔各笔笔形仍相同,则按汉字在国家标准汉字编码字符集中的编码值从小到大排列。

笔画笔形排序 首先按汉字的笔画数从少到多排列。同笔画数的字按起笔至末笔各笔笔形"横、竖、撇、点、折"顺序排列。如果上述笔形仍相同,则按汉字在国家标准汉字编码字符集中的编码值从小到大排列。

关于如何在实践中更好地贯彻这个标准以及如何处理一些在标准中未及具体规定的问题,郑利平《从方便使用者出发,优化辞书排检方式》和拙作《浅议汉语辞书排检法的标准化》都作过一番探讨,[4]此不赘言。本文仅就相关的几个问题谈些看法。

一是部首的数量问题。主流辞书采用的部首数量,有189部

(《现汉》、《新华字典》等)、200部(《汉语大字典》、《汉语大词典》等)、201部(《新华词典》、《现代汉语规范字典》等)和250部(《辞海》等)。部首的数量不一样,具体单字的归部那就更不必说了,不统一之处可说是俯拾即是。这给读者造成的麻烦是可想而知的,亟需改变。国家标准《文字条目通用排序规则》附有《汉字部首表(参考件)》,笔者认为,这可作为各类辞书确定部首数量的标准,即统一采用201部部首,以实现辞书在部首数量方面的初步规范化。至于一些较难明确认定部首归属的具体汉字,凡是涉及正文编排的,以《汉语大字典》的归部为准,因为《汉语大字典》收字多,而它采用的部首是在《汉字部首表(参考件)》的基础上稍作调整而确定的;上述难归部的单字在索引中则可借鉴《现汉》的做法,在有关的各个部首下都列出,为读者的查检提供方便。

二是笔画次序和笔形属性的认定问题。从上述国家标准的规定中可以看出,笔画的次序和笔形的属性,在三种排检法中都占有重要的地位。1997年国家发布的《现代汉语通用字笔顺规范》,明确规定了7 000个通用字的笔画顺序和一些笔形的属性。比如,规定"敝"的笔画顺序是"点、撇、竖、折、竖、撇……","脊"的笔画顺序是"点、横、撇、点、撇、点、竖……";提手旁"扌"的第二笔应视为竖。这样,今后辞书在编排单字的次序时,凡是需要以笔画次序和笔形属性为依据的,就应该按照国家的规定进行调整。顺便说一下,1996年版《现汉》的正文编排次序,存在一些差错,其中有的是由于疏忽而出错(如将"洱"排在"饵"前,"衲"排在"钠"前),有的则是因为将"扌"的第二笔作为折笔而造成的。这是在下次修订时应予以调整的。

三　实行规范化的几个相关问题

首先是关于如何看待技术业务法规本身存在不足的问题。

毋庸讳言，现行的各种技术业务法规，由于种种原因，确实存在着不足：一是某些规定可能不一定合理。比如，规定以阳码作为辞书义项的序号，而将阴码只作为可以并存使用的标志，就值得商榷。从辞书的版面情况来看，阴码远比阳码醒目，可使释文的层次结构一目了然，有利于读者的查检和阅读。二是法规与法规之间缺乏有机的呼应和联系，有互相"打架"的地方。比如，《辞书编纂常用符号》规定用"▷"作为引入例证的标记，但这个符号《基本集》却没有收，于是，用电脑编写的辞书稿件在异机传递过程中就会发生符号讹变，给辞书编纂的计算机化造成了困难。

但是，我们不应当由于法规本身存在不足而拒绝执行法规。法规毕竟是法规，有其特殊的性质和地位，这就是国家赋予它们的强制性和权威地位。故笔者认为：我们可以向法规制订机构提出改进意见，要求修改其中的不足之处，但在法规尚未正式修改之前，还是应该按法规的规定去做。否则，法规就会成为一纸空文，"有法"等于"无法"。

其次是法规中未作具体规定的一些内容，在辞书编纂实践中该如何处理的问题。

法规往往是着眼于宏观的，比较概括、笼统，而辞书编纂者接触的是一个个具体的词语，要处理许许多多细微的问题。两者存在一定程度上的脱节也是正常合理的。辞书编纂者遇到这类情况时，先是要认真研究法规的相应规定，然后再在体现法规精神实质的基础上做出具有创新性的处理。只要能为绝大多数读者接受，今后就有可能成为制订新法规或者修订原有法规的实践依据。

第三是如何鼓励、促进辞书规范化的问题。

对于编纂得不够规范的辞书，我们应该开展积极的、富有针对性的辞书批评，既指出辞书中的种种不够规范之处，又诚恳地为编纂者出谋划策，帮助他们改进和提高。另外，将规范化要求列为辞书评奖的重要条件，对于倡导和鼓励各种辞书向规范化方向努力和发展，也是行之有效的措施。

附　注

① 锐声《字词典中对旧繁体、异体等的处理问题》，《辞书研究》1991 年第 5 期。

② 周明鉴《新版〈辞海〉科技条目的新陈代谢》，《辞书研究》1999 年第 6 期；林飘凉《科技专科辞典选词十要》，《辞书研究》2000 年第 6 期。

③ 乐嘉民《法定计量单位在辞书中的使用》，《辞书研究》1989 年第 5 期；《计量单位的准确使用》，见《辞书编纂经验荟萃》，上海辞书出版社，1992。

④ 郑利平《从方便使用者出发，优化辞书排检方式》，《辞书研究》1999 年第 2 期；陆嘉琦《浅议汉语辞书排检法的标准化》，《辞书研究》1998 年第 6 期。

浅谈汉语字/词典立目单字的规范问题

杨 蓉 蓉

近二十年来,我们的工具书编纂事业发展很快。据《全国新书目》统计,1980 年全国出版工具书 416 种,1991 年即猛增至2 923种。1991 年以后增长幅度虽有下降趋势,但总的来说,工具书的出版仍在稳步地、理性地向前发展。其中汉语字典、汉语词典也是应有尽有,层出不穷。经过二十多年来的探索、实践,辞书界积累了丰富的经验。随着《现代汉语词典》、《新华字典》、《新华词典》、新《辞海》等一批有影响的工具书的修订再版,标志着工具书的出版在进一步增加数量的同时,也进入了一个修订提高的阶段。善于总结以前的经验,认真进行研究,对于提高词典的修订质量是很有必要的。有待总结的地方很多,规范化问题是一个重要方面,尤其对汉语字典、汉语词典来说。[①]规范化包括立目、注音、释义、例证、体例等各个方面,本文仅就立目单字的规范问题谈一点自己的粗浅体会,希望引起与会者的关注和讨论。

一 从历史上的汉字整理看立目单字规范化的重要性

汉字是我们祖先独立创造的文字,也是世界上历史最悠久而且至今仍富有活力的文字。汉字的整理,以前认为秦始皇统一中国后，第一次着手统一中国的汉字。其实，这项工作从汉字产生不久就开始进行了。费锦昌先生认为，“没有‘仓颉’们的整理，汉字不可能由原始走向成熟，没有‘仓颉’们的修葺，汉字不可能从散落的符号组合成完整的体系”。[②]《周礼·春官》：“[外史]掌三皇五帝之书，掌达书名于四方。”郑玄注：“或曰，古曰名，今曰字，使四方知书之文字，得能读之。”《仪礼·聘礼》：“束帛加书将命，百名以上书于策，不及百名书於方。”这都是当时交往中的文字工作。《论语·子路》中记载，子路曰：“卫君待子而为政，子将奚先?”子曰：“必也正名乎!”清代学者钱大昕说：“郑注云：正名为正书字也。古者曰名，今世曰字。《礼记》曰‘百名以上则书之于策’，孔子见时教不行，故欲正其文字之误。后魏世祖始光二年初造新字千余，诏书引孔子‘名不正则事不成’之语。江式《论书表》亦引‘孔子曰，必也正名乎’。此汉儒相承之训诂。”[③]将正书字作为为政之先，此可见当时对文字整理工作的重视。

春秋战国时期，由于政治的分裂，“言语异声，文字异形”。王国维先生早就提出东西土文字的问题，随着地下发掘的材料越来越多，更证实了这种文字不统一的严重存在。这给书面交际带来了极大的不方便，整理统一文字是一种社会的必然要求。据赵平安先生的研究，秦国历史上的“书同文”就有过三次。[④]第一次是在周桓王时期，即公元前719年到公元前697年之间，对当时秦国通用的文字进行了一次全面系统的整理和规范，《史籀篇》就是当时规范文字的成果。[⑤]第二次是秦孝公时期，随着兼并战争的展开，秦国把自己通用的文字不断地推行到所占领的地方。第三次秦始皇统一中国以后的文字统一工作，是史书有明确记载的。秦始皇二十八年（公元前219年）琅邪刻石中的“同书文字”宣告了这次整理工作的成功。[6]《说文解字·叙》云:"秦始皇帝初兼天下,丞相李斯乃奏同之,罢其不与秦文合者。斯作《仓颉篇》,中车府令赵高作《爰历篇》,太史令胡毋敬作《博学篇》,皆取史籀大篆,或颇省改,所谓小篆者也。是时秦烧灭经书,涤除旧典……而古文由此绝矣。"这就是第三次文字整理的成果。《史籀篇》、《仓颉篇》、《爰历篇》、《博学篇》都是带有字典性质的识字课本。这段历史充分说明,文字的整理、规范需要用书来巩固它的成果,识字书是推广规范化的工具。

据《汉书·艺文志》,汉代又有司马相如《凡将篇》、史游《急就篇》、李长《元尚篇》、扬雄《训纂篇》、杜林《仓颉训诂》等,都对文字的规范化起过一定的作用。东汉许慎的《说文解字》是中国第一部严格意义上的字典,从许慎的主观意识看,并非有文必录,即是有规范要求的。[7]这从以下三点可以看出:一、《说文解字·叙》说,其时"诸生竞说字解经义","乃猥曰马头人为长,人持十为斗,虫者屈中也","若此者甚众,皆不合孔氏古文,缪于史籀"。这种根据已经变异的隶书字形来解释汉字意义的现象,引起许慎重视,这是创作《说文解字》的一个重要原因。二、许慎并不是把当时通行的文字全部收入《说文》中,对照今可见的汉代碑刻,《说文》有很多异体字都没收。[8]由此可见,许慎对异体字是做过一番审定工作的。这种审定标准就是许慎意识中的规范。三、《说文》以规范的小篆为字头,作为解释字义的根据,古文、籀文、俗体,以及其他或体附列于后。这种规范立目单字的方法,一直为以后的字书所借鉴,与今天字典、词典的处理方法十分相似。

东汉末至隋统一,又有很多新字产生,频繁的战争加剧了文字的混乱。据《隋书·经籍志》记载,当时有一些专载常用字、俗字、杂字的书，如魏周氏《杂字解诂》、宋谢康乐《要字苑》、梁殷仲堪《常用字训》、邹里《要用杂字》、王劭《俗语难字》、李少通《杂字要》等；还有一些辩证错别字和异体字的书，如李少通的《今字辩疑》、彭立《文字辩嫌》、戴规《辩字》等。前者是描写性的，后者带有规范性。当时影响较大的字典有晋吕忱《字林》、南朝顾野王《玉篇》。《字林》收字多于《说文》，北魏江式评论此书说："寻其况趣，附托许慎《说文》，而案偶章句，隐别古籀奇惑之字，文得正隶，不差篆意也。"[9]是书大约以隶书为主体，而不违篆书笔势。可惜其书已佚。《玉篇》是我国现存第一部以楷书为收字对象的字典，它无论是部首，还是正文字头，都用当时通行的楷体。有异体字或俗字的，都予标列或作说明，书后还有"分毫字样"，辨别形似之字。可见是下过一番规范功夫的。可以认为此书是"负有整理汉字重任的代表性字书"。[10]

每个朝代都出现不少简字、异体，整理汉字、规范汉字是历史上各个时期都碰到的问题。唐代整理异体，辨别俗讹，产生了一批字样书，类似今天的正字字典。如颜师古的《字样》、杜延业的《群书新定字样》、颜元孙的《干禄字书》、欧阳融的《经典分毫正字》、张参的《五经文字》、玄度的《新加九经字样》等等。宋、元时又出了一批重在辨证字形的字书。如宋代的郭忠恕《佩觿》、张有《复古编》、李从周《字通》，元代的行均《龙龛手鉴》、李文仲《字鉴》等等。明以后又有黄谏《从古正文》、焦竑《俗书刊误》、李调元《六书分毫》、龙启瑞《字学举隅》等等。

以上所举虽然并非都是严格意义上的字典，但已可看出，文字的不统一现象是很普遍的。从文字的内部原因看，汉字是一种象形表意的文字，它的造字方法很容易产生异体字。象形字很容易画成繁简不同的不同形体,形声字又很容易将同音的不同声符和同义的不同义符交错搭配。从文字的外部原因看,政治的不统一,方言的分歧,都是造成文字不统一的原因,汉字源远流长,传抄、刊刻中也容易产生俗字、别字。因此,为了便于交流,整理异体,辨别俗讹,规范汉字,统一字形必然成为大众的要求。根据历史的经验,编写识字书、字样书及字典,规范立目单字的形体,是汉字整理的重要手段。同时,这些著作的产生,也是汉字整理的可喜成果。历史的经验值得我们借鉴。

二 国家关于文字规范化的规定是单字立目的依据

要做好字/词典立目单字的规范工作,首先要了解国家语言文字工作委员会关于文字规范化的规定。[11]

一般读者,包括一些字/词典的编校、印制人员,往往将同一个字的不同形体分为写法最简单的和写法较复杂的两种,认为前者是简体字,后者是繁体字,规范化就是将繁的变为简的。其实规范汉字包括字体和字形两个方面。就字体来说,规范汉字是指简化字和选用字,简化字相对繁体字而言,选用字相对异体字而言。在这儿要分清简体字和简化字两个不同的概念。简体字是流行于群众之中的形体较简易的俗字,它不一定经过整理和改进,写法可以是一种,也可以有多种,最主要的是它不具有法定性;简化字是在简体字的基础上,经过专家的整理和改进,由政府主管部门公布的法定简体字,它只有一种标准写法。规范汉字是指简化字,即经过认定的简体字而不是广义的简体字。汉字的规范化还指废除旧字形,采用新字形。在这几个方面,国家语委和其他主管部门都有一些规范化的规定,我们必须了解和掌握。

(一)关于繁体字和简化字

在汉字发展的漫长历史过程中,其字形的演变是一个简化和繁化同时存在的过程,但主导的趋势是简化,“汉字的字体是时时刻刻在那儿被减省的,从殷周的古篆变到宋元之简体,时时刻刻向着简易的方面进行,可说是没有间断”。[12]那种认为简化汉字是共产党的新发明的看法是不客观的。只不过在这漫长历史进程中产生的是简体字,字/词典编纂中规范的立目单字指的是简化字。[13]

国家在这方面的规定主要见于国家语言文字工作委员会发布的《简化字总表》。《简化字总表》的产生有一个过程。1956 年 1 月 31 日《人民日报》发表了国务院《关于公布〈汉字简化方案〉的决议》和《汉字简化方案》。经过实践、修正,[14]1964 年 3 月 7 日,经国务院批准,中国文字改革委员会、文化部、教育部联合发出《关于简化字的通知》,根据通知精神,文改会编印了《简化字总表》。《总表》包括三个字表:第一表收 352 个不作偏旁用的简化字。第二表收 132 个可作简化偏旁用的简化字和 14 个简化偏旁。第三表收用第二表类推出来的简化字1 752个。1986 年 10 月 10 日经国务院批准,国家语言文字工作委员会又重新发表了《简化字总表》。

按照《简化字总表》处理字/词典立目单字时,要注意以下问题:

一是要注意表注、表后附录,以及第二次发表时对个别字的调整。第一次发表表注规定,迭(叠)、复(覆)、干(乾)、伙(夥)、借(藉)、么(麽)、象(像)、余(餘)、折(摺)、征(徵)等 10 个同音替代简化字在意义混淆时仍用繁体。表后有两个附录,第一个附录收入的布(佈)、巨(鉅)、异(異)等 39 对字,摘录于《第一批异体字整理表》,因为其中的 39 个选用字习惯上也被看作简化字。第二次发表时规定，叠、覆、像、囉不再作迭、复、象、罗的繁体字，恢复前三字为规范字，囉类推简化为啰；瞭为了解义时仍简作了，为瞭望义时不再简化；对原注脚馀作了类推简化；在第三表雠字下加了注脚。这些与立目单字的规范化都有较大的关系。

二是要注意简化字的类推问题。第三表不可能收尽所有的类推字，在字/词典立目的时候，[15]需要根据三表的原则自行类推。这就有一个原则的掌握问题。第一表已列入简化字的，其繁体不再类推，避免再增加新字。如誇已简化为夸，蘋已简化为苹，言、頁就不再类推简化。已被异体字整理表规定为异体字的不再类推简化。如鉅为巨的异体字，駮为驳的异体字，金、馬不再类推简化。第一表中的简化字不能类推，也不能以简化字的一部分类推。如躍简化为跃，但耀的右半不能简化为夭；腦简化为脑，惱简化为恼，但瑙的右半不能简化，垴不是堖的简化字，堖是规范字，垴是堖的同异体字。由于异体字不类推简化，同异体字的类推问题很值得研究。[16]

三是要注意表中没有提示的标准改动。如只的繁体字是衹，而第一次公布时是示字旁，第二次公布又没有作说明；鎔字本是熔的异体字，故不能类推简化，但 1993 年 9 月 3 日国家语言文字工作委员会应用管理司发了《关于"镕"字使用问题的批复》，同意将该字类推简化。

(二)关于异体字和选用字

简体字(非简化字)也是一种异体字，此外还有很多其他异体，正如前所述，汉字的造字方法是很容易产生异体字的。1955 年 12 月 22 日，文化部和中国文字改革委员会发出联合通知，发布《第一批异体字整理表》，淘汰异体字1 055个。国家整理、规范异体字的规定，主要见于《第一批异体字整理表》。

按照《第一批异体字整理表》处理字/词典立目单字时，也有一些问题需要注意：

一是要注意该表公布后，有一些变动，其中28个字已被确认为规范字，被淘汰的异体字减少到1 027个。1956年3月23日文化部和文改会发出补充通知，确认原表中被淘汰的阪、挫为规范字，仅将岅、剉作为坂、锉的异体字。《简化字总表》重新发表时收入了异体字表淘汰的訢、譾、晔、詟、訶、鲭、紬、剗、鱠、詎、鯔等11个字，并将其类推简化。1988年国家语委和新闻出版署发布的《现代汉语通用字表》收入了异体字表淘汰的翦、邱、於、澹、骼、彷、菰、溷、徼、薰、黏、桉、愣、晖（暉）、凋等15个字。在国家语委政策法规室编的《国家语言文字政策法规汇编》中，[17]有《第一批异体字整理表》，表前有说明，表中已将上述字删去，即已承认它们是规范字。

二是要注意选用字和异体字之间的关系是不是完全对等。由于异体字整理表公布时没有详细的附加说明文字，而选用字和异体字的关系又是比较复杂的，因此字/词典立目，或在目后括注异体时，往往会产生一些错误。关于选用字和异体字音义间的关系，曹先擢、程荣都曾撰文分析，[18]简单概括可以分为四种情况。第一种选用字和异体字音义完全相同，如猫和貓。第二种选用字的音义多于异体字，如栗和溧。第三种选用字的音义少于异体字，如厘和釐。第四种选用字和异体字音义交叉，谁也包容不了谁，如偷和媮。对于不同的情况，字/词典立目时需要不同处理。

（三）关于字形

1965年1月30日，文化部和文改会发出联合通知，发布《印刷通用汉字字形表》。1988年3月25日，国家语委和新闻出版署发出联合通知，发布《现代汉语通用字表》。字/词典立目当用规范的新字形。以前印刷用铅排，问题比较多，如《汉语大字典》字形就十分混乱。现在用电脑排版，只要在电脑中统一字形，问题比较好解决。但是电脑的造字功能十分强，有时原稿字形不规范，它也能特意造一些已经废除的旧字形，需要编辑严格把关。

三　目前的状况和存在的问题

字/词典立目与它的性质密切相关。由于不同的汉语字/词典编写的宗旨和目的不同，所用的语言资料也不同，因而单字的立目也有所不同。一般来说，大型的古今兼收的汉语字/词典因为收字量大，往往无论是规范字还是繁体字、异体字都予立目。《汉语大字典》、《汉语大词典》就是这样做的。而中小型的汉语字/词典，特别是现代汉语字/词典，乃至于一些古今兼收的字/词典，目前通行的做法是以正体字立目，[19]繁体字、异体字括注于后，括注的繁异体字有不再立目的，也有立为参见条目的。《新华字典》、《现代汉语词典》、《辞海》[20]、《现代汉语规范字典》等都采用这种做法。

按理说，国家主管部门有关汉字字体、字形规范化的文件发布已有很长的时间了，中小型汉语字/词典立目字体也有一个公认的通行做法，这方面应该已没有什么大问题了，其实并不尽然。沈建民曾撰文对辞书异体字处理混乱现象提出四点看法，前三点都与立目单字有关。[21]这三点是：1. 对于同一组字是否属异体字，各部辞书有不同的看法；2. 在一组异体字中，取哪个字作为正体，各部辞书取舍不同；3. 同一部辞书里，异体字的编排体例也往往不一致。这确实是辞书编纂中存在的问题。出版社经常收到读者的来信，询问为什么各本字/词典处理不一样。本文还想提出的是，汉语字/词典立目单字与国家标准不完全符合的问题，即如何真正理解并全面贯彻执行国家关于汉字规范化的规定的问题。我想以《现代汉语词典》、《辞海》、《现代汉语规范字典》等三部比较规范的辞书为例，略作分析，从中可以看出一些规范性汉语字/词典立目时会碰到的共性问题。

(一)《现代汉语词典》

《现代汉语词典》是一部社会公认的好书，但在立目单字的规范化方面，却有一些可商榷的地方。该词典的凡例说："本词典单字条目所用汉字形体以现在通行的为标准，异体字(包括繁体字)加括号附列在正体字后。"这条体例有以下两个问题：

首先，所谓通行标准与国家规范化文件标准不完全一致，而国家主管部门发布的规范化文件也是以通行为原则的。如，《现汉》働字立目，并有具体解释，该字在异体字整理表中已作为動的异体字废除。所收的髣、髴、衚、衕等，情况相同。謌在异体字整理表中已作为歌的异体字废除，但《现汉》以此字立目，并类推简化，释为：〈书〉同'歌'。《现汉》收寔字，解释为：〈书〉①放置。②同'实'。③此。其中第二义的寔字在异体字表中已作为實(实)的异体字废除。仝字立目，解释为：①同'同'。②(Tóng)姓。情况与寔字相同。这些字的处理都与国家规范化文件不同，而且这些也不是现代汉语中的通行字体。

其次，括注的异体字也与《第一批异体字整理表》的规定不同。如《现汉》有国(國、囯)一条，囯字只是见于太平天国著作的特殊用法，异体字整理表并没有列为被淘汰的异体字。又有罐(鑵)一条，正体和异体义符同而声符不同，罐字又有声符同而义符不同的异体字鑵，异体字整理表列出鑵字而没有列鑵字。《现汉》还有将有相同义项的字或有通假义项的字列为异体字的。如吧(罢、罷)和逗(鬥、閗、鬬)。吧、罢是两个不同的字,它们都有一个句末语气助词的义项,罷是罢的繁体字,异体字整理表并没有将它们作异体字处理。鬥是斗的繁体字,閗鬬异体字整理表作为鬥字的异体,它们在引逗的意义上通逗,[22]异体字整理表没有将它们作为逗的被淘汰的异体字。《现汉》还将閤字类推简化后作为阖的异体字附录,又在 gé 音下以该字立目,释为:①小门。②同'阁'。③姓。根据《简化字总表》一表,閤(音 hé)为合的繁体字;根据《第一批异体字整理表》,閤(音 gé)为閣的异体字。两表均未提到閤与闔(阖)的关系,《现汉》因它们有两个义项相同,将它们作为异体关系,而且类推简化,自造了一个形体。这种异体字与规范化文件处理不同的情况,与前一种相较,要多得多。

有一种看法认为,规范化文件只指出了应淘汰的异体字,其余尚有许多异体字未整理,而且这些文件还有不完善的地方,所以词典采取自成体系的做法,正可补充文件的不足。我认为,国家的法定文件还是应该严格遵守的,不然,仁者见仁,智者见智,全国就没有一个统一标准。如前所述,封建时代尚有很多汉字的整理、规范行为,更何况我们。对文件的不足,极个别的字可允许变通,一般都应按文件处理。和没有法定的简化字不能随意使用一样,没有整理的异体字也应和法定淘汰的异体字区别开来。在辞书编纂中已经创造了一种公认的办法,即注明"同×",《现汉》也已经采用这种方法。鉴于《现汉》的巨大影响,在立目单字的规范化上,有必要进一步完善。

(二)《辞海》

《辞海》编纂时,主观上是严格按照国家规定的。其凡例规定,字体以《简化字总表》《第一批异体字整理表》为准，字形以《现代汉语通用字表》为准。但是在处理中还存在以下问题：

一是异体字整理表公布的时候没有详细说明，只注了一个拼音，而选用字和异体字之间的关系有上述的四种情况，再加上《辞海》古今兼收，单字义项比较丰富，因而立目时用(一)(二)(三)分项来表示异体字与立目字的关系。[23]如：干(一)(干字本义)；(二)[乾、乹、乾]；(三)[幹]；(四)[榦、幹]。但因为不易掌握，尚有不少疏漏。如花(苍、蘤)一条，共有十四个义项，其实在文献中苍、蘤只有本义的用例，即使从理论上分析，它们也可能产生某些引申义，但有些义项，如(13)耗费、(14)姓，是肯定不能写作苍、蘤的，至于模糊不清、不真实、痘、受的伤等义项似乎也不能写作苍、蘤。又如同(一)[仝]下有七个义项，第(7)义是姓，其实仝既是同姓的俗写，又有其他来源，金女真人夹谷氏汉姓为仝，回、蒙等民族也有仝姓，[24]在姓氏义上不能简单地作为异体处理。

二是规范文件公布后有一些补充和改动，而《辞海》历史悠久，1979 版时已按当时的标准作了规范，包括《辞海》中丰富的古汉语例句的用字也改为了规范字，如果要按新的标准，将一些被淘汰的异体字恢复为规范字，原来已改动的例句无法再复原。因此对前所说的 28 个字没有全部按新规定处理。其中，阪、挫、划早已作了处理，1999 版又将雕(凋)、胳(骼)、剪(翦)、淡(澹)、混(溷)、侥(儌)、诳(誆)、愣(愣)八组字分开，并将䶈、紬、訶、暉、曄、訢六字类推简化，其余均未改动。鎔字也没有按国家语言文字工作委员会应用管理司的《批复》类推为镕。

三是全书中还有一些疏漏存在。如慟、愽、賴、欝、鬱、鹻等字都立目，注明为動(动)、博、賴(赖)、鬱(郁)、鹼(硷)的异体字，[25]但在规范字后漏了括注。

(三)《现代汉语规范字典》

《现代汉语规范字典》以规范化为宗旨，在单字立目时，将规范字与被淘汰的异体字区别开来，把尚未整理的异体字与被淘汰的异体字区别开来，并且对特殊情况有一些特殊的用法。[26]而且它只收《现代汉语通用字表》中的7 000个常用字和一些不冷僻的现代汉语字，处理也比较方便。因而在立目单字的规范化上较前两书做得更好些。但也尚有可商榷的地方。

第一，《规范字典》所谓的特殊情况主要是对 26 字的处理。[27]处理方法是，在原来的规范字后删去括注，将原来被淘汰的异体字类推简化后作为规范字收入，并加注说明在某种情况下仍是异体字。这样处理与文件本身不明确，不易掌握有关。《现代汉语通用字表》发表时是按照笔画编排的，《第一批异体字整理表》发表时是按照音编排的，因此也可以看作收入《通用字表》的字在某种情况下仍是异体字。而且 1986 年重新发布《简化字总表》时，有一条注：雠，用于校雠、雠定、仇雠等，表示仇根、仇敌义时用仇。而其他字没有注。这似乎也可以看作异体字也可类推简化。但是，根据《根据国家语言文字政策法规汇编》，这 26 个字已不作为被淘汰的异体字，似乎不应再作异体字注出。而且前所说选用字与异体字有四种情况，与这 26 字情况相同的还有一些，即都是在某种情况下作为异体字，这些字为什么不在《通用字表》中出现，为什么不类推简化，这是一个不太好回答的问题。《规范字典》对情况相同的字，就因其是否在两表中出现而采取不同的做法，似乎不够妥当。在新恢复的规范字下注明旧有的异体关系还存在，却在原来的规范字下删去异体括注，这也是一个自相矛盾的做法。

第二，在个别字的处理上，《规范字典》也有可商榷的地方。如前所举《辞海》对花字的处理，《规范字典》虽然将耗费义另立字头，姓氏义排除在异体字括注之外，其余义项仍可写作苍、蘤，这样处理仍欠妥当。又如废字后括注的癈字，只作为肢体伤残义的异体字，其实废弃等义也有如此写的，且早在汉代就有用例。

根据对三书的分析，可见立目单字的规范化，还存在很多问题。产生这些问题的一个原因是，国家主管部门下达的文件不够完善，没有详细说明，以至辞书编纂者不能很好地掌握。我认为，只有非常熟悉国家关于语言文字规范化的各种规定，并全面占有文献资料，运用语言文字学的理论，对汉字逐个分析，不仅看到形，而且深入到音、义，不仅看到现在，而且了解古代，才能真正搞清规范字和繁异体字的关系，努力使字/词典立目单字规范化。

附 注

① 语文词典有规范性、描述性两种编法，本文探讨的主要是传统的规范性编法的词典，而不是为研究者提供详尽资料的“有闻必录”的描述性词典。

② 见《汉字整理的昨天和今天》，语文出版社 2000 年版。

③ 历来将“正名”解释为“正名分”，此从马融注“正百事之名”而来，与郑注不同。钱所引郑注，见皇侃义疏所引。清臧庸等也从郑说。

④ 见《隶变研究》附《试论秦国历史上的三次“书同文”》，河北大学出版社 1993 年版。

⑤ 《汉书·艺文志》“《史籀》十五篇”下注：“周宣王时太史，作大篆十五篇。”王国维先生已考证，《史籀》非作于周宣王时，见《史籀篇疏证序》。

⑥ 见《史记·秦始皇本纪》。

⑦ 《颜氏家训·书证篇》虽已提出《说文》“援引经传与今乖者，未之敢从”，顾炎武《日知录·说文》也说“其书所收率多异字，而以今经校之，则《说文》为短”。这是一个很复杂的问题，可进一步讨论。

⑧　见刘又辛《关于整理异体字的设想》,《辞书研究》1980 年 3 期。

⑨　见《魏书·江式传》。

⑩　同注②。

⑪　1985 年国务院决定将中国文字改革委员会改名为国家语言文字工作委员会。

⑫　钱玄同等《减省现行汉字笔画案》,《国语月刊·汉字改革号》。

⑬　规范性字典、词典也可以用繁体字立目,但这只是辅助性条目,解释功能只在规范的主条下出现。

⑭　当时修订工作小组有丁西林、叶圣陶、吕叔湘、林汉达、黎锦熙、魏建功、赵平生七人,丁西林主持小组工作。

⑮　不同的字典、词典立目的要求不同,此就规范性字典、词典而言。

⑯　同异体字指非文改会规定的异体字。

⑰　该书 1996 年 3 月由语文出版社出版。

⑱　曹先擢《关于异体字的两个问题》,《辞书研究》1983 年 2 期。程荣《规范型辞书的异体字处理问题》,收入她的论文集《字·词·词典》,上海辞书出版社,2001 年 7 月。

⑲　正体字应该指规范字,但也有看法是指公认的通行字。

⑳　《辞海》虽然是综合性词典,但因收有大量语词,且以单字领属语汇,故也列举于此。

㉑　《小谈异体字的处理》,《辞书研究》1984 年 6 期。

㉒　张相《诗词曲语词汇释》:"鬭,犹引也。与逗通。"

㉓　分项还包括不同的音项。

㉔　见袁义达、杜若甫《中国姓氏大辞典》。

㉕　《辞海》繁异体字皆立目,不解释,作为参见条。

㉖　见程荣《规范型辞书的异体字处理问题》,收入她的论文集《字·词·词典》,上海辞书出版社,2001 年 7 月。

㉗　即前 28 字中除阪、挫外的 26 字。

论面向市场的辞书修订

李　建　国

中国社会正在完成由社会主义的计划经济向市场经济转轨，至少在经济领域里，无疑是一场颇具根本性的变革。别的姑置不论，仅就市场供需双方角色的转换而言，就发生了主仆易位、乾坤倒转般的变化。计划经济主要依靠政府行为，一切按计划进行，供方只管产品（包括人才的使用）的生产供应，产品的销售是不必预计的；需方则只能在计划生产的范围内按规定购求商品，自主选择十分有限。市场经济则不然，虽说依然有政府的宏观调控行为，但是起主导作用的是商品市场自身运行的机制：供方必须根据市场需求生产商品，产品销售是企业管理的首务，否则就要影响到企业的生存和发展；需方则完全按照自己的实际需要，自主地选购物美价廉的商品。这样一来，就由原先的卖方市场变成如今的买方市场，供需双方也就从我生产什么你就买什么，变为你要什么我就生产什么。社会发展终归不以个人意志为转移，市场的供需双方终于回归自我：需方恢复了原本是“上帝”的角色，供方则是为“上帝”服务的“仆人”。一切商品均需“上帝”的检验，顺之者昌，逆之者亡，已是不争的事实。图书也是商品，概无例外地要遭遇变动不居的市场。出版者无法回避“上帝”的好恶取舍，只能不失时宜地整合自己的产销策略，主动迎合需方的意愿，才能保证应有的市场份额。

在图书市场中，辞书一向被视为稳定、长销、效益颇佳的品种，尤其是一些品牌辞书，由于是计划经济时期国家投入人力物力的结果，在很长一段时间内，又处于独家经营的地位，出版者是不愁其销路的。但是，曾几何时，时代变了，市场机制变了，供需双方的地位变了，老店名牌辞书面对越来越多的新店杂牌辞书的挑战。这真是“三十年河东，三十年河西”，世事沧桑，教人无可奈何。在商品经济大潮的涌动中，品牌辞书的出版者不得不考虑自身的出路。出路只有一条，就是坚持“发展是硬道理”，走改革创新之路。面对日新月异的图书市场，只有不失时宜地修订已有的品牌辞书，不断推出具有时代特色的新的优质辞书，才能在激烈的市场竞争中立于不败之地。同时要清醒地认识到，由于辞书是累积式地传承语言文化的载体，它追求的是善兼美具的理想境界，所以修订工作与语言发展和社会需求相比，永远是滞后的，并且是一个永无止境的过程。

一　信息时代的语言变化和辞书修订的尴尬

自20世纪60年代以后，以电子技术为代表的高新技术的发展，引发了史无前例的深刻的产业革命，世界由此进入信息时代。信息时代就事物的发展而言，真可谓日新月异、瞬息万变。经济的全球化、一体化，政治、文化的多元化，以及科学技术的飞速发展，推动了社会的空前进步。比起历史上任何一个时代，当今世界的发展都是无与伦比的。封闭的自然经济的农业时代不必说，就连开放的工业化、后工业化时代也相形见绌，不堪与如今同日而语。信息时代是一个高度开放的时代，计算机网络化几乎使知识的封闭成为徒劳，相反，经由法律的保证，知识的同享共用则越来越变得现实。在这个高度开放的时代里，知识的更新快（纵向的时间的），信息的传播快（横向的空间的）；而这种超越时空、高速高效的特点又决定了信息的主要载体语言文字，尤其是它的词语更迭变化、推陈出新也快。语言的快速变化主要表现为：

一是词语的纵向更新快，旧词迅速消亡和新词大量产生。例如我国改革开放以来，计划经济时期的词语，诸如“粮票、工分、下放、蹲点、公社、一平二调、又红又专、思想改造”等等就已退出交际领域，而如“反思、理念、创意、社区、特区、保鲜、举措、打造、打磨、磨合、商机、热卖、拉动、双赢、完胜、同比”等等则大批涌现。

二是词义的纵向转换和横向扩大快。旧词重新起用，注入新的内容，即旧瓶装新酒，产生新义项；而新的义项又快速横向渗透扩大，构成新词新义，使用开来。如“小姐”一词，旧已有之，指身份高贵的未婚女子，受政治的影响，内地多年不用；改革开放后它又进入社交，但词义有变，几为一切年轻职业女性的通称；并由此迅速扩展开来，产生了诸如“空姐”、“迪姐”、“吧姐”等新词、新义和新用法。又如“炒”一词，原为烹调方法的一种，现至少增加了两个新义项：①反复制作，扩大影响，如“炒地皮、炒股、炒红”；②解雇，“炒鱿鱼”的简缩，如“他被老板炒了”。

三是新词的横向扩大和通行共用快。由于中外文化、地域文化、民族文化、宗教文化以及行业文化的快速交汇渗透，使原本某一领域的新词新语很快社会化。如“同步”一词，原为科技术语，如“同步卫星”，指两个或两个以上随时间变化的量在变化过程中保持一定的相对关系。后很快被各行各业使用，从而进入普通语词中，词义扩大为指互相关联的事物协调一致地进行，如“同步增长”、“同步进行”、“同步练习”、“同步导学”等等。又如“克隆”一词，本为生物科学术语，因其形象生动，也很快进入社会语文生活中，并赋予“仿造、抄袭”等新义项。

这些变化说明，信息时代的语言文字，作为新时代人类文化的载体和表征，它记录和传承人类文明和社会发展，忠实、快速、高效地为人际的交往和信息的传播服务着。

世界进入信息时代后，多元的社会文化，求新求异的心理认同和丰富多彩的审美志趣，种种因素决定了当今的图书市场比以往更为风云多变，动态性更强。就以人生教育来说，从胎教开始，然后是低幼、学前教育，接着是学校教育，然后是继续教育，老年教育乃至死亡教育，贯穿人的终生。随着时间推移，人生阅历的变化，需要不断学习各种各样的知识，对精神食粮的图书的需求是伴同社会发展、文明进步不断更新的。这就要求图书市场要不断增加新品种，包括辞书在内的品牌图书也要不断修订。

一般说来，普通图书的修订注重在理论观点的更新，内容的匡正和增损，与市场的需求是一致的。理论上说来，辞书的修订也应如此。但是实际上，辞书的修订，特别是语文辞书的修订往往滞后于市场的需求，并总处在十分尴尬的境地：一方面，语文辞书具有积累和传播语言文化的功能，它记录学术文化的既有成果，内容必须是社会的共识，因而要保持相对稳定；另一方面，它以收集、选录和解释语词为主要任务，读者需要辞书能及时反映社会语文生活的实际，解难释惑，以求其实用。于是以往辞书修订所追求的稳定性与社会需求的实用性形成矛盾，传统的“十年磨一剑”式的修订观遭遇困惑。此其一。计划经济时，语言的变化相对缓慢，语文辞书强调语言的静态规范或为可能，而市场经济时期语言变化快，于是以往对语言规范性的要求与现实语言的变异性形成矛盾，传统的追求语言纯洁的规范观遭遇困惑。此其二。语文辞书以帮助读者正确理解和使用语言文字为主旨，以往注重语文基本功，强调专用性，靠查语文辞书，则无师自通，语言文字的问题似乎解决了。但是随着信息化时代的到来，学科的交叉、行业的兴替、知识的融会贯通，以及由此造成的词语的迅速渗透，原来辞书的专用性与读者要求的通用性构成矛盾，传统的追求辞书“无言之师”的功能观遭遇困惑。此其三。辞书要适应时代的进步和社会的需求，面向动态的图书市场，其修订工作必须冲出上述三种困惑，正视上述三种矛盾并妥善解决。

二　辞书的编纂必须有利于辞书的修订

自《康熙字典》总结性地提出字典的“善兼美具”的标准后，辞书编纂工作有了自觉的追求目标。但是任何的“善兼美具”都只是相对的。典者，法则之谓也。法则具有一定的时效性，此一时彼一时也。随着时间的推移，词典既可为典要又不可为典要：因为词典记录语言文化中最稳定最科学的部分，具有一定的“辨章学术，考竟源流”的作用，故其能为典要；但语言文化又是不断发展变化的，词典需与时俱进，不断更新，故其旧的内容法则在变化了的新的时期又不可为典要。追求辞书的“善兼美具”是辞书编纂者永远的梦想，要使美梦成真，就需不断修订和创新。

语言是一个开放系统，就一定意义上说，辞书编纂和修订是对语言及其研究成果的总结和传承。既然语言是一个开放的变化不止的流，辞书编纂和修订就要适应它的特点和规律，引入弹性的原则和机制，分别品位，增长事类，从辞书开始编纂之日起，就应为其修订做准备。换句话说，编纂和修订是一而二和二而一的事，不可仅守一端，不及其他。

就宏观而言，系列辞书的构筑既要注意各部辞书彼此间的相对独立，又要注意相互交叉和衔接，给修订工作——吐故纳新、匡谬正误以可操作的空间。比如基础教育教学用的学生辞书系列，受学制和课程分工的限制，既有小学、初中、高中阶段之分，又有语文、历史、地理、哲学乃至生物、化学、物理、数学等学科之别，它们既有纵向的联系，又有横向的关照；既相独立，又相衔接。教学辞书就要充分考虑这种相分相合的情况，设立一个中介地带，收词可以有所重复和交叉，释义可以详略各有侧重。这样不但能适应基础教育阶段小学与中学、文科与理科教学的需要，而且能随同课程标准的调整，自主地进行辞书的修订，并且常修常新。

就微观而言，一本辞书的收条、释义、注音、举证等及其编排，要有正篇和副篇、正文和附录、主条和副条等的主次先后、轻重详略之分，力求辞书整体的平衡和协调。但是一本辞书的平衡和协调是暂时的和相对的，语言的发展和社会的需求很快会突破它。为此，在辞书编纂之初，就要留有余地，为修订时的重新整合和实现新的平衡创造条件。比如以往辞书的收条，特别是语文辞书的收条，强调语文的规范性，恪守宁缺勿滥的原则，非语词不收。但是哪些是语词，哪些是非语词，并无科学的量化分析，不过凭编纂者个人的主观感悟，见仁见智而已。在信息化的今天，如前所述，语言文化的交融渗透空前迅速，语文辞书还恪守"宁缺勿滥"的收条原则，似可待参。笔者以为，为了辞书的通用性和实用性，也给辞书的修订和再修订留有余地，与其"宁缺勿滥"，不如"宁滥勿缺"。何以如此？原因很简单：宁缺勿滥，严则严矣，但词有失收之虑，读者有失望之叹，辞书的实用价值有可能大打折扣；宁滥勿缺，有词备用，虽有鱼龙混杂之嫌，但词无漏略之失，读者能获不虞之喜，辞书的实用价值大增，社会效益、经济效益俱佳。就辞书建设而言，这样做还可通过社会实践的检验，为辞书的再修订提供参考，是一种开放的动态的收词原则。当然“宁滥勿缺”之“滥”，不是某些欺世盗名之徒的肆意拼凑和随意揽入，而是经过研究，在取舍可否之间适当放宽尺度，以适应语言发展规律和图书市场的需要。总之，辞书的编纂和修订工作应以发展的实践的理念统率之，编纂和修订要通盘考虑，全面关照。

三　辞书修订是一个过程，创新是辞书的生命

辞书修订既然滞后于编纂工作，那么它注定是一个永无止境、不断深化、不断提高的过程。这是不言而喻的。要完成这个过程，追寻辞书“善兼美具”的理想境界，编纂者首先要不断提高自身的文化素养，努力做专业学科的行家里手，并博学于文，兼具百科。这是修订工作的基础和首务。进入21世纪以后，面对知识更新和市场需求变化，辞书修订工作者要与时俱进，站在时代的前沿，以面向世界，面向未来，面向现代化的学术眼光，充分关注、学习并吸纳最新学术研究成果，以代表最先进的学术文化。以语文辞书的修订来说，除了常规性地关注汉语史的研究外，要特别关注中古汉语研究。中古汉语承上启下，是汉语发展的历史转折，研究工作意义重大。就笔者所见，虽然比起上古、近代和现代汉语研究来说，中古汉语研究起步晚，时间短，可资借鉴的成果少，参与研究者也不多，但是在短短二十多年中，它异军突起，成绩斐然可观。尤其是中古汉语词汇的研究，呈现出共时研究与历时研究相结合，纵横

交错，全方位推进的势头。其中不仅有书面词语的研究，而且有口语词语的研究；不仅有普通词语的研究，而且有佛教等专门词语的研究；不仅注意词语及其义项、书证的拾遗补缺，而且更探求基本词语的渊源流变。这种研究对语文辞书，无论是考释型的还是描写型的抑或是规范型的辞书，意义重大，辞书修订当不失时宜地将其研究成果吸纳进来，使新版语文辞书居于同类辞书的领先地位。笔者认为，辞书修订固然永远滞后于语言的发展和社会的需求，但是辞书的修订者并非无所作为，通过先进的编纂手段和方法，缩小辞书滞后的差距，减少供需的矛盾，还是可以做到的。

其次，辞书修订要注意“硬件”的科学性和“软件”的创新性，两者的最佳结合，才能保证辞书修订的高质量。笔者所说的“硬件”的科学性，主要指知识信息等内容方面的密集度和精确度。科学性高，实用性必强。比如面向全社会使用的现代汉语辞书，其收字如按照国际标准 LSO－10646，即国家标准 GB－13000 所含 20 902个汉字字形，及 LSO－10646.1 所含 FE40—FEA4 等 101 个汉字字形，每个字形后再标注区位码，与计算机应用相结合，那么它的实用性就会大增，就不拘于国内图书市场，在国际图书市场上也会占有一定份额。笔者所说的“软件”的创新性，主要指编纂方法、技艺等形式方面的新颖和巧妙。形式新巧，易于使用，查阅率高，自然受读者欢迎。这方面既要不断改进以往的编纂工艺，还要注意借鉴国外辞书编纂的技巧，为信息时代更新的内容服务。

再次，辞书修订要注意宏观布局的合理性和微观部件的准确性，两者的有机结合，才能保证辞书的高品位。根据辞书存在的问题，修订方案当然越细越好。但实际上一次修订不可能解决所有问题，所以在总体上要分清轻重主次，详略缓急，做到布局合理，操作有序。在具体部件上，不改则已，改必要好。由于辞书一般篇幅较大，参与修订者人员众多，修订条例制定后，修订者要严格遵从，力戒师心自用，各行其是。这一点至关重要。否则自以为是，既不能保证全书统一的风格，也不会有辞书的高质量。

最后，辞书编纂者要追踪市场，重视市场信息反馈，根据读者的需要，不断美化形式，更新内容，不失时机地进行调整，使辞书常修常新，真正成为读者必备的“无言之师”。由于市场经济时期图书要面向市场，辞书编纂者已从单一的编辑型转向编辑经营型，责、权、利相一致，不但要编好书，而且要顾及辞书的社会效益和经济效益，所以辞书修订要密切关注市场，收集信息，改进工作。修订就是除旧布新，就是匡谬补正，所以创新是辞书修订的生命。只有面向市场，面向读者，才有不竭的创新资源。从某种意义上说，前一次辞书修订的结束，正是后一次修订的开始。前后相因相成，推陈出新，循环无尽，辞书的质量由此才会螺旋式上升。品牌辞书所以生生不息，占据长远的图书市场，其因盖在于此。

辞书的修订和增收新词语

刘 一 玲

一

为了更好地反映语言的面貌，特别是词汇的发展变化，满足社会需要，辞书都要适时地加以修订。辞书修订过程中一项重要的工作就是增收新词语。

二十年来，汉语新词语大批涌现，涉及生活领域和学科范围广泛，词语的来源和构成形式也多种多样。新词新语新用法的整理和研究以及各种新词语词典的编写出版，特别是编年体新词语集的资料显示，这些年新词新语总数已近万，如果多计算一些专科类新词语，数量还会增大。修订词典如何对这些新词语进行选择吸收，选收哪些，数量多少，不同的词典具体情况不同。这里主要根据《现代汉语词典》修订本（中国社会科学院语言研究所词典编辑室编，商务印书馆，1996。以下简称《现汉》）、《应用汉语词典》（商务印书馆辞书研究中心编，商务印书馆，2000。以下简称《应用》）和《新华词典》修订版（商务印书馆辞书研究中心编，商务印书馆，2001。以下简称《新华》）三部词典增收新词语的情况谈几点认识。

二

《现汉》、《应用》和《新华》都是中型的语文词典，收词5万左右。但三部词典的编写宗旨和功能是有所不同的。《现汉》是以收录普通话语汇为主，为推广普通话和促进汉语规范化服务为目的的语文词典。(《现汉》前言)《现汉》收词以语文性词语为主，包括常见的方言词语和常见的文言词语等，还收录了一些习见的专门术语。专科性词语在《现汉》中修订前比例为全书的27%，修订后为19%。[①]《应用》则是以应用为目的的，实用性较强的语文词典。它通过挖掘各类词语的具体用法或特殊含义突出语用特色，通过揭示词语的文化内涵突出文化特色，同时注意反映现代生活，突出时代特色。试图多角度、多层次地为学习和使用汉语服务。(《应用》前言)《应用》以语文性词语为主，其中成语、俗语、惯用语等熟语，文言词语和方言词语等比《现汉》稍多一些，《应用》还特别注意收录了一些文化含义丰富的词语，而专科性词语比例则少于《现汉》，约为全书的10%。《新华》是一部语文、百科兼收的词典，收词比较注重书面语词汇，百科条目的比例明显大于上述两部词典，这是《新华》作为常用工具书的查考功能所需要的。《新华》百科词语修订前比例为全书30%，修订后达到50%。(《新华》前言)

根据编写宗旨、收词范围以及功能特点等的不同，这三部词典在增收新词语时宽严尺度是有差别的。

新词新义是陆续产生的，一部新词语词典所收录的新词语实际上是有层级的(当然这是一个尚需要深入调查和研究的问题)，它们的稳定性和通行性都是相对而言的，其中很多是广泛通行的，但也有新近出现可能仍然在变动的，甚至有的存活期很短。有些词语，如“待业、万元户、地方粮票、倒爷、菜篮子、小姐、大哥大、面的”等就在不长的十几年、几年的时间里头，意思、用法或附加色彩等也已经多多少少发生了变化。《现汉》的规范性特点决定了它增选新词不能太宽，而应当是审慎严格的。它关注的是那些经过时间考验证明已经站住脚的新词，[②] 如“巴士、彩电、快餐、家电、离休、歌星、减肥、保鲜、代沟、精品、水货、脱贫、健美、反思、热点、举措、心态、构想、导向、大款、卡拉 OK”等。而如“灰色收入、万元户、面的、大哥大、超生、休闲食品、宰客、的哥、打拐、烟民、氧吧、治贫、低迷、拉郎配、官本位、茶文化、荒漠化、触电（新义）、拉动（新义）、酷（新义）”等，或由于只使用了一段时间，或由于使用范围有限，或由于方言色彩过重，或由于出现时间较短尚需检验，甚至由于社会争议较大尚待观察，因而这些新词语或新义被看作稳定和通行程度不够而暂未列入《现汉》1996 修订本。修订本《现汉》增收词语9 000条，其中真正意义的新词新义并不是很多。[③]可见《现汉》对新词新义是严格选录的，是有层次地选取那些稳妥的部分。对于专科词语，根据《现汉》是一部语文性规范词典的性质和要求，以及当前各种专科词典大量出版的实际情况，《现汉》不可能也不必要收得太多。[④]因此专科性新词语也主要是选收那些常见的，反映新事物、新思想、新观念，与社会生活密切相关的部分，体现规范性和实用性，如“安乐死、信用卡、市场经济、股份制、三角债、特区、社区、融资、第三人、微机、计算机病毒、基因工程、数字通信、人工智能、生态平衡、生物圈”等。

《应用》强调帮助读者学习和使用语言，了解历史和文化。它把鲜活、自然，富有时代气息的汉语新词语也视为了解和学习汉语及其文化的重要内容之一，客观、积极，同时也是选择性地向学习和使用者进行介绍和推荐，选词更着眼于语言实际而不以稳定与否作为绝对衡量标准。因此它比较广泛地选收了近二十年来出现在汉语当中的新词新语新用法约5 000条。如以上所举《现汉》收录的“巴士、减肥、代沟”等，《应用》全都收录，《现汉》修订本暂未收录的如“烟民、面的、超生、灰色收入”等《应用》也大都收录了，其中有的可以说是流行性的词语。而且由于《应用》设置了一些特殊的实用性项目，对所收录的像“反思、构想、大款、大腕”等词还进行了近义词辨析：“反思和反省”、“构思和构想”、“大亨、大款和大腕”，以期指导应用。“茶文化、荒漠化”等条还设立方框“茶文化代表作”、“防治荒漠化公约”，介绍与茶文化有关的文化历史知识，介绍“荒漠化”这一说法产生的有关背景资料等。《应用》所收的新词语贴近现代生活，贴近汉语言实际，是丰满的，也是适应读者需要，具有实用价值的。

《新华》的功能和收词类型明显不同于上述两部词典。修订本增补新词语以百科新词为重点。这主要基于两点考虑。首先，随着科学技术的迅速发展和社会的进步，汉语也像很多语言一样，百科新词语激增，并对社会生活产生很强的渗透性。不少专科词语还新增了语文意义，甚至一些词刚出现不久就有了比喻用法，如“安乐死、备份、菜单、套牢、平台、克隆”等。这是汉语词汇近些年来的特点之一，词典应当适时反映这一情况。其次，科学的普及使越来越多的读者科学观念、知识结构，甚至读书兴趣都发生着改变，因此他们也有更新更多样复杂的查检需要。《新华》要更好地适应时代的要求，就要在原有特色的基础上更加突出时代性，增大知识含量。修订版大量增收的百科新条目较好地体现了科学技术的新发展和时代特点。特别是那些新成果多、对社会生活产生重大影响的领域和新兴学科的新条目给读者面目一新之感。例如信息科学的有“磁卡、电子货币、电子商务、多媒体、光通信、互联网、数字电视、信息高速公路、搜索引擎、生物芯片、虚拟现实”等，环境科学的有“濒危物种、断流、二次污染、环境壁垒、环境激素、环境权、绿色食品、沙尘暴、可吸入颗粒物、生物多样性、酸雾、太空垃圾、温室效应”等，法律学的有“不正当竞争、单位犯罪、法律援助、诽谤罪、公证遗嘱、名誉权、他物权、协议离婚、行贿罪”等，经济学的有“按揭、法人股、二板市场、贸易壁垒、避税、红筹股、失业保险、银团、涨停板、纳税人”等，军事科学的有“导弹防御系统、电子战、高技术战争、环境战、激光制导、军备竞赛、全球定位系统”等，医学的有“艾滋病、非处方药、激光刀、临终关怀、亲子鉴定、脑死亡、透析、精子库”等，生物科学的有“基因工程、克隆、微量元素、遗传工程、遗传密码、转基因技术、富营养化、自然保护区”等，建筑学的有“安居工程、居住空间、生态建筑、卫星城、裙房、商住楼、老年公寓、无障碍设计”等。对语文新词语，修订版《新华》根据原本的收词原则，比较侧重选收新词当中较多见于书面语的，以增强其查考性，如“案值、被动吸烟、不争、残障、层面、炒作、创意、非礼、峰会、共识、构建、涵盖、花季、积淀、拉动、另类、内需、前瞻、取向、社情、双赢、调适、诱因、原创、在建、择业、滞后、主创、做爱”等。共约七八百条。而《现汉》、《应用》都收列了的如“菜篮子(新义)、电饭锅、方便面”等较为常用的新词新义《新华》则不必收入。

此外，这三部词典还都特别注意了西文字母词语。含西文字母词语的较多出现和使用，也是这些年汉语词汇中的一个新现象。如“AA 制、B 超、CPU、CT、ISO、MTV、OA、SOS、TV、UFO、VCD、X 光”等，其中大多为专科性的借词或英语缩略语。这种现象透露出人们对外来新事物和新文化某种程度上的认同，也透露出语言间相互学习的情况。词典能够对常见常用者加以收录，注明其确切来源和词义，是从语言实际出发的考虑，是非常必要和及时的。《现汉》修订本将西文字母开头的词语作为附录，共收包括以上所举共39条。《应用》酌收“AA制、B超”等数条排在正文相应字母条目的最前面。修订版《新华》则更多地收录了这类新词语，排在正文末尾，除以上所举之外，还有如常见的“A股、AIDS、B股、CEO、E-mail、fax、GDP、GNP、GPS、GRE、IC卡、internet、Internet、IP卡、IT产业、MBA、NMD、OPEC、WTO、WWW”等，共87条。

三

词典的增收新词语不仅仅体现在立目上。新义项、新用法以及新用例的增加也是非常重要的。例如“同步”，科学技术上指两个或两个以上随时间变化的量在变化过程中保持一定的相对关系。新义又泛指互相关联的事物协调一致地进行，如“实现产值、利润和财政收入同步增长”，“住宅建设应与教育设施建设同步进行”。“内耗”，原指机器或其他装置本身所消耗的没有对外做功的能量。新义又比喻团体内部人与人或部门与部门之间闹矛盾，造成人力、物力无谓损失的现象，如“理顺内部体制，在各个环节明确责、权、利，减少内耗”。这两个引申义修订本《现汉》、《应用》和修订版《新华》均收立了义项。又如“炒”，在本来的烹调方法义外又增加了①不断倒买倒卖，从中获利，如炒地皮、炒股等；②反复报道鼓吹，以扩大影响制造轰动效应，如“这个演员就是靠媒体炒红的”；③解雇，如“他不久前刚被老板炒了”。《应用》三个义项全部收立，修订本《现汉》增收①③，修订版《新华》增收①②。

对一些未及立项或不予立项的新用法，一些含义、用法有所变化的词语，采取补充说明、调整释义，并增举新用例的做法。例如"台阶"，修订本《现汉》在原释义后标注"◇"，举新例"改进管理方法之后，该厂生产跃上了新台阶"，表示比喻用法。"赞助"，修订本《现汉》在原释义后又括注"现多指拿出财物帮助"，并更新例句"赞助单位|这笔奖金全部用来赞助农村教育事业"。修订版《新华》也补充括注"用财物"。"激活"，《应用》在"刺激有机体内某种物质，使更好发挥作用"释义后又补充说明"也用于比喻:激活市场"。尤其是某些词的构词能力有增强的趋势，增补其新用法还有助于揭示汉语的构词规律，扩大词汇信息。如"热"，修订本《现汉》在原有八个义项基础上又增加了一个义项:"加在名词、动词或词组后，表示形成的某种热潮:足球热|旅游热|自学热。""族"，《应用》的第四个义项为"比喻具有共同特点的某一类人:追星族|上班族"。

这些新义项、新用法的增补，增强了词义的系统性，也更全面地反映了汉语词汇的新面貌。由此可见，词典的修订增新是全方位的，系统性的。

四

修订辞书吸收新词的工作是以大量新词语料的积累和新词新语新用法的研究为基础的。及时记录新词语的最初来源、产生背景、用法用例等，是确立一个新词并准确释义的可靠保证。可以认为，从基础语料到编年体新词语集，到多年本新词语词典，到各种中型的现代汉语词典，是一个系统、有机的过程。基础工作做细做好了，这个过程才不会"断流"。

新词语从使用情况考察，是有层级的，也是有品位差别的。[5]

大量语料基础上的频率统计和分类处理及研究，或许可以大致显示这些方面的情况。这样的基础性工作可以为不同类型和要求的词典提供不同层级的新词新语新用法材料。它应当受到词典编纂者和修订工作者的足够重视。从以上辞书增新的具体实践来看，一部中型的现代汉语词典，增收新词语绝不是越多越好，它必须是根据词典特有的性质和要求有选择地决定取舍。“尽收”[6]几十年来出现的新词新语，不应当是一部中型语文词典的任务，而当“尽收”之间又夹带了一些滥收，就更不是科学严肃的做法了；况且事实上，尽收也是不可能的。

辞书根据不同的性质，其修订周期也是有所不同的[7]，修订者应当认识和遵循其中的规律，及时修订增新。以适应需要、指导使用为特色的如《应用汉语词典》，以新知识密集、查考性强为特色的如《新华词典》，其修订周期应当是比规范型词典的更短，才能更好地达到它们的目的。修订周期的缩短也将会给辞书的编纂和修订者提出更高的要求。要在不太长的时间内判断某些新词语在语言中是否已稳定或通行不是那么容易的事。对有些一时把握不准的，宽一点可能收了，严一点可能不收，当中难免有失当之处。但无论收或不收，词典的编纂和修订工作者都应当以对语言和对读者负责的态度对它们加以记录，以备下次修订重新审视，做出更恰当的处理。

辞书修订是长期的工作，我们应当有充盈的家底，有明晰的账目。

附　注

① 李志江等《〈现汉〉科技条目的修订》，《辞书研究》1997 年 1 期。

董琨《〈现汉〉哲社条目修订的构想和实践》,《辞书研究》1997 年 1 期。

② 晁继周《〈现汉〉修订的重要出发点》,《辞书研究》1997 年 1 期。

③ 周洪波《语文词典收词中的观念更新问题》,《世纪之交的中国应用语言学研究》,华语教学出版社,1999。

④ 韩敬体《〈现代汉语词典〉修订工作概述》,《辞书研究》1997 年 1 期。

⑤ 孙述学《新词语的品位》(社会科学院研究生院语用系硕士研究生毕业论文)。

⑥ 王同亿《新世纪现代汉语词典》前言,京华出版社,2001。

⑦ 张万起《谈词书的修订问题——从〈现代汉语词典〉修订本出版谈起》,《中国辞书论集 1997》,商务印书馆,1999。

新词词典编纂中的几个问题

盛　林

这些年来，新词新义以极快的速度产生着，每年都有成百上千的新词新义出现。与此相适应，就出现了一批新词词典。

新词词典能够较好地记录语言中的新内容，及时地反映语言的新变化，解决新形势下人们在言语交际中碰到的新问题。

可以这么说，新词词典在人们的言语生活中起着非常重要的作用，它是普通的大型语词词典的一个有机补充，一股新鲜血液，一个活水源头。新词词典填补了一般语词词典与实际语言生活之间的大段空白，解决了一般语词词典为了保证其权威性、规范性而大大地滞后于语言生活的问题。

正因为新词词典肩负着如此重要的使命，它不只应该具有实用性，能解决人们语言生活中的实际问题，而且应该是大中型的语文词典的后备军，有一定的学术价值和理论价值。因此我们在新词词典的编纂中不能敷衍塞责，草草了事，而应字斟句酌，从严把关。笔者根据对一些新词词典的了解，觉得新词词典的编纂中还有下面这几个方面的问题需要解决。

一　对新词和新义的处理

新词和新义（本文中特指旧词新义）是两个不同的概念。应该在立目和释义上体现出来，区别对待。

新词指产生了新词形的词，或指用旧有词形来表示与原有词义完全不同的语义的词。如“丁克、克隆、黑客、拷贝、彩电、空调”等都是全新的词形，当然是新词；而像“猫（指调制调节器）、绿色（指无环境污染的）、触电（指进入电影、电视界）”等词是用旧有词形，但其词义与原有词语的词义风马牛不相及，这也是一种新词。后一种新词与原有词语只是正好词形相同而已，语义毫无关联，新旧词之间构成同音同形关系，是同音同形词，本文中简称为同形词。

新义（旧词新义）是指旧词的词义发生语义运动、在原有词义基础上产生的相近的语义。如“投入、老化、污染”是原有词义的扩大，“南下、第三者、顶替”是原有词义的缩小，“跳槽、红眼病、菜篮子”是原有语义的转移。这些后起的新义都与原有词义有着密切的关系，是原有语义的延伸，和原有的语义属于同一个语义板块，属于同一个义位。所谓新义实际上只是原有词语的一个新的义项而已。

但是新词和新义这两个概念，在绝大多数新词词典中都是被有意回避和模糊的，它们或者避而不谈二者的区别，或者在前言中就宣称本词典将把两者混同对待。这样做，编者也许有不得已的苦衷，但却不够科学，会产生一些不好的后果。

从理论上来说，把新词和新义同等对待是行不通的。新词和新义都是语言演变的结果，但处于不同的层次。新词是产生新的音义结合体，有词汇新成员的产生，是根本性的质变。新义只是在原有音义结合体的基础上语义向外扩展，产生一个新的语义变体而已；没有词汇新成员的产生，是量变。这两个不同层次的东西不能在词典上以平等的身份出现。所以现在的新词词典以不加区别的条目形式标注新词和新义是不妥当的。而且作为词典，其收录对象应该是词，而不是义项，如果把新的义项作为一级收录对象，列为条目，也是于理不通的。

从运用上来说，不区分二者虽然给编写者减少了很多麻烦，但也带来很多负面影响。

首先，这样做会混淆词义和义项之间的差别，对读者起到误导作用。因为新词词典如果把出现新义项的旧词都作为一个新词词条列出，实际上就是把新义项当成新词，就是把义项当成词，就是否定多义词的存在。这种结果当然是与词汇学的研究结果相违背的，是不科学的，会误导读者。

其次，这样做会弄乱新词与旧词、新义项与旧义项之间的联系，不利于人们清楚地认识语词系统及其发展演变。人们看新词词典常会产生这样的疑惑："猫、菜、强人、教头、下海、感冒、触电"也是新词吗？这些词好像早就有了。而像"跳槽、错位、三栖、老化、反馈、炒、火"等词的新语义又是怎么产生的？从何而来？以什么方式产生？所以我们不但要区分新词和新义，对新词中有和旧词同形的还要特别交代清楚，对新义项产生的来源也要交代清楚。我们认为对新旧同形词的释义方式宜为：

猫：调制调节器。英语为 modem。与原有词"猫（一种动物）"是同形词。

触电：进入电影电视界。与原有词"触电（人或动物接触较强的电流）"是同形词。对新义项的释义方式宜为：

* 跳槽：原指牲口离开所在槽头到别的槽头去吃食，现喻指转换工作岗位。

*　三栖：原仅指动物可以在海、陆、空三种环境中生存，现也
　　　可喻指演艺人员同时在影、视、歌坛三个领域发展。

（这儿我们用前加*号的方式区别义项与词语，编词典时可随意选用一符号区别两者。）

这样一来，新词与旧词之间的同形关系，以及新义项与原有义项之间的关系，就让人一目了然了。在笔者所见到的新词词典中，只有诸丞亮、刘淑贤、田淑娟编著的《现代汉语新词新语新义词典》在这方面做出了尝试。

当然，这样做在操作的时候会遇到一些困难，尤其是如何区分同形词与新义项的问题。当一个词形有了一个新的语义的时候，如何判断它标志着一个新词的产生还是一个新义项的产生？我们的标准是看新旧语义之间有没有关系，有没有源生关系和联想关联。有，就是新义项；没有，就是新词。说得学究一点，新词产生了新的音义结合体，新义只在原音义结合体的语义板块中产生了新的变体。关于二者的区别，请参见拙文《“位”概念与新词新义的确认》（《南京大学中文学报》，1998年）。

二　对近似词的语言单位的处理

近似于词的语言单位实际上包括两大类：一是小于词的不成词语素（含词根、词缀），一是大于词的短语。对这两类不同的语言单位，我们的意见是应采取不同的处理方式：加强对词根、词缀的归纳和收录；加强对短语的拆分，从严控制对短语的收录。

（一）加强对词根、词缀的归纳和收录

我们所说的加强对词根、词缀的归纳和收录，并不是针对一切的词根和词缀，那样做对于一部大型的普通语文词典都不合适，对

于一部新词词典就更不合适了;我们所说的加强对词根词缀的归纳和收录,主要是针对那些构成新词能力较强、意义相对比较稳定的词根和词缀。这样做可以使新词词典的释义更加简明扼要,言简意赅;这样做也可以以一当十,减少新词词典的收词量。

比如有一部新词词典收有“土电影、土教材、土教具、土化肥、土农药、土政策、土八路”等词条,我们感觉就不太合适,太繁琐太松散。难道每出现一个什么“土”的东西,就要列一个相应的词条?如再出现什么“土电脑、土空调、土电话、土焖烧锅”等,都要列一词条,那这一部词典将会无限膨胀。所以我们认为不如概括起来,只列一个条目“土_”,释为“非正规、非正式的、民间的”就行了,再在后面的例释中加上“如有土电影、土教材、土教具、土化肥、土农药、土政策、土八路”就更清楚了。

与“土_”相似的还有:

软_:指非物质的或非常规的、与科技、管理相关的。如软环境、软投入、软科学、软设备、软技术、软武器、软医学

硬_:物质的或常规的,与“软”相对。如硬环境、硬科学

高_:具有相对而言较大、快、好、多……的性质。如高效益、高蛋白、高污染、高竞争、高风险、高格调、高收入

低_:具有相对而言较小、慢、差、少……的性质。如低效益、低蛋白、低污染、低风险、低速度、低品质、低收入

超_:超过一般标准或规定标准的。如超水平、超高、超低、超前、超标准、超音速、超一流、超现实

上面这些都是出现在词头位置的词缀和准词缀,还有出现在词尾位置的词缀和准词缀,如:

_族:……的一类人。如工薪族、上班族、追星族、哈韩族、打

工族、私车族、高薪族、红唇族、推销族

_化：使变得……。如亮化、绿化、丑化、量化、自动化、年轻化、随意化、格式化

_霸：蛮横无理、仗着某一方面的权势或优势欺压人的人或单位。如电霸、水霸、路霸、血霸、房霸、鱼霸、车霸、油霸、煤霸、钢霸、菜霸

_吧：以某一方面为主题的营业性公共场所。如：网吧、茶吧、书吧、氧吧、咖啡吧、琴吧、聊天吧、陶吧、迪吧

_嫂：从事某一职业的中年女性。如空嫂、纺嫂、邮嫂、房嫂[注意：这个意义的词缀"_嫂"也可能产生潜词"军嫂"(指中年女军人)，这个意义的"军嫂"与原有的"军嫂"(指军人的配偶)是同形的两个不同的词]

_风：……的风气。如：搭售风、搭配风、串连风

_坛：……界(行业)(领域)。如乒坛、足坛、泳坛、武坛、舞坛、棋坛、辩坛、评坛、邮坛、股坛、科坛、羽坛

类似的还有"导_、_感、_户、_热、_盲"等，这些词缀和准词缀的构词能力非常强，如果能对他们进行提炼，概括成一个独立的条目进行解释，那么由他们构成的一大批新词的释义也就迎刃而解了，也就不必对他们单独立目解释了。那么，在不影响其实用性的同时，新词词典的容量就可以得到大大的缩减。

另外，一些不成词的词根也可以参照词缀那样进行概括提炼，如"的"可释为：

_的/的_：即的士，出租车。黏着语素。如面的、摩的、板的、马的、飞的、残的、(毛)驴的、的哥、的姐、的爷、的票、打的

（二）加强对短语的拆分，从严控制对短语的收录

加强对短语的拆分与加强对词根词缀的概括，是一个问题的两个方面。对词根词缀的概括，基于对词和短语的全面分析；而对短语的拆分，不能一拆下来就不管了，要对拆下来的成分的语义进行提炼，也就是概括词根词缀，才能以少当多，彻底地解决问题。

我们认为要严格控制新词词典对短语的收录，否则将一发而不可收拾，新词词典将无比臃肿，而使词典的水分增加，含金量减少。我们的标准是：那种自由的、松散的词与词的组合不收，那种意义凝固性不强的词与词的组合不收，如“广告人、新闻人、打工仔、打工妹、洗头妹、外来妹”等；只有那种结合紧密、意义凝固的短语才收，如“吃错药、搭错车、末班车”等。

如前面提到的以“土”字打头的那些词语“土电影、土教材、土教具、土化肥、土农药、土政策、土八路、土电脑、土电话、土电扇”等，就可以进行拆分，只要对其中共同的语素“土”进行解释就可以了。而有的新词词典中出现的“处女证、出身论、血统论、城市病、富贵病、空调病、装修病、慢性疲劳综合症、病态楼宇综合症”等，因其结构太松散，组成成分的意义变化不大，词语的整体意义凝固性不强，其义一望而知，是典型的短语，不宜收录。

三　对来自语言变体的新词的处理

汉语除了有标准的、规范的普通话，还有各种各样的变体，有地域变体和社会变体，社会变体还可以分为文化、性别、年龄、职业、阶层等不同的变体。我们着重谈一谈对地域变体（方言）、专业用语和社团用语中新词的收录问题。

（一）对来自方言的新词的收录

各个方言中都会产生自己的新词新义，如果我们把港澳台语也当作汉语的地域变体（方言）的话，那其中的新词新义更是多得不可胜数。对这些词语，我们的意见是已经进入普通话词汇系统的，才能作为普通话的新词收录。实际上，在这些新的形式出现之初，比较难以把握。比较简单的做法是，那些能填补普通话空白的或者表达比较有特色的词语，将会比较容易进入普通话的词汇系统，应该多加关注；而那些普通话中已有相应形式而方言中的形式还不如普通话的，则应坚决摒弃。简言之，就是：我（指普通话）无人（指方言）有的，收；我有人优的，收；我有人劣的，坚决不收。有的新词词典不加区分，一概收录，连“即食面、公仔面、差人、差婆、马杀鸡、出更、绰头”等方言色彩很浓的词都一并收录，这样做是不可取的。它将会影响汉语词汇的规范化。

（二）对来自专业用语的新词的收录

专业用语只有在大众化后才能成为汉语词汇系统的普通成员，也就是说只有进入通用语行列的专业用语才能成为普通话的新词，才有收入新词词典的价值。像“同步、临界、净化、贬值、主旋律、网址、网站”等词就应该收录，而像“深蓝、干扰素、细菌冶金”等词就应该暂缓收录，看它们以后的发展情况再定。进入通用语行列的专业用语大多经历了语义演变，或有语义的扩大，或有语义的转移。这是专业用语成为汉语新词的常见途径。值得注意的是，近年来，由专业用语进入汉语新词系统的词语数量越来越多。尤其是股市行话和计算机用语，成为汉语新词的非常多，像“熊市、牛市、原始股、抄底、割肉、潜力股、垃圾股、上网、在线、点击、软件、黑客、菜单、伊妹儿、下载”等等。

(三)对来自社团用语的新词的收录

有些词形和语义是最先起于一个小的社会团体的，能否成为汉语词汇系统的新词新义，就看它最后是否能对全社会产生影响。若能，就该收录；若不能，就不必收录。近年有些新词是起源于青少年用语的，如"酷、帅、另类、美眉、菜"等词的使用频率已经非常高，词典应该收录。而像"青蛙（指丑男）、恐龙（指丑女）、灌水（指网络上流言）"，还有待时间的考验。

总之，对来自各种语言变体的新形式新语义，关键看它们是否进入了通用语行列，是否具有了广泛的群众基础，是否得到了大众的认可，如果答案是肯定的，我们的新词词典就要收录，否则不予收录或暂缓收录。

四　对含有外文字母的词语的处理

对含有外文字母的新词如何处理的问题，是一个老生常谈的问题，也是近年来引起争论的问题。我们也准备就这个问题简单地谈谈自己的看法。

这个问题的关键是能不能把含有外文字母的词语当成汉语词汇系统的词。我们觉得，这些词语虽然含有外文字母，但这并不影响它们的表义和使用，它们与其他汉语词的组合也非常自如，好些词语的使用频率非常高，有些甚至已经进入了汉语基本词汇系统，如"CT、T恤、VCD、BP机、B超、NBA、MBA、SOS、UFO、IC卡、X光、K金、DVD、WTO、AA制、IT业、三＋X"等。事实上它们早已成为汉语词汇系统的有机组成部分，它们是汉语词语的身份为事实所证明，不容否定。不过它们的构成形式不同于一般的汉语词语，它们含有外文字母，比较特殊。它们是特殊的汉语词。

它们的作用也非常重要，或者没有相应的纯汉语词，或者虽有相应的汉语词却远没有它们简练上口，它们往往是人们言语交际中表达某一含义的首选，起码在相当长的一段时间内具有无可替代的地位。

所以对这些词，我们的意见是新词词典应该毫不犹豫地收录。否则就是漠视语言事实，完全从理念出发，过分主观武断。

但是对于一些新出现不久、尚未经过时间检验的这类词如"TMD、QQ、DJ、DIY"等，我们应该审慎对待，让时间来选择它们。对于一些含外文字母的甚至全外文字母的专用名，如公司名、商品名，则不予收录或尽量少收。

参考文献

刘叔新　1990　《汉语描写词汇学》，商务印书馆。

李　开　1990　《现代词典学教程》，南京大学出版社。

盛　林　1998　《"位"概念与新词新义的确认》，《南京大学中文学报》。

林伦伦　朱永锴　顾向欣　2000　《现代汉语新词语词典》，花城出版社。

于根元　1994　《现代汉语新词词典》，北京语言学院出版社。

李行健　曹聪孙　云景魁　1993　《新词新语词典》(增订本)，语文出版社。

诸丞亮　刘淑贤　田淑娟　1989　《现代汉语新词新语新义词典》，中国工人出版社。

论汉英词典的语法信息

——六部汉英词典的比较

姚　小　平

一　提供语法信息是大势所向

英英、英汉词典提供语法信息，即注明所列条目的语法性质，是很普通的事情。汉英词典提供语法信息，则似乎还是一个新现象。近年出版的汉英词典，如德范克《汉英词典》(1997)、吴光华《汉英大辞典》(1993/1999)、外研社辞书部《现代汉英词典》(新版2001)、吴文智/钱厚生《实用汉英翻译词典》(2001)，以及惠宇《新世纪汉英大辞典》(外研社将出)，已在这方面做了尝试。不过，也有一些汉英词典，如危东亚《汉英词典》(1995)，吴景荣/程镇球《新时代汉英大词典》(2000)，没有这样做。

其实，即使是北外《汉英》、商务《新时代》，也已提供了部分语法信息。北外《汉英》1978年初版就已开始标注词性，只是限于七个词类(副、介、连、叹、象声、助、量)的一部分词。至1995年版，仍限于七个词类，但标注范围有所扩大。商务《新时代》与北外《汉英》完全一样，也是给上述七个词类标注词性。之所以如此，显然是出于实际的考虑：一旦超出这个范围，汉语词类的界线便大大模糊，转类、活用现象频频发生，很不容易给词定性。

提供语法信息的好处很多，例如可使多义、多功能字词的释义一目了然，条目释义的排列将更有规律；整部词典对字词的处理，可以更加系统。另外，添加了语法信息，外国人学汉语会感到方便。现在看来，汉英词典提供语法信息已成趋势，一方面是汉英词典面向世界的需要；另一方面，更要紧的是，汉语语法研究了那么多年，其成果理应在词典中有所体现。过去没有做的，有必要补做；过去已经做过的，也有必要改进。

二 语法信息的层次

汉英词典中的语法信息，可分三个层面来看：语素、词、词组。

(一)语素

汉语里的语素多为单音节，也即"字"(作为语言单位的字，而不是作为文字单位的字)。这是汉语词语构造的一大特点。字有成语素和不成语素之分：

1. 非语素字　既不能独用，又没有意义。例如："玻、蝴、咖"。

2. 语素字　一般不能独用，但本身有意义。例如："澈、涕、澡"。也包括一些词缀，如"阿、们"。

一般说来，汉英词典是以字为条目，单字之下再列多字条目。对这两类字，各种汉英词典是怎样处理的呢？先看第一类"非语素字"，以"玻"为例：

危东亚——"see below"

吴光华——"构词成分(见下)"

德范克——未列条目

吴景荣/程镇球——列有条目，但无解释

外研社辞书部——"构词成分(见下)"

吴文智/钱厚生——未列条目

六部词典的处理很不一样。只有吴光华和外研社辞书部做了语法分析,但也统称“构词成分”,没有考虑是否能成语素。

第二类“语素字”的处理,可举“澈”为例:

危东亚——“(of water) clear; limpid”

吴光华——“[形](of water)clear;limpid”

德范克——未列条目

吴景荣/程镇球——“(of water) clear;limpid”

外研社辞书部——“(of water) clear;limpid”

吴文智/钱厚生——“〈素〉clear;limpid”

“澈”这个字不能独用,但意义是很明白的,也很容易看出。吴光华提供了语法信息,但不正确。只有吴文智/钱厚生提供了正确的语法信息。“澈”只是一个语素或构词成分,虽有形容词的意义,却不等于形容词(可以说“清水”、“水清”、不能说“澈水”、“水澈”)。

由此看来,在语素层面上述六部词典大都未做处理或处理得不够理想。语素应有适当的标记,语素字和非语素字应当区别开来。

(二)词

词有单音节、双音节、多音节之分。

1. 单音节词

即独立成词的字,是构句的基本单位。例如:“唱、很、美、水”。以“很”为例,六部词典给出的词性完全一致:

危东亚——“*adv.* very; very much; quite”

吴光华——“[副] very; quite; awfully”

德范克——“**adv.** very; quite; awfully”

吴景荣/程镇球——“〈副词〉very; quite; awfully”

外研社辞书部——“[副] very; very much; quite”

吴文智/钱厚生——“〈副〉quite; very”

但再看“美”，各家的处理就很不一样了：

危东亚——无语法标示，以分列字头、义项的办法辨别词性：“**美**[1] ①beautiful; pretty ②beautify; prettify ③very satisfactory; good ④*dial.* be pleased with oneself

美[2] ①short for 美洲 ②short for 美国”

吴光华——“**美 I** [形] ①beautiful; pretty ②satisfactory; good II [动] ①beautify; prettify ②[方]be pleased with oneself III [名] ①(指美洲) ②(指美国)”

德范克——“**美 adj.** ①beautiful; pretty ②〈*coll.*〉self-satisfied◆N ①beauty; perfection ②America; United States ③Surname (◆表示词性变化)”

吴景荣/程镇球——无语法标示，处理方式基本同于危东亚。

外研社辞书部——“**美 I** [形] ①beautiful; pretty ②very satisfactory; good II [动] ①beautify; prettify ②〈方〉be pleased with oneself III [名] ①〈略〉见〖美洲〗 ②〈略〉见〖美国〗”

吴文智/钱厚生——“**美 I**〈名〉beauty; charm II〈形〉①beautiful”

就这一条目看，吴光华、外研社辞书部提供的语法信息最多。德范克和吴文智/钱厚生未列动词用法。危东亚和吴景荣/程镇球的释义本身并无问题，只是由于未标词性，导致排列无序，层次不清。

2. 双音节词

与单音节词比较，双音节词麻烦得多。吴光华、外研社辞书部只给单音节词标注词性，没有涉及双音节词，也许就是因为这一部分很难处理。然而，双音节词为数极多，如果不予标示，整部词典对语法信息的处理便会明显失衡。在这方面，德范克首先做了尝试。除了 **n.**、**v.**、**adj.**、**adv.** 等常见的分类，在动词一类中还分出：

vo.（verb-object）——动宾式（动宾离合词），如："回家、会面、失恋"

rv.（resultative verb）——动补式（结果动词），如："回来、敲碎、瞧上"

赵元任（1979:197,204）把这两类动词分别称作"动宾（V-O）复合词"和"动补（V-R）复合词"。这样一细分，揭示了这两类双音节动词的特点：动宾式的中间可以插进"了、过"等，动补式的中间可以插进"不、得"等。但德范克对许多词的标注不无疑问：

(1)"捣鼓、到会、回师、健身、节哀、居家、戡乱、律己、卖空、埋名、冒牌、免试、面世、启迪、欠佳、切齿、染指、惹火、失所"等等，都标为 **vo.**，而实际上两个语素难以分开，中间插不进"了、过"，应改标作 **v.**。（类似的误标也见于一些多音节形式，如把"乱弹琴、懂个屁、煞风景"标为 **vo.**。）

(2)"达成、达到、打倒、构成、看中、伸直"应是动补式，却只标为 **v.**。

(3)其他如"导航、发炎、节译、解疑"只标为 **n.**，应改标为 **v.**/**n.**。"发言"只标 **vo.**，应改标 **vo.**/**n.**。"忍耐"标为 **adj.**/

n.，缺了动词标记。

虽然问题较多，德范克毕竟做了有益的尝试，使后来者得以比照参考，加以改进。吴文智/钱厚生也对双音节词作了词性标注，虽然没有德范克区分的那样细，但总的看比较妥当，此处不再介绍。

3. 多音节词

含音节超过两个的词，在此统称为多音节词。我们先来看德范克如何处理。

有些多音节词好办，例如"烤鸭店、木本植物、节目主持人、中国工农红军、中华人民共和国"，德范克都标为 **n.**，不会有疑义。但误标或不统一的情况也很多。"操作系统"标为 **n.** 是对的，可是同样构造的"竞技状态"却标作 **ph.**（词组），"观赏植物、健身运动、认知心理学"等标作 **np.**（名词词组）。

词和词组的界线有时是清楚的。例如"发掘人才、哄抬物价、假造罪名、检查新闻、鉴别文物、介绍对象、介绍经验、滥伐森林、露出马脚、露出破绽、强奸民意、倾吐苦水"等等，一看就知道是词组（"强奸民意"似应归入成语），德范克却都标作 **vo.**。

有时候，词和词组的界线很不清楚。大量形式介乎词和词组之间，不易处理。例如"够朋友"和"够交情"，二者的构造方式完全一样，句法功能也没有区别。碰到这类形式，德范克便摇摆不定，结果把前者标为 **ph.**，把后者标为 **adj.**。还有"少不得、少不了、活不了、活不下去"（标为 **rv.**）、"够得着"（标为 **v.**）这类形式，到底是词还是词组？怎样处理才好？这是一个难题。

在多音节词的词性标注方面，吴文智/钱厚生基本上根据句法功能来判断，处理得较好。但有些标了词性的形式，似乎作习语处理更好，如标为〈动〉的“摸不着头脑”；而把“尚非其时”仅仅标为〈动〉，则显不出修辞色彩（书面语）。在成语的处理方面，也有可商之处（见下）。

（三）词组

词组或称短语，德范克为之设计的标记有 **ph.**（phrase 词组）、**np.**（noun phrase 名词词组）、**vp.**（verb phrase 动词词组）、**ph./adj.**（形容词性短语）等。我们先来看看这些标记分别包括哪些形式。

ph.——在这个标记底下，既有成语，如“暗送秋波、诲人不倦、敬而远之、敬鬼神而远之、屡败屡战、毛遂自荐、杞人忧天、深入浅出、人云亦云、认贼作父、任重道远、仁至义尽、人手一册、宵旰忧劳”；又有日常习语或固定搭配，如“对了（！）、看来、看上去、看样子、看着办、乱折腾、讲不出口、乱作决定、如上所述、气头（儿）上、可不是（吗）、千不该万不该”；还有俗谚，如“人怕出名猪怕壮”。甚至有的是双音节词，如“其实”。一样的构造，“精力旺盛”标为 **ph.**，“精力充沛”却标作 **adj.**。

np.——带这个标记的有成语，如“官样文章、惊弓之鸟、康庄大道、莫逆之交、七擒七纵、穷乡僻壤、晓风残月、小家碧玉”。“驴肝肺、山姆大叔、陆海空三军”也在这一类里。甚至还有“除此之外”。“幕后交易”标作 **np.**，“幕后活动”却是 **n.**。

vp.——有成语，如“祸国殃民、看图识字、乱喊乱叫、摩拳擦掌、谋财害命、忍气吞声、人弃我取、惹是生非、欺上瞒下、煽风点火、深入人心、善始善终”。但一样构造的“察言观色、促膝谈心、掂斤播两、尽收眼底”却标为 **vo.**，“精兵简政”标为 **np.**。“受窝囊气、降半旗”也标为 **vp.**。

ph./adj.——有成语，如“孤苦零丁、尖酸刻薄”；也有习语，如“好打交道”。

总之，分类非常混乱，与我们的语感相去很远。德范克是不是完全不考虑语体/修辞特征，只根据语法构造来判别和标注呢？看来也不是。因为他专门区分出了 **id.**（成语）一类。他说：“**id.** 是 idiom 的缩写，它表示在汉语的说和写中很受欢迎的一类短语，特别是那些四字格的成语。……许多成语是故事的提炼……成语和惯用语是不同的，一个能讲流利的现代汉语的人马上就能分辨出来。这类惯用语有词类功能，它们被标上了其有区别性的标志，如 **vp.**（动词短语）、**np.**（名词短语）、**ph./adj.**（形容词性短语）。”（《凡例》**III**，第 6 条）[1] 然而问题是，如上所举，带有 **ph.**、**np.**、**vp** 等标记的词组却有许多是成语。

另一方面，许多带有 **id.** 标记的词组是熟语（俗谚），如“赶鸭子上架、拉不断扯不断、不管三七二十一、高不成低不就”。这倒不算大问题。有些成语词典（如甘肃师范大学，1978）就收有熟语，只要说明一下就可以了。但把“第二世界、第三国际”这样的名词或名词词组也标作 **id.**，就没有道理了。“小才大用”标为 **id.**，“大材小用”却标为 **ph.**，二者的构造区别、语体差异在哪里呢？

我们再来看吴文智/钱厚生对成语等如何处理。

绝大部分成语被当作普通词语，只根据其句法功能标注词性，未加标记〈成〉。例如，“半路出家、立竿见影、群起而攻之”标为〈动〉，“官样文章、手足之情、看风使舵”标为〈名〉，“饥肠辘辘、饥寒交迫、啼笑皆非”标为〈形〉，“连篇累牍、七手八脚、神气十足”标为〈副〉。同一个成语，因其具有不同的句法功能而可以有不同的词性，如“厚颜无耻”分作〈形〉、〈副〉，“宽宏大量”分作〈名〉、〈形〉，“旁征博引"分作〈动〉、〈形〉。这在总体上不失为一种方便的处理办法,缺点是修辞色彩看不出来了。其实语法信息和修辞特征可以兼容,不妨都予标注。

只有一小部分成语标了〈成〉,如"后会有期、时过境迁"。按照吴文智/钱厚生《凡例》第7条的定义,成语是"文言式短句",习语是"口语化短句"。但如果把成语的范围限定于"短句",汉语里的成语是否会太少?

三　几点想法

汉英词典应该提供语法信息,对这一点大概不会有疑问。但提供多少才好?分析到哪一层次才合适?使用什么标准来分析?下面谈几点看法。

第一,提供语法信息时,至少应顾及语素和词两个层面。

第二,对一个层面的处理应做到自我统一,将一种分类原则贯彻始终。虽然难免会遇到边界模糊的现象,但总体上须求一致。

第三,语法信息不宜过少,但也不必过多,区分得太细。细腻的区分可以留给专门的语法词典去做。[2] 标记过多,反而容易混淆,也给普通使用者带来不便。

第四,词组的标注最难。通常所谓词组或短语,实际上包括大于单词而小于句子的各类形式,其中既有搭配相当固定的(惯用语、成语、俗谚等),也有搭配不那么固定的(如"介绍对象/朋友/经验/产品性能……");有介于固定与不固定之间的(如"哄抬物价"),或介于词与词组之间的(如"中央空调")。对涵盖面如此之广的词组,从语法角度不是不可能分门别类,予以标记。只是,对于一部汉英词典,区分 **ph.**、**np.**、**vp.** 等等意义似乎并不大。对多数使用者来说，更有用的是知道这些形式的语体特征和修辞色彩。这意味着，应当把惯用语、成语、俗谚等区别开来（例如，“看着办”是惯用语，“祸国殃民”是成语，“赶鸭子上架”是俗谚），用不同的记号来标示。虽然难免会有不易归类的情况，但总体上应求分别。凡是立为条目的语词，无论属于哪个层面，原则上都应给予相应的标注。

北外《汉英词典》（危东亚，1995）已经开始重修，而提供语法信息将是一项重要的内容。我们希望通过这次修订工作，摸索出一套切实可行的标记系统，使其贯通三个层面，兼顾语法和修辞，既不过于烦琐，又能反映出汉语词汇和组词构句的基本特点。

附　注

① 可比较吕叔湘（1981:6）对“成语”的定义：“成语，从形式上讲，多数是前后两截合起来的，前后各自是一个短语或一个小句。成语里边往往保存古代语法，有很多一般不作词用的字，在成语里作词用。”

② 近年来，有一类属于自然语言处理或语言工程的《语法信息词典》，把词语切分和词性标注结合起来，对词的语法特征分析得非常精细，例如区分出 18 个基本词类。见俞士汶、朱学锋、段慧明（2000）。

参考文献

德范克（主编）　1997　《汉英词典》，汉语大词典出版社。

甘肃师范大学中文系　1978　《汉语成语词典》，辽宁人民出版社。

惠宇（主编）　《新世纪汉英大辞典》，外研社（将出）。

吕叔湘（主编）　1981　《现代汉语八百词》，商务印书馆。

外研社辞书部　2001　《现代汉英词典》，外研社。

危东亚（主编）　1995　《汉英词典》（修订版），外研社。

吴光华(主编) 1993/1999 《汉英大辞典》,上海交通大学出版社。

吴景荣 程镇球(主编) 2000 《新时代汉英大词典》,商务印书馆。

吴文智 钱厚生(主编) 2001 《实用汉英翻译词典》,漓江出版社。

俞士汶 朱学锋 段慧明 2000 《语言工程中同形及兼类词语的处理策略》,清华大学中文系“纪念王力先生诞辰百年——面向21世纪汉语语法研讨会”论文。

赵元任 1979 《汉语口语语法》,吕叔湘译,商务印书馆。

《大俄汉词典》(修订版)与苏联解体前后二十年来俄语词汇的发展变化

王　立　新

由黑龙江大学俄语语言文学研究中心辞书研究所邀集全国各地八十几位专家学者历时五载心血演绎编纂,加之商务印书馆的精心策划与通力合作,《大俄汉词典》(修订版)于21世纪初与广大读者见面了。这是俄语界的一大盛事,也是文化出版界的一大盛事。

一

《大俄汉词典》(修订版)(以下简称修订版)共收录了159 000个词条,较《大俄汉词典》(以下简称原版)增收2 000多个新词新义,把20世纪80年代初期至今已规范的新词汇尽量增补到词典中来。在新增的词目中有不少是反映苏联解体前后近二十年来俄语词汇的演变。在修订版中,我们可以看到诸如 электрóнная вéрсия“电子读物”、вúдио-КД“VCD影碟,视频激光磁盘”、ЭП(электрóнная пóчта)“电子邮件”、ГД(Государственная Дýма)“国家杜马”、клонúрование“无性繁殖,克隆”、дóпинг-контрóль“兴奋剂(服用)检查”、софтвéр“(计算机等的)软件”、желéзка“(计算机)硬件”、электрóнные дéньги“电子货币(指金融卡)”、пéйджер“寻呼机,BP机”、СНГ“独联体”、фри-шóп“免税商店”、энергокрúзис

“能源危机”、xáкер 及〈稀〉xáккер“电子计算机黑客，电子计算机窃贼”、xóспис“临终关怀医院”等等新词目。一些相关的词目做了简化，如 самúт〈外交〉最高级会晤，峰会源于英语（summit）逐渐代替俄语中原有的词组 встрéча на высшем ýровне（或 в верхáх）。这些处理非但没有减少词典的内容含量，反而使修订版容纳了更多的对读者有用的新知识。

二

社会语言学家威廉·布赖特有一句名言：“语言与社会共变。”社会动荡愈烈，语言变化愈大；反之亦然。苏联解体前后近二十年来俄语词汇的变化便是这一观点的佐证。社会在变动，语言也在变动，语言中最敏感的部分——语汇更是时刻在变动着。凡是活的语言，即有生命力的语言，每时每刻随着社会生活的变化而引起变异。“变异”就语汇的层面而言，意味着新词语的产生，某些过时（或昙花一现的）语词的消亡，某些语词的语义和用法发生变化。

从 1985 年苏联开始进行全面改革起，特别是自 1991 年苏联解体后，俄罗斯的社会环境、政治制度、经济体制以及人们的思想意识、价值观念都发生了巨大变化，在语言中的反映，便是出现了媒体中所谓的“新词爆炸”现象。据我们掌握的资料，近年来反映改革思想（идеолóгия перестрóйки）、经济和经营管理（эконóмика и хозя́йствование）、社会政治（социáльная полúтика）、科技进步（наýчно-техни́ческий прогрéсс）、教育和文化（образовáние и культýра）、法制（правопоря́док）等等的新词约数以千计。

（一）新词的构成

在语言的变化中，“词汇对于变化是最敏感的，它处在不断的变化之中。”俄国语言学家 И. 普罗特琴科也曾说过:“最重大的变化和发展发生在词汇和构词领域”。新词的构词特点主要体现在语言节约化发展的趋势上,利用俄语原有的各种积极的构词手段构成新词。

在“新词爆炸”中产生的俄语词汇主要来自俄语本身,即以加缀、减缀、重叠、变异等派生法造词,同时也从方言、俚语、行话和专业术语中借词。尽管外来语的增加非常引人注目,但其数量不过是俄语总词汇量的 1/4 左右。下面仅以修订版所收新词为例加以概括说明。

1. 利用加缀、减缀构成的新词。

如:перестро́ечник“〈口语〉①改革的拥护者,改革派②〈贬〉以改革谋私者”、ваучериза́ция“发放私股证券”、супермоде́ль“超级模特”、суперзара́боток“巨额薪酬”、псевдопри́быль“假利润”、затова́р“商品积压”等。

2. 多种形式的合成词(是现代俄语发展的重要趋势之一,也是一种最积极和最有前途的构词手段,它符合语言的节约化原则)。

如:мультиме́диа“多媒体”、микродемогра́фия“微观人口学”、метропо́лис“大都会,大城市”、инваспо́рт“残疾人运动”、телеры́нок“电视片交易会(进行电视片和节目买卖的),电视片市场”、жироче́к“转账支票”、ка́бель-ТВ“电缆电视,有线电视”、компью́терщик“计算机专家,电脑专家;计算机使用者,电脑操作者”、самизда́т“①非法出版,私自出版②非法出版物,私自出版物”、не́тто-проду́кция“净产值”、кни́га-игру́шка“儿童玩具书,立体书(书页可折成房子、动物、人物等与内容相应的玩具)”等。

3. 缩略语(就是把必要信息压缩或浓缩到在接触的一瞬间就能立刻了解的程度。把必要信息转化为图形，是适应高速度和其他现代社会条件的需要而产生的。把必要信息压缩为语言符号，那就是缩略语)。它的特点是简短、节约，便于交际，所以在构成新词中大量涌现。

如：ДВК[缩](де́нежный валю́тный курс)“外汇牌价”、ДМ[缩](дистанцио́нный манипуля́тор)“遥控器”、СПИД[缩，拼读](синдро́м прибретённого иммунодефици́та)“艾滋病(后天免疫功能丧失综合症)”、РМД[缩，不变，阴，通常为复数](Раке́та ма́лой да́льности)“短程导弹”、ГД[缩](Госуда́рственная Ду́ма)“国家杜马”、ППО[缩](прикладно́е програ́ммное обеспе́чение)“应用软件”、ЕС[缩，不变，阳及中]“欧洲共同体”等等。

4. 词类转换(从一种词类转化为另一种词类)。

如：антиподслу́шивающий“防窃听的，反截听的”本是主动形动词，可是在日常交际过程中已被广泛用作形容词、лета́ющий，～ее блю́дце 或～ая таре́лка 飞碟(指不明飞行物)等等。

综上所述，修订版新增的条目词贴近当代生活，大致反映了苏联解体前后近二十年来俄语词汇发展的客观情况。与此同时，编者们重视扩大选词范围，增加了科技词语、外来语、合成词、缩略语等词典总词汇量中的占有率，因此大大提高了词典的实用性。

(二)旧词新义

旧词所具有的新义，而产生的新义的主要途径是词义的引申。词义引申是一种有规律的词义运动，它包括比喻、借代、转移等。

社会生活的变化和发展给许多原有的词汇增添了新义，这样，可在现有词汇的基础上加进新义，以达到高效增词的效果。这正与修订版的编纂原则（即整体篇幅基本保持不变）相符。例如：пла́вание 一词除原义"游泳，浮水；航行；航程"之外，增加了新义"（金融市场的）浮动"；зо́нтик 一词原有"①伞，阳伞，雨伞 ②〈口语〉帽檐 ③（门上方的）檐，遮檐 ④〈植〉伞形花序"4 个义项，而现今增加了义项"⑤（茶桌上方有遮阳伞的）露天咖啡馆"；колла́пс 一词除原义"〈医〉虚脱；萎陷"之外，又增补了新义"（价格）暴跌；（精神）崩溃"；това́рник 原版释义为"〈俗〉运货列车"，修订版则增加"〈俗〉赞成市场经济的人，赞成商品经济的人"；патрона́ж 一词除原义"庇护，保护；（保健机关的）对病人及幼儿的诊治"之外，还广泛用于"赞助"（修订版已收录）；ма́ма 原有"①妈妈 ②〈旧〉奶娘"，另加新义"〈口语〉母板（包含处理器、主存储器、支持电路、母线控制器和连接器等计算机主要部件的电路板），主板（职业用语）"；ко́пия 本义是"副本，超本，复制本"，另加新义"复印"；о́бувь 除具有"鞋，靴"之意外，修订版还增加了新义"轮胎"；мышь 本义是"〈动〉耗子，鼠；[复]小家鼠属"，另加新义"鼠标器，鼠形定位器"；компенса́ция 本义是"补偿，代偿"，另加新义"物价补贴"（指由于放开物价后食品、工业品物价上涨，政府给予居民一定数目的经济补贴）等等。除此之外，语言中还涌现出不少新的词组搭配以表示复合的概念，如：чёрный я́щик"黑匣，黑箱"（指内部特征尚未弄清的结构系统）；горя́чие де́ньги 意指 1990 年俄罗斯由于商品匮乏，居民手中无法花销的钱（卢布），而将其形象地译为"烫手的钱，贬值的卢布"等等。编者们适时地把这些新的语言信息收入词典，在原词条中或增补了新义，或增加了新的词组搭配。使词目的语义结构得到丰富，充实。

(三)旧义“复出”

旧义复出,即旧义由原来的“隐义”变为“显义”,由原来的“非常用义”变为“常用义”。

如:делово́й原义是“务实的,能干的”,而“经商”一义是非常用义,但苏联解体后在俄罗斯有一个时期人们见面时总是相互问:Ты что, делово́й?!(你怎么样,在做买卖[经商,做生意]?!)在俄罗斯国家电视台(ТР)和莫斯科电视台(МТК)都分别设立了专栏,分别是“делова́я Росси́я”和“делова́я Москва́”,如何译?有人译为“俄罗斯(莫斯科)商业经济信息”,另有一部分人,主张译为“俄罗斯(莫斯科)商业经济信息”,还有一部分人则主张译为“俄罗斯(莫斯科)实务”。笔者认为,后者译法更为贴切,因为按其播出内容除主要是商业经济信息外,尚有政治、科技、文化、法律等信息,是一个综合性的信息栏目。再如大家所熟悉的一词:движе́ние原义是“运动”,“党派”一义亦为“旧义复出”。自苏联解体后,在俄罗斯先后成立了50多个党派,其中有12个党派命名“движе́ние”。这里,显然不能译为“运动”。

三

笔者认为,一本综合性双语词典的价值,主要在于它的新意。所谓新意,除体例形式上的创新外,主要是在内容上能反映原语及译语的新貌,即较多地收集原语的新词新义、旧词新义,同时译语释义也应注意反映翻译界研究的新成果,用更准确、更生动的译法去补充或取代原有的译文,使译语语言具有时代感。总括而言,《大俄汉词典》(修订版)是一部大型综合性的俄汉双语词典。它凝结了我国俄语界几代资深专家、教授的辛勤劳动。它如实地记录了苏联解体前后近二十年来俄语词汇发展变化的现状，为语言和社会的研究提供了可靠的资料，也对俄语的规范化起到了重要作用。

参考文献

陈　原　2000　《语言作为一种社会现象》，《社会语言学》，商务印书馆。

——　1997　《论语文词典的推陈出新》，《辞书研究》第5期。

陈楚祥　1988　《新词　随机词　词典》，《辞书研究》第1期。

梁德润　1997　《双语词典要推陈出新——谈谈双语词典的修订》，《辞书研究》第6期。

王秉钦　1997　《语言与翻译新论》，南开大学出版社。

И. Протченко：《Лексика и словообразование русского языка советской эпохи》，1975，стр. 23.

《英汉小词典》的修订和关于双语词典修订的几点思考

周 治 淮

一 《英汉小词典》的修订

《英汉小词典》最早成稿于1965年，1977年出版时请北京师范大学外语系进行审订，1984年由原编者进行过一次修订。该词典出版后受到广大读者的欢迎，但到了90年代后期，却几乎没有市场了。究其原因，是由于对外开放的深入进行，读者英语水平普遍提高，引进版外汉辞书日见增多，而《英汉小词典》却因成书年代较早，不少词条过时，释义、例证和例句显得陈旧，使它越来越不能适应市场的要求了。如不进行修订，这部词典肯定要退出市场。考虑到这部词典的影响力及其在整体结构、编写思想、收词量、开本上的特点，我们认为，如果对它进行适当修订，它会重放光彩，再度受到读者的欢迎。

基于以上考虑，我们组织精干人员，于1999年对《英汉小词典》进行了较大幅度的修订。

首先，我们确定了修订原则：保持原有风格，基本维持原收词量，去掉过时词条，增补近年来各领域出现的重要新词，删除过时的释义、例证和例句，增补新的释义、例证和例句，替换原来时代政治色彩浓厚的例证和例句，修订规模控制在全书篇幅的二分之一以内。具体修订内容如下：

1. 删除过时词条。如：

abed, distaff, radiogram, socialimperialism, telstar, warmonger, wirephoto 等等。

2. 增补了1 000余条近年来各领域新出现的词条。如：

email, hamburg, hoover, microwave, OPEC, seafood, sonar, telephoto, VCD, VD, wildlife, xerox, zoom 等等。

3. 删除过时、有误义项。如：

(1) 原　版：oversight

1. 失察；疏忽. 2. 小心照料.

第 2 义项已显过时，故删除，补加一个例证。

修订版：oversight

失察；疏忽：***by*** ～出于疏忽.

(2) 原　版：sceptre

笏；王节；王权.

"笏"和"王权"释义均不对，去掉，再加"权杖"一义。

修订版：sceptre

王节；权杖.

(3) 原　版：self - government

1. 独立，自主. 2. 自治. 3. 自制.

第 1 和第 3 义项是引申义，现已不常用，且在小型词典中不必收录，故删除。

修订版：self - government

自治.

4. 增加词性。如：

(1) snake [sneik] *n.* 蛇.

原版只有名词义项，现增加动词义项：

— *v. i.* 蜿蜒曲折地行进.

(2) surf [səːf] *n.* Ⓤ〔冲击海岸的〕浪花；碎浪.

增加了动词义项：

— *v. i.* 玩冲浪运动：*go ～ing* 去冲浪.

5. 增加例证。如：

原　版：computer *n.* 计算机.

修订版：computer *n.* 计算机：*a personal ～* (*PC*) 个人电脑；家用电脑. *～ programmers* 电脑程序设计员. *～ softwares* 电脑软件. *～ virus* 电脑病毒.

原版没有例证，修订版增加了 4 个与电脑密切相关的例证，扩大了词典的信息含量。

6. 增加短语和例证。如：

原　版：sound[1] *n.* 1. 声音；音响：*the ～ of trumpets.* 军号的声响 ***out of*** [***within***]***～ of*** …在听不见[听得见]…的地方.

修订版：sound[1] *n.* 1. 声音；音响：*the ～ of trumpets* 军号的声响. ***out of*** [***within***]***～ of*** …在听不见[听得见]…的地方. ***～ barrier*** 〈物理〉音障，声障[飞行器接近音速时阻力的突然增加]：*to break the ～ barrier* 突破音障. ***～ effects*** 〔广播、电影、电视等的〕音响效果. ***～ publlution*** 噪声污染.

7. 有些词条的释义随着时间的推移发生了变化，原来的主释义退为次释义，这次修订做了调整。如：

原　版：nurse *n*. 1. 保姆；奶妈　2. 护士.

修订版：nurse *n*. 1. 护士.　2. 保姆；奶妈.

8. 增加义项。如：

原　版：complex…

— *n*. 1. 合成物. 2. 复合. ‖ ***inferiority*** 〔***superiority***〕～ 自卑[优越]感.

修订版：complex…

— *n*. 1. 合成物. 2. 复合. 3. 〈心理学〉情节〔一种由个人经历或被压抑的欲望等形成的不正常心态〕 ‖ ***inferiority*** 〔***superiority***〕～ 自卑[优越]感.

原版中双柱号“‖”后的“***inferiority*** 〔***superiority***〕～ 自卑[优越]感”显得突兀，增补了第3个义项后，便有机地联系起来。

9. 有些词条原版中单列，为节约篇幅，并在一起。如：将 slide rule 条并入 slide 条里。

10. 改写词条。此次修订时对原版的 shall, will, should, may, might, can, could 等助动词全部予以改写，帮助读者更好地理解。

11. 此外还做了如下修订工作：

(1) 将人名、地名从词典正文中提出，加以修订增补。人名按性别分类；为体现英语的国际性，去掉原版大部分国内地名，增收了国际知名的城市和地区。人名和地名分别作为附录，收在书后，便于读者查考。此外，还增补了附录《世界各国国旗图案集》，增强了词典的趣味性。

(2) 修正了原版的错漏之处，统一了通例格式。

经过半年的艰苦修订,《英汉小词典》终于在 1999 年年中出版发行。两年内就销售了 60 万册,并被教育部选入 2000 年全国中小学图书馆推荐书目,取得了较好的经济效益和社会效益。这说明《英汉小词典》的修订是成功的。

二、关于双语词典修订的几点思考

(一) 修订的时间

修订时间似乎有两个概念,一是各修订版次间隔的时间,一是辞书修订过程的时间。对第一个概念上的时间,我认为要视辞书的类型而定。一部考古学的词典,修订的间隔期要长些,而一部计算机类词典的修订间隔期肯定要短得多。就语言类辞书来说,我个人认为 4—5 年比较适合。因为许多流行一时的新词过了一段时间后就不再被人们使用了,我们应该留出足够的时间让新的词汇沉淀和固化,以保证所选收的新词经得起时间的考验。修订间隔期过短,则要耗用大量人力财力,增加读者负担。对第二个概念上的时间,我认为一部词典的出版之日,就是这部词典的修订开始之时。也可以把这看作词典的维护期,即如有可能,应确定专人对新出版的词典认真细读,每天一页半页,着重发现遗漏不当之处(如错别字,体例失误,释义、例证欠妥之处等等),能改的再版时坚决改过来,一时不能改的,记录在案,留待修订时改正。如此进行两三年,加上从读者那里反馈来的意见,肯定会大大提高词典的质量,并能为日后的修订工作积累大量资料,为修订工作做好充分准备。

(二) 确定修订原则

一部词典修订前一定要制定好修订原则,这关系到该词典修订的成功与失败。要认真研究待修订词典的特点，其长处是什么，不足之处在哪里，如何发扬长处，修正不足。修订的篇幅有多大，词条、释义、例证、例句及附录增删的准则依据是什么，开本、封面是否有变化，由谁进行修订等等事项都要确定下来。修订原则一旦确定，就要制定修订计划，计划制定得越周密越好。

（三）确保修订的基本条件

我认为现在修订词典要保障三个基本条件。其一是要保存好词典出胶片时的定稿盘。发达国家的大出版社一般都建有语料库，便于词典的编纂和修订。对我们来说，语料库还没普及。因此，一定要把词典出胶片时的定稿盘保存好，可复制几份，确保安全。这样随着词典维护工作的进行，定稿盘里的内容不断完善，今后修订时可省去大量的排录校对工作，可以缩短时间，提高质量，减少成本。其二是要跟踪语言的发展。出版社要成为词典修订的主导者，就必须组织相对的人力研究语言的发展。国外的某些出版社有选择地聘请不同地区的大学和研究机构的专家，跟踪媒体语言，记录出现的新词新义。出版社将这些新词新义汇总，进行分析研究，将“固化”的新词新义增补到自己的新版或修订版的词典中，使自己的词典保持领先地位。这种做法值得我们关注。其三是出版社要根据自身辞书的种类，建立相对稳固且胜任的编纂修订队伍，并及时与编修人员交流信息，使修订人员有足够的时间思考修订工作的各个环节，确保修订工作的顺利进行。

（四）处理好出版社、原编者和修订者的关系

一部词典的修订工作如能由原编者进行是最好不过的事了。但通常情况是，一部词典从开始编纂到出版发行，到市场成熟期，再到修订期，一般最少需要五六年甚或十几年的时间。届时很难再把编纂词典的原班人马组织起来，出版社不得不另找他人。这样往往会出现下面的问题：1. 版权问题。现在的出版合同一般订为五至十年。辞书的先期投入十分可观，市场的培育又需时日，往往辞书要修订时出版合同也快到期了，出版社要花很大精力确保合同续签（当然一般情况下编者会与原出版社续签合同），万一有闪失，对出版社来说无疑是重大损失。2. 意见统一问题。出版社要与编者协商修订事宜，如协商不果，修订工作就要搁浅。3. 付酬问题。如原编者不能修订，新的修订人员如何付酬也是问题。付酬不够高则很难找到合适的修订者，付酬过高则出版社的负担太大。因此我认为，辞书的版权最好为出版社专有。如不成，出版合同期应相对长些，如15年或更长。合同中要详尽规定在何种情况下可以终止合同，在何种情况下可以进行修订，在何种情况下可以另请他人修订以及付酬比例等等。兼顾出版社、原编者和修订者三方的利益，给修订者合理的报酬，有利于请到胜任的人员，有利于辞书的修订工作。

（五）要重视辞书的编纂与修订工作

辞书是人们工作和学习不可或缺的工具。一部好词典对人们的帮助是不可估量的，辞书的重要性是不言而喻的。但是出版社现在面临的难题是很难找到合适的编者和修订者。水平低者胜任不了工作，水平高者又不太愿干。究其原因是现今社会对辞书编纂与修订的不认可，很多地方在评职称时不把词典编纂和修订工作算作学术成果，由此严重地影响了学者们参与辞书编纂和修订的积极性。更令人费解的是，我们有些以辞书为重点的出版社自身也是这么做的。有远见的出版社一定要从自身做起，重视辞书的编纂与修订工作，一定要奋力向社会大声疾呼重视辞书的编纂与修订。惟有这样才能促进辞书出版的进步与繁荣，惟有这样才能不断地为读者提供更新更好的辞书。

略谈法国《小罗贝尔词典》的修订

张　文　英

法国罗贝尔词典出版社以编纂和出版词典为主要业务，编纂过一系列在法国乃至世界有影响的词典产品，包括著名的《大罗贝尔词典》(9卷)、《小罗贝尔词典》以下简称《小罗贝尔》，还有《法语历史词典》、《专名词典》、《类义词典》、《系统词典》、《引语词典》、《短语格言词典》及系列教学词典和双语词典。《小罗贝尔》是他们的主要出版物，在法国的影响不逊于我国的《现代汉语词典》，但客观地讲，无论是词典的规模，还是收词的数量、释义的详尽以及例证的经典、实用和丰富，《小罗贝尔》均有过之无不及。《小罗贝尔》的第一版(1967年)即获得巨大成功，经过10年又出修订版(1977年修订版的编纂说明，参看《辞书研究》1982年第2期黄建华的文章)，后多次修订，1993年出版的修订本冠以 Nouveau Petit Robert(《新小罗贝尔词典》)之名，显见其内容有了较大的调整和更新。本文拟从《小罗贝尔》入手，介绍这部词典修订的情况。

《小罗贝尔》的主编阿兰·雷先生明言它不是《大罗贝尔词典》的缩编本。这部词典兼有的描写、历史和类推的方法使它获得了空前的成功，成为区别于当时所有词典的工具书：之前的语言学家是通过句法来解释词汇的，《小罗贝尔》却另辟蹊径，以精确细腻的描写定义独树一帜；再有，词典采用了意义的树形结构并增加词义出现的年代以及现代、陈旧、方言、文学、行话、俗语、粗俗语等标签;另外,罗贝尔首创了类推的方法,即给出不同义项及短语的近义词,为读者提供了意义相近或类似的同一语法范畴的词。1993年的修订本自然要保留这些特色,但修订也提供了一个创新的机会。本文将从词汇,词义、例证和用法,体例和编辑手段几个方面介绍《小罗贝尔》的修订。

一　词汇

词汇是语言中最活跃的成分。这一特点体现在两个方面,其一,新概念、新名词不断涌现;其二,词汇意义更新的速度也达到了前所未有的程度。作为规范和描摹语言的工具,词典必然要反映词汇的种种变化。1993 年版《小罗贝尔》收词达 60 000 条,比 1967 年版增加了 4 000 个词。新增词汇主要有以下几个特点:

(一) 新增加的词汇包含了能反映社会生活的有代表性的新词,包括专业术语,如 rhème(【语】注释)、technopole(科技基地)、surmédicaliser(过度医疗);反映社会状况的词汇,如 coédition(合作出版)、maltraitance(虐待)、néonazi(新纳粹)、voiture-bar(汽车酒吧);涉及生活的科技词汇,如 déambulateur(新型拐杖)、agrobiologie(生物农业);反映日常生活的内容,如 amincissant(减肥的)、imprimante(打印机)、faxer(发传真)、essui-tout(纸巾卷),以及很多烹调词汇。因为在增加 4 000 多词的同时去掉了过时的旧词,而且词典编者经过周密考虑,设计了一些方法,使用缩写形式、利用排版手段、设参见(短语的参见、缩略词的参见等)以节省篇幅,所以依旧保持了单卷本的篇幅。需要注意的是,因为新词的增加和旧词的删除,原有的参见系统必然进行了调整。

（二）注意一下《小罗贝尔》增添的新词就会发现，法语是一种很有造词能力的语言，它通过若干种方式造新词：1. 借用拉丁和希腊构词成分与法语组合成新词，如：hydrocarbure（碳氢化合物），甚至用两个法语词组成新词，如 riziculture（水稻种植）；2. 将词删截，形成简单的删截词，如 météo 来自 météorologie（天气预报），écolo 来自 écologiste（生态学家）；3. 对于一些机构、党派、工会和公众事物的名词，常常采用首字母缩略词，如 SAV（service après-vente 售后服务）、B. D.（bande dessiné 连环画）、T. G. V.（train à grande vitesse 高速列车）等；4. 向英语（包括美语）、意大利语、阿拉伯语、西班牙语、德语、日语、俄语等外语借词，其中向英语的借词占统治地位；5. 口语中在某些社会集团逐渐流行的将音节倒置造出的词，法语称为 verlan（即 l'envers 音节的倒置，l'envers意为"倒置"），如 ripou（pourri 腐烂）、meuf（femme 妇女）。

（三）和发生在许多其他国家的情况一样，美国强大的经济实力和先进的科技水平对法国有着深刻的影响，法国的有闲阶级过去就有以英语为时髦的风气，现在更逐渐扩散到各个阶层，尤其是在青少年中，这些都不可避免地引起英语词的涌入，甚至在已存在法语词的情况下。如 parking（停车）、gay（男同性恋）、pop art（通俗艺术）、rock（摇滚）、motel（汽车旅馆）、copyright（版权）等等。法国为此成立了专门的术语委员会，推荐法语本土词汇，但是效果不明显。《小罗贝尔》没有拘泥于所谓捍卫语言的纯洁性的框框，而是对语言做客观描述，提醒人们注意将会出现的问题。编者们指出，向英语借词大大加重了一种被称作 acronymie 的现象，就是用几个词的部分音节组合成一个新词，例如 contraception（避孕，英语 contra-＋conception 的缩合）、brunche（早饭和午饭的合并，英语 breakfast＋lunch 的缩合），法国人进而用同样方法以法语成分造词，如 progiciel（软件程序，法语 programme＋logiciel 的缩合），héliport（直升机场，法语 hélicoptère＋aéroport 的缩合），虽然词汇因此而精练，但从帮助理解词汇的角度来看，词法分析却无从做起，法国人甚至创造了英语中并不存在的 camping-car（野营车）、tennisman（网球运动员）等词。

语言的很多发展趋势难以预料，无法人为控制。在词典中客观描述语言的现状，同时加上评注和标签，让广大读者在查阅时留下深刻印象，帮助全民提高纯洁语言的意识，这不失为一种积极的态度。在当今全球化的时代，伴随着新事物、新概念的引入，外来词涌入是必然的。十年前谁敢断言"艾滋病"、"因特网"，甚至"AA 制"、"IP 卡"、"T 恤衫"（见 2001 年《新华词典》修订版）能进入我们汉语的规范语言呢？法国人以坚决捍卫本民族的文化和语言著称，一方面是因为他们为自己的文化骄傲，另一方面也是因为英语与法语同属拼音文字，很容易以原形或法语化的形式被吸收，而汉语属表义文字，相比之下，至少从词形的角度来讲，英语进入汉语就比进入法语要困难得多。面对外来词的冲击，大可不必如临大敌，我们词典工作者应该做的首先是引导，再有是记录和分析的工作。相信《小罗贝尔》的做法可以为我们提供一些借鉴。

二　词义、例证和用法

需要指出的是，修订词典不仅仅是加入新词那么简单，应该能反映现代词汇演变的诸多层面：涌现的新词首当其冲，词汇的意义、使用环境、短语、隐含义和用法也都会产生变化。

《小罗贝尔》的释义系统不仅仅给词汇下定义，还描述了词汇意义的种种状况和流变，犹如一张精密的网：分列的义项、对例证的解释、通过近义词和反义词进行定位、近义词和类比发展出的意义场，最后是词汇在具体语境中的使用，这一切都表现了立体的词汇意义。《小罗贝尔》选取的例证包括自编的例证、报刊语言和书证，例证的作用是表现活的词汇，包括词汇的意义、词汇在句中的位置和词法（动词的变位形式、名词、形容词的阴性和复数形式），它能再现词汇的定义，但又不仅仅表现定义。

与 1992 年版相比，《小罗贝尔》1993 年版做了很大改变，现试举动词 allumer 一例（见下页）：

现在通过列表比较两个版本的异同：

	1992 年版	1993 年版
词条	有	有
国际音标	有	有
词性	有	有
词源	有	有
大义项	1 个	3 个
小义项	2 个	6 个
修辞和语法提示	4 个	8 个
引申义和代词义	5 个	8 个
书证	9 个	5 个
普通例证	8 个	35 个
近义词	1 个	5 处 8 个
反义词	1 个	3 个
参见标记	无	2 个

ALLUMER [alyme] *v.tr.* (1080; lat. pop. °*alluminare*)◆1° Enflammer; mettre le feu à.点，点火 *Allumer le gaz.* 点燃煤气 《*Il prit la cigarette ,l'alluma au briquet* 他拿起香烟，用打火机点燃》(Genevoix). Par méton. 换喻 *Allumer le poêle, une pipe.*点燃炉子，烟斗 Par ext.引申 *Allumer le feu.* 点火 Pronom. 代词用法 *L'incendie s'alluma rapidement.* 大火迅速燃起 ◊ Fig. 比喻 Exciter, éveiller de façon soudaine.引起，唤醒《*Elle avait allumé le désir dans ses veines* 她唤醒了他血液中的欲望》(France). 《*Un petit héritage allume l'espoir* 一小笔遗产唤起了希望》(Maurois). *Fam* 通俗. Enflammer de désir(un homme) . 引起（某人的）欲望 Pronom. 代词用法 《*L'amour s'allumant et s'éteignant tour à tour* 爱火一会儿燃起一会儿熄灭》(Rivarol). ◆2° Rendre lumineux en enflammant(ou par tout autre moyen)点燃（或用其他方法）以照亮. V. 见 **Éclairer**. *Allumer les bougies.* 点亮蜡烛 《*On alluma la lampe et la veillé commença* 人们点亮路灯，夜晚开始了》(Daud.). *Allumer un lampadaire* 点灯. Par ext. 引申 《*Dans ma chambre d'hôtel j'allumais toutes les lumières* 我点亮了旅馆房间里所有的灯》(Duham.).Fam 通俗. Allumer l'électricité.开电灯 ◊Faire briller. 使明亮《*La nuit allumais ses premières étoiles* 夜空中亮起了第一批星星》(France). ◊ Pronom.代词用法 Devenir lumineux, briller 变明亮. *Les fenêtres s'allumaient.* 窗口亮了起来《*Son coeur bondit, ses yeux s'allumaient* 他的心在跳，眼睛放出光》(Daud.). 《*Une sorte de sourire s'allumait dans les yeux* 他的眼里露出一丝笑意》(Duham.). ANT. 反义 Éteindre.(1992年版)

ALLUMER [alyme] v.tr.<1>--1080; lat. pop. °*alluminare*.

I. (Feu 火) **1.** Mettre le feu à 点燃. *Allumer du bois sec, la mèche d'un explosif.* 点燃干木柴，炸药引线《*Il prit la cigarette ,l'alluma au briquet* 他拿起香烟，用打火机点燃》(Genev.). *Allumer le gaz.*点燃煤气. PAR MÉTON.换喻 (contenu 内容) *Allumer une pipe.*点燃烟斗 ◊ PAR EXT.引申 *Allumer le feu*, le faire.点火 *Pyromane qui allume des feux de forêt.*在树林放火的纵火狂—PRONOM. RÉFL. 代词式动词 *L'incendie s'alluma rapidement.* 大火迅速燃起 **2.** Exciter, éveiller de façon soudaine(une passion) .引起，唤醒(激情) *Allumer la colère, les désirs, les feux* de l'amour.* 激怒，唤起欲望，点燃爱火⇒**enflammer, susciter.** 《*Brulé de plus de feux que je n'en allumai* 被我点燃的火用更炽热的火焰把我烧焦》(Rac.).*Allumer la guerre.*挑起战争 **3.** FAM. 通俗 Séduire (un homme). 引诱（男人）⇒**aguicher, draguer**. 《*Elle pouvait m'allumer sans risque* 她可以毫无危险地挑逗我》(Clavel) (cf. 参见 Allumeuse *.) **4.** ARG. 行话 Tirer sur (qqn)avec une arme à feu. 用枪射击某人 FIG. 比喻 Critiquer qqn violemment; mettre en cause.猛烈批评某人，控诉某人 *Le ministre s'est fait allumé par ses adversaires.* 部长受到他的政敌的抨击 ⇒**éreinter**. **2.taper** (sur) (cf.参见 Descendre* qqn en flammes).

II. (Lumière 光线) Rendre lumineux en enflammant, ou par l'électricité(courant, pile). 点火（或通电、电池）照亮 *Allumer un lampadaire, une lampe de poche* 开灯，电筒 *Toutes les lampes, les lumières étaient allumées* 所有的照明设施都打开了(⇒ **illumination**). *Les feux de position sont restés allumés.*汽车的位置灯还亮着 –PRONOM.代词用法 Devenir lumineux.变亮 *Le phare s'allume.*大灯亮了 *L'écran s'allume,*屏幕亮了 *le voyant rouge s'est allumé.*红色指示灯已经亮了 *Signal lumineux qui s'allume et s'éteint.*信号灯一明一暗地闪动 —FIG. 比喻 《*Son coeur bondit, ses yeux s'allumaient* 他的心在跳，眼睛放出光》(Daud.). ⇒ **briller.** ◊ PAR EXT. 引申 *Allumer la lumière.* 《*Dans ma chambre d'hôtel j'allumais toutes les lumières* 我点亮了旅馆房间里所有的灯》(Duham.). *Allumer l'électricité.* 开灯 ABSOLT. 绝对用法 *Pourriez-vous allumer?* 您能开开灯吗？*Voulez-vous allumer dans l'entrée?*donner de la lumière 您能打开入口的灯吗？–PRONOM. 代词用法 *À l'heur où les lumière s'allument.*在该开灯的时候 ◊ PAR EXT.引申 *Allumer une pièce,*打开房间的灯 *La chambre est restée allumée.*房间一直开着灯 –PRONOM. 代词用法(PASS.表示被动) *L'entrée s'allume à gauche de la porte.* 大门左侧的入口开着灯

III. (Énergie 能量) **1.** Faire fonctionner en mettant le feu. 点火发动 *Allumer le poêle, un four à gaz.*点炉子，煤气灶 *Allumer une fusée*(cf. Mettre à feu*).点燃火箭 **2.** Faire fonctionner (un appareil électrique) par une prise de courant (⇒**brancher**)ou un bouton*. 通电或打开开关打开（电器）*Allumer la radio, la télévision.* 开收音机，电视 -- PRONOM. 代词用法(PASS. 表示被动) *Où, comment s'allume la photocopieuse?* 开关在哪？怎么打开复印机？*Le four s'allume électriquement.*炉子用电点燃

CONTR.反义 Éteindre; arrêter, débrancher. (1993年版)

比较 1992 年版和 1993 年版可观察到如下现象：

（一）1992 年版两个义项的主语都是“人”，1993 年版将主语再分成三个（人、光线、能量）。原义即第一义项“点火”保留，增加了“激起和唤醒感情”和“引诱”的通俗义、“射击”的行话义，作为第一个大的义项；补充了“光线”、“能量”做主语的第二、第三大义项。

（二）因为该动词使用范围的扩大，allumer 的代词用法、引申用法与 1992 年版比较都有变化，增加了“Allumer une pièce，打开房间的灯”和“L'écran s'allume. 屏幕亮了”等反映现代生活的例证以及 1992 年版没有的绝对用法“Pourriez-vous allumer? 您能开开灯吗”。“能量”做主语的第三大义项，更是从语言的角度反映了社会和科学技术的发展：“Allumer une fusée. 点燃火箭”，“Comment s'allume la photocopieuse? 怎么打开复印机”。

（三）词汇的通俗和比喻义，如第一大义项的第三义项“Séduire (un homme). 引诱（男人）”和第四义项“Critiquer qqn violemment; mettre en cause. 猛烈批评某人，控诉某人”在 1993 年版中得到描述。

（四）普通例证、修辞和语法提示、近义词、反义词丰富了许多，但书证有所减少。

这些变化都反映了编者修订词典指导思想的变化。限于篇幅这里只举一个普通动词的例子，虽不能说明全部问题，但可以说明词典的修订并不仅仅是增加新词的问题。

三　体例的更新

为了方便查找，1993 年版《小罗贝尔》还修改了体例，比如修辞和语法提示前都有标记“◇”或“—”，由首字母大写改为全部大写：par ext. →PAR EXT.；近义词由原来的“V.”改为符号“⇒”；字体方面也进行调整，白体更细更清晰，黑体更粗更明显等，至少从两本词典的对比上有明显的差异，确实下了一番工夫。

四　手段的更新

词典内容的修订是一个方面，而传统修订手段的更新同样应该引起我们的注意。现代出版，因为有计算机系统的辅助，节省了大量烦琐的简单劳动，比过去有了实质性的飞跃。改变剪刀加糨糊的传统操作方式，借助先进的电子编辑系统，实现词典修订的现代化，成为摆在我们面前的一个任务。《小罗贝尔》的修订就得益于先进的电子编辑系统：首先，他们将编辑预选的大量例证输入计算机，随后对选出的文字用软件进行标定，形成随时可以调用和改动的例证库，再后就是用编辑软件对包含有词目的所有例证进行分析，选出适用的例证，插入词典修订本，并自动转换成修订版的体例。

1993年版的《小罗贝尔》应该是也必然是崭新的，一方面语言本身和它的用法都在变，另一方面，词典编者的编纂思想也在变。面对新的知识、新的挑战以及永远在变化的语言，词典可以通过修订进行相应的更新和变革，只有这样，才能保持旺盛的生命力。

21世纪的汉英大词典应有什么特点？

何　刚　强

中国有汉英词典，始于清朝晚期。最初的汉英词典大多由外国人编写，其服务对象不外乎传教士、商人和使馆人员。这些事实上只是词汇手册的词典虽较原始，却统治了中国汉英词典领域近百年的历史。一直到了20世纪70年代，我国才开始有了自己的大型汉英词典。从那时起，具有一定编纂水准的汉英词典相继问世，如林语堂的《当代汉英词典》、梁实秋的《远东汉英大辞典》，以及按周总理指示编写、由外研社出版的《汉英词典》。进入20世纪90年代中后期后，国内除了不断有一些中、小型汉英词典出版以满足不同层次、不同领域使用者的需要外，又先后出现了两本较有影响的大型汉英词典：上海交通大学出版社出版的《汉英大辞典》和商务印书馆出版的《新时代汉英大词典》。这些词典的接踵面世，无论对于国内的英语教学，还是对实用翻译，都提供了新的参考工具，产生积极的影响。

林语堂主编的《当代汉英词典》依今天的眼光看显得单薄了些，无论是收词量还是例句都远不够丰富。但是这本词典却有其魅力：它对许多中国文字典故的解释非常精当、道地，至今对新一代的汉英辞书编纂者仍有宝贵的参考价值。梁实秋主编的《远东汉英大辞典》(1991 年扩编后正式在国内发行)所产生的影响面似乎更大些。这本词典(扩编版)除了收词丰富,信息量较大外,还有一个显著的特点,就是开始注意到了“两岸三地”的语言现实。外研社出版的《汉英词典》是当时国内一批一流的英汉语言专家严肃认真工作的结晶,尤其在释义的精当这一点上,至今仍可作为汉英词典编纂的楷模;美中不足的是,其收词明显不够丰富。虽然修订版有相当程度的扩充,但使用者犹嫌不足。令人喜悦的是,去年问世的《新时代汉英大词典》(商务版)在收词,特别是在新词收集的丰富程度上明显优于《远东汉英大辞典》和《汉英词典》。上海交通大学出版社出版的《汉英大辞典》也有其特色,一是由于科技及专门词汇被大量收入,使得这本词典的收词量目前可能在国内无出其右者,二是对单字作了注词性的尝试,无论这样做的意图何在,在客观上是迈出了汉英词典与国际辞书编纂接轨的一步。

上述几本词典虽然各有各的特色,但总的看来,我们不难发现,汉英词典的编纂已经逐渐出现一些共通的特点,即开始侧重收录汉语新词语,增添百科词条,增加词典的信息量,改进先前的英文释义等。这些经实践证明是可取的做法我们在新世纪编纂新型汉英辞书时无疑是要承继和借鉴的。但是,当我们思考面向 21 世纪的汉英大词典应当如何编写这个问题时,我们不能不看到目前所有的大型汉英词典存在的一个普遍的局限,即现有汉英词典一般都侧重于为中国人学习、使用英语(包括翻译)提供参考,而较少真正考虑为外国人学习、了解中华文字文化提供便利。换句话说,21 世纪的汉英大词典不仅要为国家的改革开放和培养人才服务,而且要为中华文字文化走向世界做出贡献。后者在客观上本身就存在着需要:随着中国经济的增长和国力渐强,世界上有越来越多的人神往中国的历史和文化，而由此产生的对汉语这个中国文化的载体的兴趣将会越来越浓厚。新的汉英辞书的编纂没有理由回避这一现实。

如果21世纪的汉英大词典要真正走向世界，那么现行汉英辞书的编写思路就应当有一个较大的变化。复旦大学杰出教授、《英汉大词典》(上海译文出版社)主编陆谷孙先生对计划中编写的《大中华汉英词典》(以下简称《大中华》)提出的四个原则就是一种新的思路。这四条原则是："兼收并蓄"、"客观实录"、"音、义、形兼顾"和"等效翻译"。

"兼收并蓄"与"客观实录"除了强调一般意义上的广收各类词条，特别是新词条之外，《大中华》还要照顾到"两岸三地"甚至海外华人区的汉语使用的现实。1949年之后，由于众所周知的原因，大陆与台湾地区在汉语使用的某些方面出现了不一致的情况，词汇表达上的差异比较明显，这是事实。另一方面，大陆二十多年的改革开放，特别是台湾与大陆在经济、文化等各方面的交往日益密切，两岸的语言正悄悄出现一种相互渗透的局面。毕竟两岸人文同祖同宗，只要两岸继续在各方面扩大交往，语言上一定会最终走向共溶。作为一本大型汉英词典，《大中华》至少必须要实录在台湾地区以及香港频用的词语，"使之通过同一种译入语英语的媒介，渐趋互相认同而凝聚，兼收扩大现代汉语词汇共核域之效"(陆谷孙先生语)同时还指出，在收词过程中要做到"语言"与"事实"并重。这一点在《新时代》中已经有了较好的开端，它收录了反映中国历史(包括近现代史)上的许多事件词条(虽然该词典对这类事实词条不少还嫌语焉不详)。《大中华》将在这方面有明显改进。考虑到大型词典一般都尽力为读者提供尽可能详尽的信息或知识这一趋势,《大中华》将对“事实”性词条提供较为详细的释义。如对“长征”、“文化大革命”等词条就应有更具体的背景知识解释。

“音、义、形兼顾”这一原则对于汉英词典的编纂而言,可以说还是一件还没有尝试过的事。汉字作为象形文字,有数千年的历史,源远流长,富有独特的魅力。但百余年来,汉英词典编写一般都只对汉字注音和释义,而对汉字的形体结构或来历没有任何说明。这是一大缺憾。外国人学汉语,不能不了解汉字的构造,向他们提供一些解剖汉字字形的内容及相关的信息,会大大有助于他们对所查字目的理解,甚至还会进一步勾起他们对汉文字文化的浓厚兴趣。为达到这个目的,《大中华》将以简繁体并排单字,以精悍的英文介绍字形所指。笔者认为此举不仅对汉英词典的编写将是一个重大突破,而且对中华文字文化精髓的传承,对 21 世纪汉字在世界的传播,都具有很重要的意义。

“等效翻译”这一原则是针对现有汉英词典释义等效性差,只注意词汇意义,不注意语法和语用意义有的放矢提出的。《大中华》的编写过程将始终如一地贯彻这个原则,不仅忠实译出字义或词义,更力求在词语特定的语体或使用域方面做到汉英“等效”。对这一原则虽然可以仁者见仁,智者见智,但是有一点应是大家的共识,即汉英词典在汉语词条,特别是汉语句子英译的处理上应是灵活的(dynamic),应求整体等效,而并不逐字逐词死扣原句来作机械的对应,而且在可能的情况下,英文的处理要尽 量体现一词的多种译法。例如,汉语词条“亏损”在现有的汉英词典中基本都只有两种解释或翻译:loss, deficit,若举例“亏损企业”,一般也都只是 loss-making(or losing)enterprises。其实现代英语中可以用来表达“亏损”的词组不止这两个,下面的一些表述应当在“亏损”

一词的例句或例词中得到体现：

money-hemorrhaging industries,

small companies spilling red ink,

enterprises that oozed red ink last year,

the underperforming state sector

《大中华》将是一部包含相当比例百科内容的汉英语言工具书，既面向内地，又面向港台，面向海外，面向全世界学习、使用汉语和研究中国文化的人；同时，它服务于广大的英语学习者、翻译工作者和研究工作者等。这就要求词典的编纂者在具体内容的设计上要处处考虑到未来使用者的各种查阅需要，为他们提供更多的方便。在这方面有许多工作值得去尝试、去创新。例如，既然汉字单字将以简繁体并排，附上精悍的英文介绍字形所指，那么就必须顾及汉字的通假。林语堂的《当代汉英词典》与梁实秋的《远东汉英大辞典》虽对此有所注意，但着墨似远远不够。《大中华》在展现汉字通假情形方面应有特色。又如，现有的汉英词典对词条都不注词性（上海交大版的《汉英大辞典》只对单字试注了词性），这对中国人而言似乎并不十分重要。但为海外使用者计，恐怕还是应当给词条注词性（若一个词条有不同的词性，就应当分别注清）。这样做起来会很麻烦，但若处理得好就会使国外的使用者受益；这样做也与国际的词典编纂实践接轨。再如，条目互见（crossreference）一项在英美出版的英语工具书中是常见的，是为词典的使用者提供方便（user-friendly）。从严格意义上说，这一内容安排在汉英词典中基本阙如。新世纪的汉英词典理应补上这一空白。

《大中华》拟设三种条目互见。（一）"两岸三地"对同一事物的不同表述要有条目互见（如"渠道"与"管道"，"软件"与"软体"等）；

(二)同一事物(特别是化学、医学、植物学等学科中的诸多名物)常有不同的指称,有些学名与俗称也有区别,都需设条目互见(如:拍拉息昂/对硫磷/硝笨硫磷酯;怕痒花/百日红/紫薇;帕马奎宁/扑疟喹(啉)/扑疟母星);(三)中国历史人物、事件(包括传奇中的人物与事件)若与某一成语有联系,可视情形设条目互见(或参见),如:阿娇>金屋藏娇;阿斗>乐不思蜀,等。

还有,由于汉语不少词条,尤其是汉语的许多成语典故,光靠一般的释义并不能完全解释清楚,有时有必要在词条后附一简短的注释,使查阅者,特别是外国读者更能精确体会成语的内涵意蕴。如:在"扒灰"一词的释义之后,有必要增添这样一个注:

Note: In Chinese, knee(膝) and daughter-in-law(媳) are near homophones.

又如,在"判若鸿沟"这一词条的释义之后,可加上如下一个注解:

Note: Houggou Canal was an ancient canal in China (The digging project began in 360 BC). During the War Between Chu(楚)and(汉), the canal served for a time as the demarcation between the two rivaling sides.

另外,迄今为止,各类汉英词典尚无同义词的比较,究其原因恐怕是做起来难度很大。但是这个空缺对广大海外的汉语学习者而言常是一件查阅上的憾事。《大中华》要面向世界,就应考虑如何在这一点上更周到地为词典的使用对象着想。相信增加同义词比较一项能进一步增强《大中华》的实用性。

笔者以为,衡量一本大型综合汉英词典是否有质量、有特色,不仅要看其收词量是否大(窃以为不能一味追求收词的数量和所谓的广收新词),更要看它的整个编排是否很好地考虑到了使用者的各种需要,是否具有精当的信息资源,是否体现出了汉语言文化的浓厚韵味。质而言之,新世纪的汉英词典应努力与国际辞书界渐趋一致的理论与实践接轨,即从词典使用者的角度来考虑、设计词典总体思路及其微观结构,使得所编写出的词典能比同类词典有更高的查得率,更强的可读性和更广的实用性。

词典的编写与修订

李 正 栓

一 知识性、实用性、趣味性:词典编写的根本原则

任何一本词典,必须力求体现知识性以作其编写宗旨,实用性以作其接受标准,趣味性以作其激发阅读的手段。词典若不能记录、传递知识并准确解释词语用法,便失去其编写的意义;若选释离广大人民群众实际工作和生活不沾边的生僻而不实用的词语,便失去其基本读者;若释义所用的词句不贴近人们的情感,不生动,便不能产生心理上的共鸣,激发阅读的手段便软弱无力。

词典要解释多年存在的知识,反映变化了的新知识。这既是词典编写的原则,也是词典修订的原则。归根到底,词典即知识的文字仓库,是知识的总积累,是辞书工作者和编辑的心血文字化。词典编写既反映了辞书工作者不断追求的精神,又反映了各行各业工作者的合作精神。辞书工作者应对新词语极为敏感,及时捕捉并反映社会的发展和科技的进步。商务印书馆的《现代汉语词典》对“仿生学”解释便是一例:

> 【仿生学】研究生物系统的结构、功能等,用来改进工程技术系统的科学。如模拟人脑的结构和功能原理,改善电子计算机。①

对于方言中出现的内容健康的词语《现代汉语词典》也及时地吸收了进来，如“打的”、“炒鱿鱼”等。当然，其他词典也是这样做的。对于知识的积累、记录、解释，对词汇的增、删、改是所有词典编写及修订应当共同遵守的原则。

实用性和趣味性同样重要。实用性应作为词典是否能被读者接受的标准之一。词典的编写是为了让读者在用词发生困难时有所依赖。如果所给例句或短语晦涩、难懂且远离实际生活，读者会失去兴趣。翻阅一下认真编写的词典，不难发现，编者总是把实用性和趣味性有机地结合在一起，并且在例句翻译时也充分体现实用性和趣味性，例如：“What made you come and work in this establishment?（你到这个机构来工作的原因是什么?）”② 此句的译文若译成“什么使你来这家机构工作?”，便显得不生动、不实用。另外，这句话比“Why did you come and work in this establishment?”意义更深刻。

有时，词语义项的释义能反映编者的个性和偏见。Samuel Johnson (1709—1784) 1775 年出版了他的英语大词典。在解释“燕麦”这一词时他是这样说的：“燕麦，名词，一种谷物，在英格兰用来喂马，在苏格兰用来喂人。(Oats, *n.* a grain, which in England is generally given to horses, but in Scotland supports the people.)”这一释义的个性和偏见显而易见。但这个解释耐人寻味，体现了对知识的解释，同时还富有趣味，给人以很深刻的印象。

恰当的趣味性，如 Samuel Johnson 对“燕麦”的解释，给人以新鲜感，但内容健康。然而，有的词典一味追求趣味性，却忘了科学性。例如，有一本词典在解释 flee 和 fleet 时说：flee 是“逃跑”；fleet 是坐着船逃跑，因此 fleet 是“舰队”的意思。这种解释不仅牵强附会，还极大地伤害了海军战士的感情，海军战士远离家乡，辞别亲人，顶风破浪，守卫海疆，倒落了个“坐着船逃跑”的罪名。笔者曾在主编《实用英语短语动词用法手册》一书时，及时制止了一个无聊的幽默，一个参编者编了这样一个例句：“汽车里探出一只狗脑袋。”问及其例句由来时，他说他看不惯有些人不但自己坐着豪华轿车，还让狗同乘，他说他的例句又幽默，又解气。但笔者坚决把此句删掉，因为汽车是供人坐的，不是所有人都会带狗上车的，还因为原例句会引起人们的误解，会使人们认为这是骂人头为狗头。所以说，趣味性应当是有原则的，这个原则，即词语的解释必须保持其知识性不被歪曲，其实用性应被遵守。

二　多功能性、可参考性、可扩展性：词典永恒的魅力

追求多功能是多数词典编写的一个根本目标。现在市面上有不少“考点”词典，还有不少其他名称的词典。这些词典的编写是以应试教育为基础，也为应试教育推波助澜，严重误导了学生对词汇的学习。结果是，词汇记了不少，考试也通过了。但在实际使用这些词汇的时候发现自己根本没有真正掌握词的用法，更体会不到词汇的魅力。因此，在词典编写过程中，应充分体现音、形、义、查、用等内容和功能。一定要培养学生正确使用词典的能力。对于单词，要让学生学会辨其音，识其形，明其义，学会查其他相关词，学会如何具体使用。过去出版过不少“四用”、“五用”或“十用”等诸如此类的词典。这些词典的出发点很好，也起到了很好的作用。现在有不少学生急功近利，只图考试过关，不注意真正学习词汇的用法。所以，在编写词典时，提供生动、鲜活的例句及其译文对读者具有很强的指导作用。这些例句应当是既能告诉读者如何

使用一个词，又能告诉他应当怎样去翻译，这便是体现了多功能性。优秀的例句会产生一种磁力，强烈地吸引读者继续阅读词典，而不是简单被动地使用词典。例如，在讲 face 和 powder 时，编者完全可以引用名人名句。许渊冲教授在翻译毛泽东诗《七绝·为女民兵题照》时曾创造性地使用了以上两词："So bright and brave, with rifles five feet long, /At early dawn they shine on drilling place. /Most Chinese daughters have desires so strong/ To **face** the **powder** and not to **powder** the **face.**"（飒爽英姿五尺枪，曙光初照演兵场。中华儿女多奇志，不爱红装爱武装。）[3]这种对词汇的深刻理解和巧妙的翻译是使用词汇的榜样，词典若能收进这样的例句，不愁学生不喜欢。优秀的例句是多功能性的，除了对用法和翻译有借鉴意义之外，对作文中用词也有参考价值。

可参考性是词典编写过程中举例时应当考虑的一个重要内容。所用例句对于读者而言，无论从遣词造句，还是从英汉互译这个角度，都应具有很强的参考价值。因此，所用例句应尽量具有相对的持久性，同时应具有较强的现实意义，应具有较强的艺术价值，同时应有表达现实生活的功能。基于以上考虑，所给例句应雅俗共赏，雅而不离生活，俗而不粗。

可扩展性也是编写中小型词典时应当考虑的问题。可扩展性，指以词典所收词目以及各义项为基础，对该词进行大量补充、扩展，使其具有很强的可查性，使星星之火形成燎原之势，在熟悉的相关语境中全方位地掌握词的具体用法。所扩展的内容不一定一一给出例句，可以只作为一个词库，作备查之用。在查基本词汇时，读者便注意到这些扩展的词库，不要求全部记住，但希望给读者一个印象，什么时候用什么时候再去细查。在这个学习过程中，读者对词汇形成一个总的模糊记忆，无形之中扩大了词汇量。兹举一例。

descend

[di'send]*vi.* 1. 下来，下降：The elevator **descended** slowly to the ground floor. 电梯慢慢地降到底(一)层。‖ The sun **descended** behind the hill. 太阳下了山。[同]decline, fall, drop, sink, come down. [反]ascend, climb, rise, lift. 2. 突然袭击：The robbers **descended** on that house. 强盗袭击了那所房子。[同]attack, invade. 3. 是…的后代：He claims to descend from Napoleon. 他自称是拿破仑的后代。4. 祖传，时代相传，遗传：The title **descended** to his son. 这个称号传给了他的儿子。[同]pass, inherit, be handed down. 5. 起源于：This festival **descended** from a religious rite. 这个节日起源于宗教仪式。[同]originate, arise.

[考点]descend from 从…走下来 descend to doing sth. 下降到，堕落成

[派生]descent *n.*；descendant *n.*；descendible *a.* ④

正是这种多功能性、可参考性和可扩展性产生了词典的魅力，同时也使词典具有了较强的生命力。

三 修订：词典的新陈代谢

词典的生命力不仅在于初编时的基础，更在于对其不断地修订。修订工作是词典这个生命机体里的新陈代谢过程，是维持词典生命的不可缺少的环节。就英汉词典而言，词典的修订工作应

遵循以下这些原则。

（一）反映当今英语教学成就。当今的英语教学已取得巨大成就，小学、中学、大学和研究生英语教学虽然没有形成“一条龙”，但无论是复式使用词汇，还是总的词汇阅读量都比以前有了较大的提高，就义项选择而言，均有很大的变化，这是社会发展的规律决定的，因为语言要反映社会发展的各个方面。词典初编时所用的例句往往成为过时的例句，所以必须经常不断地参照各种教学大纲和国外新问世的词典，对不合时宜的例句进行修订，对新义项进行补充，使词典拥有新鲜血液，促进血液循环，保持旺盛的生命力。另外，应特别注意在词的用法上下工夫，使词典具有可读性、可查性和可依赖性。在加强阅读和写作方面下工夫，即词义的解释、相关词的积累、所举例句及译文均对加强学生的阅读和写作有指导意义。

（二）与原作体例的一致性。一本词典自问世之日起便形成其特色，其体例也大都被读者认可。因此，在修订时，应充分考虑词典内容的稳定性和体例的一致性，这样既尊重原作者的劳动，又照顾到读者的接受心理。在稳定性方面应特别注意选用具有艺术魅力、有相对持久意义、能提高人文素质、促进对自然和社会理解的例句。同时，新修订的内容还应尽可能地富有现代意义，使其内容成为吸引读者的重要因素之一。

（三）遵循传统与创新。词典编写大都有其传统，以注音、释义为主。但如果编写方法一成不变，没有创新，读者便不能产生好奇感。因此，人们绞尽脑汁，设法采用新的编写方法。有的搞成考点手册，有的只罗列词与词组，有的根据词根规律进行排列，有的采用倒查法，有的采用星火法，有的把最有用的相关词如同义词、近义词、反义词、同族词、近形词、易混词、派生词、可以比较辨析的词均提供给读者，大有买一赠十的感觉。简言之，各家有各家的高招。但无论人们有多少高招，注音、释义这个传统永远存在。实际上，创新是以传统为基础的。只有这两者的结合，才会产生更吸引读者的佳作。

综上所述，笔者认为，词典编写应有明确的目标，首先决定为谁而写；应有编写原则，决定词典应体现什么知识；应有恰当的编法，决定如何表达应当呈现的知识；应体现编者观点，正确反映客观世界；应力争词典具有较强的生命力；应推陈出新，确保生命的不断继续。

词典编写者应经常一起探讨词典编写的原则与方法等问题，以确保编出的词典是真正意义上词典或手册，而不是旨在为应试教育推波助澜的词汇罗列集或"考点"集。同时，应向词典使用者传授使用词典的知识与方法，让读者学会如何查词典、如何用词汇、如何对相关词进行比较与辨析。只有做到这些，词典的编写才是严格的、严肃的、有意义的。

附　注

① 中国社会科学院语言研究所词典编辑室编《现代汉语词典》(修订本)，商务印书馆，1994 年，第 357 页。

② A. S. Hornby，李北达编译，《牛津高阶英汉双解词典》(第四版)，商务印书馆·牛津大学出版社，1997 年，第 489 页。

③ 许渊冲译，《毛泽东诗词选》，中国对外翻译出版公司，1993 年，第 89 页。

④ 李正栓、孙建民主编，《大学英语多功能词典》(四级)，内蒙古大学出版社，2000 年 4 月，第 156 页。

英语词典编纂工艺的沿革

于　海　江

英语词典编纂经历了一个曲折发展、持续创新的过程。为方便叙述，笔者以三本重要词典的出版为标志，把英语词典编纂的历史粗略地划分为四个时期。第一个时期为萌芽期，指公认的第一本英语词典(即考德雷的《按字母顺序排列的词汇表》，1604年)出版之前的时期，作品主要是一些拉丁语—英语双语词汇表。第二个时期从1604年开始，到1755年约翰逊出版《英语词典》结束，为发展期。第三个时期从1755年到1928年《牛津英语词典》出齐，为成熟期。《牛津英语词典》的编纂和出版标志着现代词典编纂的开始，因而此后称为繁荣期。

一　萌芽期

古代的英国人与现代人一样，在读书时喜欢在字里行间添加一些文字，其中就有对难词的注释(gloss)。因为当时的典籍多用拉丁语写成，英语中拉丁语词也很多，这种注释就显得十分必要，虽然当时的书都是写在昂贵的羊皮纸上。这在今天被称为“行间释文”(interlinear glosses)。gloss 一词源于希腊语，原意为“语言”(tongue)，经拉丁语进入英语。后来为方便教学，一些教师将遇到的难词汇集起来，称为“释文汇集”(glossae collectae)。这些词表最初是将同一字母打头的词语拢到一起，并未按严格的字母顺序排列。经过了很长一段时间才逐步过渡到将第二、第三个字母相同的词排在一起。有的词表并不按字母顺序编排，而是按主题。如11世纪初，隐修道长埃尔弗里克（Aelfric，Abbot of Eynsham）把词表分18个部分：1.上帝；2.人；3.亲属、行业称谓、工匠；4.疾病；5.抽象名词；6.年、月、日、季、气候；7.颜色；8.鸟类；9.鱼类；10.兽类；11.花草；12.树木；13.室内物品；14.厨具、餐具；15.武器；16.城市各部分；17.金属宝石；18.（具体和抽象的）统括词（McArthur，75）。

今天保留下来的最早的词表编于8世纪。但在此后数百年中，词表一直是相当无规则和混乱的。词目有时按主题排，有时按字母排；释义有时用英语，有时用拉丁语；拼写法也不固定。这种情况直到15世纪后期才逐渐走上正规。最后经过多年的演变，才有了今天严格的按字母顺序排列的词表。

英国早期的词典编纂并不像今天这样被看作是一项学术活动，编写者也并不自视为词典家、专家或学者，而只不过是词汇的收集者。早期的词典编纂者并非仅仅出于对金钱的追求，更多是出于对词语的痴迷。单枪匹马编词典不管对谁来说都是对意志的考验。他们大多是热心语言教学的教师们，对词典往往偏爱到迷恋的程度，从挑拣、引用、排序、定义中得到乐趣，同时实现人生的价值。据传16世纪词典编写者库柏（Thomas Cooper）的妻子为丈夫每日劳累而忧心忡忡，担心他长此以往会一命呜呼。于是将他所有的手稿付之一炬。而这丝毫未动摇他的意志。他竟一言未发，坐下来一切从头开始。

二　发展期

1604 年出版的考德雷(Robert Cawdrey)的《按字母顺序排列的词汇表》被后人推为第一部英语词典。编者在书名页(title page)上声明“是为帮助女士、淑女、或其他不通文墨之人”,处理十分低调。其实作者只是把 2 500 个不太像英语的拉丁语词汇收拢到一起,加上简单的近义词作为注释。兰多(Landau 1984:35)十分恰当地称其为“最无灵感的开山之作”。更有甚者,书中 90%以上的词目原封不动地照抄自前人之作。这一行为足以令今天最大胆的抄袭者大跌眼镜。但从当时的情形来看,其他词典编者的境界一点也不比考德雷高。有不少人在抄袭之余,还不失时机地自我标榜,同时又对前人之作横加指责。虽说如此,今天英语词典的繁荣景象正是靠这一代代的“无害的苦工”(约翰逊语)开拓和耕耘的结果。

17 世纪出版的词典为数不少,销路也很好。但从词典工艺的角度来讲,却无多大进展,鲜有突破性作品。弊端之一是难脱“难词词表”之窠臼,大多是以英—拉双语翻译为来源而收罗的两种语言中的对应词,不太像英语词典,倒更像是拉丁语词典。用同义词来释义的方法在当今词典中仍沿用下来,但其作用远比不上定义法了。其二是抄袭之风盛行。编者往往是把几部词典在自己面前一字排开,按字母顺序一路抄下来,无暇顾及所抄词目是否在英语中出现过。但这在当时都是例行的做法。一些近现代词典编纂者批评他们“抄袭”或“滥用”(corruption)则有失公允了。词目的来源除“洗劫”前人,就是从拉丁语—英语词典中照搬。在拼写上略作变动(改变后缀),使之适应英语的规则,如:onero (to burden)

改写为 onerate，incanto（to charm）改写为 incantate。应该说他们对拉丁语词进入英语起了推波助澜的作用。不管怎么说，这些词典为后来英语词典的编纂打下了较好的基础。

17 世纪较有创意的词典是布朗特（Thomas Blount）的《难词详解》（Glossographia）。编者从自己阅读中收集了部分词汇，把科技术语也收到词典中。还首次在词典中讨论词源，并使用了木刻插图。

英语词典真正发生质变是从 18 世纪开始的。世纪之初，克尔西（John Kersey）出版了《新英语词典》（1702 年）。作者以惊人的胆识和敏锐的眼光把拉丁语词、废旧词和专业性很强的词排斥到词表之外，全面收录常用词汇，与“难词传统”和“双语传统”分道扬镳，揭开了词典编纂史上崭新的一页。另一位对英语词典事业有重大贡献的是教师内森·贝利（Nathan Bailey），他的《通用英语词源词典》又前进了一步，为许多词语注了词源。在随后的版本中，还在词目上标了重音。他的词典不仅收词全面，而且释义翔实，先后出了多个版本，在近百年时间里长销不衰。为此后词典编纂的进一步发展奠定了坚实的基础。

三　成熟期

早期的词典编写者多为教师，而非专家或国家机构的权威人士，社会地位相对低下，因而他们能给语言以充分的尊重。早期英语词典中的释义多来自语言的实际运用，避免了个人专断。与欧洲学院派的词典相比，英国的词典较少刻板的条条框框和陈腐的学究气。

意大利 1582 年成立了欧洲第一个学院——秕糠学院（Accademia della Crusca)，1612 年出版了《秕糠学院词典》；1634 年法国成立法兰西学院，经数十年努力，编成了《法兰西学院词典》(1694年)。虽然这部词典从编纂思想和工艺上并不受今人推崇，但当时走在了英国的前面，使英国人在“倾慕有加之余竟欲效仿”(McArthur 1986:95)。但时光在学术界的争吵中流失，英国至今也未建立起学院。词典之缺，却由英史上一个民族英雄式的人物来补偿了。他就是塞缪尔·约翰逊(Samuel Johnson)。

当时克尔西和贝利的词典地位已相当稳固，一些伦敦书商决定出版一部大型的词典。约翰逊以其在文学界的崇高声望荣膺这一重任。书商(也是出版商)承诺给予资助，三年内完工。虽然法兰西学院 40 人折腾了 40 年才推出一部词典，这并没有使约翰逊和出版商担忧和退缩。

除了 6 位缮写员，约翰逊在几乎没有其他帮助的情况下，用了 7 年时间完成了这部对开本上下卷的巨著。这一速度足以让今天的编者惊叹不已，因而其编纂工艺格外引人注目。这样高的速度是如何达到的呢？我们总结出如下几点：

(一) 约翰逊用贝利的对开本《大英词典》(Dictionarium Britannicum，1730 年版)作为蓝本，书中插入空白纸张，直接在词典上做删改、添加工作。贝利的词典规模与约翰逊的相仿，收词量(65 000)甚至超过约翰逊的词典(40 000)。这样节省了大量的前期工作时间。

(二) 约翰逊的例证是直接在阅读中圈在书中的，交由助手誊抄在小纸条上，再将小纸条粘贴在适当的地方。这样约翰逊的精力不会浪费到摘录、抄写等事务性工作上，而是集中在撰写定义和寻找例句上。据后人评论，约翰逊词典的过人之处一在于其定义准确，二在于例证丰富。这两点奠定了其权威性的基础。

（三）约翰逊的模糊策略节省了不少时间。如“鱼”的定义为“一种生活在水中的动物”；“乳香”被解释成“一种草药”。有的例句无详细出处，只是凭他本人的记忆注为“XX曾经用过”。他在《前言》中说道：“倘若一有疑问就思虑再三，一有不懂之处就找人询问，会使编写工作无休无止地拖下去。……因此追求完美就像阿卡狄亚第一批居民追逐太阳一样，当他们追到日落之山时，看起来离他们却依然那么遥远。”当时在没有相关专科咨询人员的情况下，他只能一切量力而行。“纵然做不到尽善尽美，但可以及时完成”。（《英语词典前言》1755）

（四）约翰逊的词源随意性和主观猜测的成分较大，因而被Baugh and Cable(1978:270)斥为“荒诞无稽的词源”。

约翰逊对语言和词典本质的理解远远超出了他同时代的人。作为一代文豪，他的文字功力远非他人可比。他的《英语词典》无论在收词援例，还是在析词释义方面都达到了极高的水准，成为英国词典史上的一座里程碑。在其后一个多世纪的时间里，未能有人撼动其权威性。但英国词典的发展也由此陷入困顿。

美国在19世纪出了一位与约翰逊齐名的词典家诺阿·韦伯斯特(Noah Webster)。他原为教师，1783年出版《蓝皮拼法读本》，畅销不衰。源源不断的版税收入支付他后来为期半个世纪的词典编纂工作。他于1828年出版的《美国英语词典》为后来韦氏辞书系列的鼻祖。他本人也成为美国辞书业的开创者。《美国英语词典》的一些特色，如加大百科成分，采用美国拼法，注重市场需求等，对后来美国词典业的发展产生了深远的影响。

四　繁荣期

英语词典真正的繁荣出现于20世纪，以《牛津英语词典》(1928)的出齐为标志。在它之后陆续编写出版的大批量、多种类的词典，无论在编纂方法上还是在内容上，都直接或间接地从这本词典中受益。

《牛津英语词典》的编写可追溯到1857年。英国语文学会委员特伦奇(Dean Richard Chenevix Trench)发表了题为《论英语词典的若干缺陷》的论文，对英语词典的词源及义项划分上的不足提出批评。特伦奇公开表明了自己的描写主义立场。他认为词典是语言的清单，而不是选择"优良"词语的工具。词典编者是历史学家而不是"说教者"或批评家。词典应向所有的词语敞开大门。1858年，学会确定按历史原则编写一部词典，收入1 000年以来英语中出现的所有词语，并详尽描述词语的历史、词形、用法、词义等。而引用的例证都要求从典籍中获得。学会号召志愿者参加语料收集工作。来自英国和世界各地的数百名志愿者热烈响应。由柯勒律治(Herbert Coleridge)主持成立了两个委员会：一个负责典籍的阅读和例证收集，筛选各地寄来的例证；另一个负责词源研究。1860年制订出了《语文学会新英语词典编纂原则》，起草了《资料收集人须知》。他在1861年编出A—D部分的词目后不幸病逝，年仅三十岁。

第二任主编弗尼瓦尔(Frederick Furnivall)年轻有为，思想活跃。他发现早期典籍的阅读工作难于进展。这些珍贵的书籍非一般人能接触到，图书馆对外借也不放心。于是他在1864和1865年先后成立了早期英语文稿学会和乔叟学会。这些学会把早期手抄本重印，提供给词典编者和所有学者及学生。词典的前期准备工作持续到1879年（历时21年），此时词典仍是空中楼阁。圈内外人士对词典能否编成普遍持怀疑态度，编写计划随时可能夭折。

此时，学识渊博且沉稳执着的学者詹姆士·默里（James Murray）临危受命，给词典带来了转机。弗尼瓦尔向继任者移交（1879）的资料卡片重达1.75吨，为词典的成长提供了沃土。默里受命之后，与牛津大学出版社商定，由出版社资助词典的编纂，1889年完成（10年时间）。

编写工作十分艰辛。此前的词典编者面前放的是词典，而在默里面前放的却是一堆堆的卡片。他要把同一个词的卡片按意思不同分成若干份，摊开在地上或桌子上，有时多达100多份，每一份都要写出一个定义。还要按时间先后排出顺序。这样编出一个词往往要花几天甚至几十天时间。5年之后，他只编了352页，从A进展到了ANT。出版社又一次面临选择，或者放弃，或者增加人手。最后决定增加编写人员，默里由兼职改为全职。后来亨利·布赖德利（Henry Bradly）等三位编辑陆续加入，各自独立带领一个班子工作。这使1915年默里去世后词典工作未受大的影响。由于工程浩大，旷日持久，出版社经济上难以承受。牛津大学出版社让亨利·福勒（Henry Fowler）利用大词典的资料和初稿编一部小型词典。这部著名的《简明牛津词典》1911年出版，获得很好的社会效益和经济效益。

1928年，大词典终于出版了最后一卷。从创意到完成前后用去70年时间（1857—1928）。2 000名志愿者提供了500万条书证，其中200万条用进了词典。共收414 825个词条，全书15 487页。用1900年默里（1900:49）说过的一句话来概括："词典编纂于今方发展至鼎盛。”

《牛津英语词典》的编纂成功为词典编写积累了许多宝贵经验。首先,它坚持描写主义和历史主义原则,有明确的理论指导。其次是词典编写由单枪匹马转向集体合作。先后有主要编辑4人,助理编辑30余人参加编写工作。编者还积极号召社会力量参与,大规模收集语料。最后一点也并非无关紧要,牛津出版社为词典编写的成功做出了不可估量的贡献。先后投入30万英镑巨资,是当初预算的33倍。

从技术方面来说,除宏大的规模为英语词典历史之最,还有不少其他的创新之处。如编者自己设计了音标方案,为每个词目标注了发音。义项划分细致,且按时间顺序排列,并引用大量书证揭示词的起源、演变及现状。

在《牛津英语词典》出版后不久,长年在海外从事语言教学工作的英国教师霍恩比(A. S. Hornby)根据自己的教学经验编写了一本针对海外学生的小词典,于1942年在日本出版。这就是后来蜚声海内外的《牛津高级现代英语学生词典》。词典的主要特点有两个,一是采用较为常用的词来释义,便于学生理解;二是标注动词句型分类。动词按用法不同分成25类。如某动词标为[VP6A]表示第六种句型的A类。查附表可知,代表的句型为“主语+及物动词+名词或代词”。学生可依此造句。后来出版的《朗文当代英语词典》、《合作英语词典》等都遵循了相似的编写原则,但在简化释义词和详注语法两个方面走得更远。但这些词典的编写主要还是一种商业行为。

在美国则是大学词典异军突起。计有《美国大学词典》、《韦氏新大学词典》、《韦氏新世界美语词典》等多部,且不断推出新的版本。这些词典一般收词在15万条左右(词条计数上常有不少水分),释义简明扼要,编排井井有条,还常附有插图。通用16开本,比较方便。这也是一种商业性词典。

20世纪出版的美国词典中,若论冲破传统,力求创新,当以《韦氏三版新国际英语词典》为最。主编菲利普·戈夫是位语言学家,参加编写的人当中有语言学家、词源学家、语音学家,还有常驻数学、物理、化学、哲学、政治、宗教、历史、图书馆典籍方面专家各一名,并有外聘的学科咨询专家,共计200余人。在编写原则上与《牛津英语词典》相同之处在于,它也坚持描写主义,而且更为彻底。不同之处在于,它是一本共时词典。编者从各条途径获得的资料卡片逾1 000万张,大多出自现当代作者之手。

主编更为放手依靠集体力量。依个人所长,采用编辑分工负责制。如有的专门负责语音,有的专门负责词源。这种方法比《牛津英语词典》经济得多,效率自然也高。词典大量收录新词,特别值得一提的是对口语词和科技词的收录有了长足进展,同时将古旧词剔除,例证选择上也厚今薄古,充分贯彻了共时原则。但这方面有些矫枉过正。例如,全书除God一词外,词目概用小写,以体现"口头语言即是语言"的描写主义原则。对语音也采用有闻必录的原则,词目动辄数个至二十余个注音,使普通读者无所适从。

韦氏三版耗资350万美元,费工时757个编辑年。

五　影响词典工艺的三个方面

20世纪以来,美英词典业获得空前的发展。品种之多,质量之高,是其他国家很难望其项背的。辞书业的繁荣促进了辞书编纂工艺的改进和提高。编纂工艺的进步对辞书的繁荣也是个有力的支持。在此,笔者择要总结一下对词典工艺影响最为突出的三个方面。

（一）语言学

早期的词典编纂者很少有意地跟语言学挂勾。更多地是借助前人的经验成果和个人对语言的理解来确定编写原则。这种情况从《牛津英语词典》开始有所改变。它的历史主义原则正是取自当时盛行欧洲的历史比较语言学。它的词源也直接借用了格林等人的研究成果。1877 年,英国语文学会负责人曾致函牛津大学出版社,信中认为:“近年来语言学的巨大发展,已全盘否定了评判词典好坏的标准。……同时必须做到,词典的每个部分,不论是词源还是发音,都应根据语言科学的最新成果编写”。在《韦氏三版》的编写过程中,语言学家直接参与,更彻底地贯彻了描写主义原则。

（二）出版社

英美词典编纂事业的兴旺,出版社功不可没。编写词典,特别是大型词典,周期长,花销大,没有强大的经济保障做后盾是不可想象的。约翰逊的词典就是在书商的重金扶持下完成的。《牛津英语词典》更是在牛津大学出版社始终如一的财力支持下完成的。《韦氏三版》则花掉了出版公司 350 万美元的巨资。

现代的词典项目几乎都是由出版社来规划和实施的。英国经营词典业务最著名的出版社有:牛津大学、张伯斯、柯林斯和朗文。美国有梅里亚姆、芬克—韦格纳尔、蓝登书屋、世界出版公司、双日公司和巴恩哈特出版公司等。出版公司的直接操纵使词典的商业味越来越浓。各公司为争市场、抢读者而大做宣传,还能不时闻到火药味。激烈的竞争迫使出版社努力网络人才,引进新设备,提高编纂水平,缩短更新周期和修订周期,增加词典花样品种。许多商业性词典每隔一、两年就出一个新版本，每隔 6 到 7 年就有一次大修订。

市场竞争也有弊端，英美辞书全是私营机构的产品，除纯学术性词典外，政府一般不予资助。编词典耗资巨大，出版公司通常不愿冒风险去标新立异，因而造成了陈陈相因，不求有功、但求无过的局面。为减少开支，只有少数几家出版社有自己固定的编写班底，而且人数都不多，主要靠外聘人员。社内人员主要管计划协调和定稿工作。兰多曾深有感触地说："大多数情况下，导致词典释义缺陷的那些决定早在六年前公司董事会上由一群对词典编纂毫无所知，也不曾想到请教他人的人做出了。"(Landau 1984:270)

(三) 计算机

计算机科学的发展，为词典编纂开辟了崭新的途径，引发了词典编纂工艺的一场革命。如今，每一本词典的编纂都或多或少地要使用计算机。从计算机介入词典编纂的程度来看，计算机一般有如下用途：

1. 文字编辑：计算机键盘录入和扫描录入功能取代手工抄写和打字机，修改、排版、保存、提取效率大大提高。

2. 检索和统计：可对相关材料进行赋码，如学科标签、语音、词源等，便于检索、查找和统计。

3. 语料库：可起到词频统计、提供例证等作用。KWIC(关键词带上下文索引)方便快捷，免除了抄写卡片的繁重劳动。

4. 复核与查错：计算机可自动检查拼写、互参等项中的错误，还有全文自动更改功能。

5. 机助编纂和联机编纂：词典编纂软件或程序已用于词典编纂。还有的编者与程序设计人员合作，用已有词典自动生成新词典，如逆引词典、按主题排序的词典、专科词典等。联机编纂可使编者之间的协调更方便。

6. 互联网：既是巨大的信息库，又是词典出版的新媒介。

计算机的使用还处于比较初级的阶段，相信还有很广阔的前景。

六 结束语

从第一本公认的英语词典发展到今天经过了400年的历程。而汉语词典从《说文解字》成书之日算起已有1 800多年时间了。相比之下，英语词典的发展可谓神速。但从本文的简单叙述中，我们仍可以看到编纂工艺改进的缓慢与艰辛。用兰多的话来说，“英语词典史上无重大革新，也无惊人创举”(Landau 1984:38)。对于词典编写者来说，唯有筚路蓝缕，兢兢业业，方可指望有些许收获。

参考文献

Baugh, A. C. and Thomas Cable. 1978. *A History of the English Language* New Jersey: Prentice Hall, Inc.

Bejoint, Henry. 1994. *Tradition and Innovation in Modern English Dictionaries*. Oxford: Clarendon Press.

Hartmann, R. R. K. (Ed.) 1986. *The history of Lexicography*. Amsterdam/Philadelphia: John Benjamins Publishing Company.

Ilson, Robert. (Ed.) 1986. *Lexicography: An Emerging International profession*. Manchester University Press.

McArthur, Tom. 1986. *Worlds of Reference*. Cambridge University Press.

Svensen, Bo. 1993. *Practical Lexicography*. Oxford University Press.

在集大成的基础上推陈出新

——试论《康熙字典》对我国词典编纂学的贡献

黄　丽　丽

以前我很少使用《康熙字典》，最近参加了我社标点《康熙字典》的集体项目，才深切认识到，尽管从现代语言学和词典学的角度来看，这部字典有这样那样的缺点，但它在内容和编纂方式等诸方面，均吸收和继承了前代字典的优秀成果，在集大成的基础上有许多创新。特别是它在体例和编纂方式方面的诸多创新，在我国词典编纂学史上具有极其重要的承前启后的作用和意义，至今尚未失去其借鉴的价值。本文尝试探讨这部字典对我国词典编纂学的里程碑式的巨大贡献，归纳其经验，以供词典编纂和理论研究的参考。

一　以集大成和创新为编纂宗旨

东汉许慎在《说文解字·叙》中指出："文字者，经艺之本，王政之始，前人所以垂后，后人所以识古。"我国历代统治者都深明汉字是王政的重要工具，都懂得"书同文"的重要性，所以清统治者在入主中原后不久，便动用国家的力量编纂《康熙字典》。康熙皇帝在其御制序中明白告示，编此字典是为了"助流政教"，"以昭同文之治，俾承学稽古者得以备知文字源流，而官府吏民亦有所遵守”，并“垂示永久”。为了实现这个目标，他敕令参加编纂的儒臣们集前人之大成——“悉取旧籍次第，排纂切音解义，一本《说文》、《玉篇》，兼用《广韵》、《集韵》、《韵会》、《正韵》，其余字书一音一义之可采者，靡有遗逸。至诸书引证未备者，则自经史百子以及汉晋唐宋元明以来诗人文士所述，莫不旁罗博证，使有依据”。并敕令他们订正前代字书的讹误和不足——“增《字汇》之阙遗，删《正字通》之繁冗，勒为成书”。

吸收前代辞书的成果并发扬光大，纠正其讹误，弥补其疏漏，本是我国长达两千多年的辞书编纂史的优良传统。例如我国的第一部词典是《尔雅》，后人仿其体例，著了《广雅》、《埤雅》、《尔雅翼》、《骈雅》等书，而且注疏层出不穷，清代邵晋涵的《尔雅正义》、郝懿行的《尔雅义疏》、王念孙的《广雅疏证》堪称集大成的不朽杰作。《康熙字典》是我国历史上仅有的君主御敕、动用国家力量编写的字典（《类篇》是宋代王洙、司马光等奉诏纂修的，但其编纂队伍的规模远不能与《康熙字典》相比）。清统治者出于昭示王朝的文治的目的，更是特别强调这部字典要集前代一切辞书之大成，要订正前人的一切阙遗讹误，以超迈和取代前代的所有字书，独步天下。因此在集大成的基础上推陈出新就成为这部字典的编纂原则和指导思想，并在立目、注音、释义、编排的所有环节上都得到了充分的贯彻和执行。

二　开创规范字典吸收通俗字典成分的编纂方式

我国第一部权威字典《说文解字》收字 9 353 个，后世有“拘泥古义者，自《说文》九千字外，皆斥为伪体，遂至音韵必作音均”等

(《四库全书总目题要》)。然而历代创造的而且广泛应用的新字是不能熟视无睹的,民间通行的异体字和俗字也不能视而不见。故《玉篇》收字增至22 726个,《类篇》收31 319字,金代韩道昭改编的《改併五音类聚四声篇海》增至54 595字。但在这个问题上始终存在着两种观点之争。明代梅膺祚在《字汇》凡例的第一条中宣称"若《篇海》所辑怪僻之字,悉芟不录",故《字汇》只收33 179个字。《康熙字典》的编者则比较通达,他们认为异文俗体字虽"皆考之古而无征,用之今而多骇,存而并列,则通儒病之荒唐",但若"削之不登,则浅儒疑其挂漏"(《四库总目提要》)。他们斟酌去取,收了47 035个字,使《康熙字典》在很长的时期内是收字最多的字典。

《康熙字典》既要成为清王朝的规范字典,又要在收字规模上超过前代的字书,除了必须收全正字,收录一切可以收录的异体字和俗字,还必须处理好如何排列正字、俗字和异体字的问题。以前《玉篇》、《类篇》、《龙龛手镜》等书是把同一字的正、俗、或、通排列在一起的,尚一目了然;而《四声篇海》收字较多的部首,其单字是按笔画数排列的,同一字的异体如果笔画数不同,就分开排列,又往往孤立地标音注义,缺少必要的沟通和相关处理,而且连笔画数相同的正异体字也往往分置异处,不加沟通和说明。《康熙字典》借鉴了前人的经验,采用四种方式处理这个棘手的问题:

(一)把较常见的俗异体字收进正文,加以说明。如:

岗:《正字通》:俗冈字。攅:俗攒字。别见十九画。

有时在正字的释义中注明其异体字或讹字。如:

闈:俗作闒,非。

赳:《五经文字》赳从丩。作赳,讹。

（二）在每个部首各种笔画字的最后用㊞字符号加罕见的字。如：

齿部二画增齘字，释曰：《字汇补》龇字之讹。亦作齓。

二十五画增齾字，释曰：《字汇补》此尸切。音雌。齿不齐也。

（三）字典正文后附有一卷《补遗》，收入可入正集而未经增入者。如人部的补遗有：

伕：《篇海》音夫。女夫婿也。

优：《篇海类编》于求切。音尤。五谷精如人发白也。

擈：俗摹字。《篇海》音义同擈，非。

（四）《补遗》后又附一卷《备考》，收无可考据，有音无义，或者音义全无的字。如：

巾部备考有"币"字：《龙龛》：同印。

人部备考有"仃"字：孑字之讹。见《篇海》。

心部备考有"忈"字：《五音篇海》音志。

八部备考有"龚"字：《字汇部》：出道藏。音未详。

《康熙字典》的编者采用这四种方式，在规范字典中充实了通俗字典的成分，从而使《康熙字典》成为一部具有总结性意义的集大成字典。《四库总目题要》总结说：其"每字必载古体，用《说文》例；改从隶书，用《集韵》例；兼载重文、别体、俗书、讹字，用《干禄字书》例；皆缀于注后，用《复古编》例，仍从其字之偏旁，别出于诸部，用《广韵》互见例。至于增入之字，各依字画多寡，列于其数之末，则《说文》之新附、《礼部韵略》之续降例也。其补遗一卷，收稍僻之字；备考一卷，收不可施用之字。凡古籍所载，务使包括无遗"。正是这种集大成而又创新的体例成就了《康熙字典》的宏大规模。后来的大型字典如《汉语大字典》等都借鉴了这种体例。

三　开创展示历代音读的注音方式

《康熙字典》的注音前人批评甚多。它的注音比较杂乱，特别是注引了不科学的叶音，是一个很大的瑕疵。王力先生曾撰写《康熙字典音读订误》（中华书局，1988 年），辨正其音读错误和叶音。尽管如此，《康熙字典》罗列的古今音项甚多，甚至征引古代经师的读音，颇资参考，其从大徐本《说文》中勾稽《唐韵》的反切尤足称道，说明其编者能注意注明所收字的较早读音。他们在每个字头之下依次列出《唐韵》、《广韵》、《集韵》、《古今韵会》、《洪武正韵》等韵书的反切或直音。如：

闽　《唐韵》武巾切。《集韵》、《韵会》眉贫切。《正韵》弥邻切。并音珉。《说文》：东南越种。

又《广韵》、《集韵》并无分切。音文。《周礼》"七闽"释文：又音文。

又《广韵》音旻。《周礼》"七闽"释文：郑氏音旻。

又《集韵》谟官切。音瞒。《周礼》"七闽"释文：《〈汉书〉音义》：服虔音近蛮。

败　《广韵》、《集韵》、《韵会》、《正韵》并簿迈切。音浿。《说文》：毁也……又《广韵》补迈切。《集韵》北迈切。《韵会》、《正韵》布怪切。并音拜。破他曰败。《增韵》：凡物不自败而败之，则北迈切。物自毁坏，则薄迈切。《诗·召南》：勿翦勿败。音义：败，必迈反。又《左传·庄十一年》：凡师，敌未陈曰败，大崩曰败绩。《颜氏家训》：江南学士读《左传》，口相传述，自为凡例。军自败曰败，打败人军曰败，读补败反。诸记传未见补败反。徐仙民读《左传》唯一处有此音，又不言自败、败人之别，此为穿凿耳。　又《韵补》叶蒲昧切。

敝　《广韵》、《集韵》、《韵会》并毘祭切。音币。《说文》：帗也。一曰败衣也。……又与蔽通。《周礼·冬官考工记·弓人》：长其畏而薄其敝。注：敝读为蔽塞之蔽，谓弓人所握持者。……又《集韵》部弭切。音埤。蔽跬，用力貌。又《集韵》蒲结切。音蹩。《诗·国风》"敝笱在梁"徐邈读。又《正韵》必弊切。音瞥。《前汉·东方朔传》：主自执宰敝膝。注：师古曰：敝膝，贱者之服。敝与蔽同。又《韵补》叶笔别切。

这些芜杂的注音中蕴藏了大量珍贵的音韵史和方言史的资料。这种展示历代音读的注音方式已为《辞源》、《汉语大字典》、《汉语大词典》等现代辞书所继承。

四　采用按语形式辨正前代字书及经史注疏之讹误

前修未密，后出转精。我国字书向有订正前贤讹误疏漏的优良传统。如明代张自烈编著的《正字通》，原名《字汇辩》。其序称："余故折衷诸家，补《字汇》旧本罅漏，合锓问世，愿后学因流溯源，睹指识归，以穷理为读书之要，以适用为万事之准，以会意讨六书经义，尽去一切摭拾牵合舛讹之病。"其实他并非只批判《字汇》一书，张氏自己也说："拙刻蒐讨非一书，辩正非一家，皆详为较定。"《字汇辩序》中所列举的十五个例子，有十四例是批判《说文解字》、《六书略》、《转注古音》、《洪武正韵》、《韵会小补》的。正文的例子如：

品　《正韵》禀品收入上声轸，按二音皆唇音合口，宜移归寝韵。（丑集上）

瞎　旧注许辖切香入声，误，香之第四声如谑，瞎非谑音也。（午集中）

《康熙字典》继承了这个优良传统，又大加发扬，每每在释义之后用○作标志，对所释字加以考辨，其中不少是对字形、读音和字义所作的整体辨析。下面我们举几个例子。

擣　①手椎也。②筑也；敲也。　○按《字汇》改从木，入木部檮字。注误。或作捣。又作㨶。俗作搗。

赽　《正字通》俗赽字。　○按《说文》赽，从決省声。《广韵》训为马疾行。《篇海》讹书作䞕，训为鸟疾行。马讹作鸟，非是。

趡　《集韵》疾盍切。音杂。疾走貌。　○按《集韵》作趡，内从非。不从韭。《正字通》因《字汇》之讹，书作䞭，入十三画，今改正。　黄按，《汉语大字典》吸收《康熙字典》成果，趡䞭两字均收，注明䞭字是讹字。

闅　《广韵》《韵会》并无分切。音文。《说文》低目视也。《广韵》：俗作阌。《韵会》：地名。弘农湖县有闅亭。又《广韵》府巾切。音彬。义同。　又《前汉·武五子传》：阌乡。注：孟康曰 ：阌，古闻字，从门，从旻。建安中改作闻。　○按闅，《说文》训低目视，与闻见之闻义异，未知《汉书》注何义，存之备考。

阌　《五音集韵》无分切。音文。低视也。与闅同。　又《前汉·武五子传》：阌乡。注：孟康曰：阌，古闻字，从门，从旻。建安中改作闻。师古曰：阌字本从门，从旻，其后转讹误，遂作门中受耳。郭璞乃音汝授反，盖失理远耳。 ○按《说文》闅训低目视。《广韵》闅俗作阌。《汉书》注则以阌为古闻字。闅与闻既异义，又以阌为古字，尤不可解。自应以《广韵》为正。黄按，《汉语大字典》吸收了《康熙字典》的意见。

蛑 《正字通》云蛑字有平、上二音。 ○按字书蛑字有余两、绵婢二切，皆系上声，无平声。

由于历史条件的限制，《康熙字典》的辨正也有不少失误之处。但是这种以按语形式辨正字的形音义及提示读者注意的做法，已为当代辞书《现代汉语规范字典》、《中华字典》、《标准汉语字典》等所借鉴和继承。

五 引用大量书证，载有极为丰富的文化信息

法国《新小拉鲁斯字典》的卷头语说：“一部没有例子的字典就是一具骷髅。”《康熙字典》血肉丰满，除了僻字僻义外，几乎在每字每义下都列举了书证。不仅利用了前代字书的成果，转引了前代字书的许多书证，满腹经史的编纂者自己也选用了大量的书证，经史子集无所不征，而且注意引用“始见书”的书证，故而这部字典的书证比以往任何一部字典都丰富，含有丰厚的文化信息。下面我们举几个例子。

蜞 《韵会》渠之切。《正韵》渠宜切。并音其。《玉篇》：蟚蜞也。《集韵》：似蟹而小，不可食。《晋书·蔡谟传》：初渡江，见蟚蜞，大喜，曰：“蟹有八足，加以二螯。”令烹之。既食，吐下委顿，方知非蟹。谢尚曰：“卿读《尔雅》不熟，几为《劝学》死。” 又雷蜞。虫名。《酉阳

杂俎》:雷蟇大如蚓。以物触之,乃蹙缩,圆转若鞠,良久引首,鞠形渐小,复如蚓焉。　又马蟇。《本草》:水蛙大者名马蟇。《类篇》:或作蜞。

闍　《唐韵》当孤切。《集韵》、《韵会》、《正韵》东徒切。并音都。《说文》:闉闍也。从门,者声。《广韵》:城上重门。《玉篇》:城门台也。《诗·郑风》:出其闉闍,有女如荼。传:闍,城台也。释文:闍,郑、郭音都。孙炎云:积土如水渚,所以望气祥也。《礼·月令》"仲夏之月可以处台榭"注:闍者谓之台。《集韵》:或作堵。　又《广韵》视遮切。《正韵》石遮切。并音蛇。《说文》:闉闍也。《诗·郑风》"闉闍"释文:又音蛇。又《正字通》:梵言闍维,即荼毗,僧死而焚之也。天竺第九祖入灭,众以香油栴檀闍维真体。闍维读若蛇皮。苏轼夜阅《传灯录》,灯花烧一"僧"字,题诗曰:"曹溪夜岑寂,灯下读《传灯》,不觉灯花落,荼毗一箇僧。"

阗　《唐韵》待年切。《集韵》、《韵会》、《正韵》亭上切。并音田。《说文》:盛也。《博雅》:阗阗,盛也。　又《博雅》:阗阗,声也。《诗·小雅》:振旅阗阗。朱注:阗阗,鼓声也。《尔雅·释天》"正旅阗阗"注:阗阗,群行声。左思《蜀都赋》:车马雷骇,轰轰阗阗。注:皆言车马之声。　又《增韵》:满也。《史记·汲郑传》:始翟公为廷尉,宾客阗门。《前汉·游侠传》:人无贤不肖,阗门。　又地名。《前汉·西域传》:到卑阗城。《抱朴子·仙药卷》:得于阗国白玉。　又与颠同。《礼·玉藻》"盛气颠实"扬休注:颠读为阗。盛身中之气,使之阗满其息。

又《集韵》：或作窴。《前汉·游侠传》"阗门"注：师古曰：与窴字同。　又《广韵》、《集韵》、《韵会》堂练切。《正韵》荡练切。并音电。于阗，国名。　又音冀。《前汉·陈汤传》：涉康居界，至阗池西。注：阗音冀。

这些书证不仅很好地说明了字义，增加了可读性，而且提供了极其丰富的历史文化信息，是《康熙字典》留给我们的宝贵财富。

六　编排形式上的集大成和推陈出新

《康熙字典》在编排形式上也可称是我国古代字典的集大成。众所周知，《说文》分540个部首，《玉篇》亦分540部，二书部首琐细繁多，且单字排列无规律，查检不便。金代王与秘等人编写《四声篇海》，把《玉篇》的单字"分其画段"，即按笔画数序重新编排，"使学人取而有准"(《四声篇海》卷端金泰和八年韩道昇序)。后来韩孝彦又在王氏的基础上将《玉篇》的部首按五音四声排列，即部首之先后按五音(牙、舌、唇、齿、喉音)和见溪群疑等三十六字母为序，同一字母的部首又按平上去入四声为先后。韩道昭又把《玉篇》的540部删并为421部，又据《龙龛手镜》增补23部，使《四声篇海》部首为444部；并调整单字部居，同一部首下的单字如果字数较多，就按除部首外的笔画多少来排列。至明代梅膺祚编《字汇》，把部首减为214个，且创以笔画多少排列部首顺序，同部首的字也以笔画多少排序。张自烈的《正字通》承继《字汇》。而《康熙字典》基本上依照《正字通》而略有调整。如"熒"字以前收日部，改入火部；"隸"字以前收隶部，改入雨部；"穎"、"潁"、"熲"、"穎"四字前人均列入页部，分别改入禾水火木四部，使"义有指归，不失古人制字之义"。又吸收《龙龛手镜》、《四声篇海》用字音、笔画等辅助部首查字的方法，编写了《字母切韵要法》、《切字样法》、《检〈篇海〉部首捷法》、《等韵切音指南》等附录。又编写《检字表》，实为难检字表，可从笔画数查知某字所在部首。又附《辨似》一篇，帮助读者辨别容易混淆的相似字。其214个部首、附难检字表和辨似表的做法，并成为后世字典的成规。

七　结论

综上所述，如果不是在集大成的基础上推陈出新，《康熙字典》就不能成为我国古代字书的最高峰。

现在已经有不少比《康熙字典》更好的字典，但《康熙字典》的内容并未完全过时。虽然其编纂方式有的已经陈旧，但其对我国词典编纂学的贡献不容遗忘，尤其是这种集前代众家之长并推陈出新的精神应该继承并发扬光大。编辞书一定要创新，但创新不是凭空而来的，我们要充分吸收前贤时彦的成果，借鉴国内外优秀辞书的经验，编纂出具有科学性、可读性的新颖词典，帮助读者正确掌握祖国的语言文字，并给读者提供尽可能多的新的文化信息。

参考文献

《康熙字典》，中华书局，1958年影印版。

《四库全书总目》，中华书局，1965年影印版。

张涌泉：《论〈四声篇海〉》，《文史》五十二辑，中华书局，2000年10月。

古屋昭弘：《張自烈と〈字彙辯〉——〈正字通〉の成書過程》，《東洋学报》第三卷。

《应用汉语词典》的新意和不足*

马志伟　金欣欣

商务印书馆于2000年1月隆重推出了自其辞书研究中心成立以来的首部重点辞书《应用汉语词典》。这部词典是由多位语言学和辞书学工作者共同编写的，郭良夫先生任主编，赵克勤、张万起、舒宝璋等三位先生任副主编。词典收单字条目（包括繁体字、异体字）11 400多个，多字条目4万余条，是一部以汉语应用为编写宗旨的中型汉语词典。

《应用汉语词典》出版后，获得了2001年国家辞书奖二等奖，从而引起国内外语言学界和辞书编纂学界相当的重视。笔者现在见到的有关述评文章有这样两篇：《关于〈应用汉语词典〉的一段对话》[①]和《一部特色鲜明的应时之作——评〈应用汉语词典〉》[②]。两篇文章均对《应用汉语词典》进行了比较细致的评论。笔者二人均与《应用汉语词典》相关，前者为编著者之一和责任编辑，后者参加了校样的审读工作。也许由于工作的关系，笔者对《应用汉语词典》的接触更多一些。现不揣谫陋，也不避自夸之嫌，拟将我们对《应用汉语词典》的一点认识力求客观地写出来，请各位专家、读者

* 本文的写作得到了《应用汉语词典》副主编、商务印书馆汉语编辑室张万起编审的指教，谨致谢忱！

指教。为了叙述的全面，上文提到的两篇文章所谈到的部分内容，本文也有所涉及。

所谓“应用”，按照《辞源》的解释，是“适应需要，以供使用”。我国的辞书理论研究，很早就对“应用”的问题有比较清楚的认识。著名学者林语堂先生关于辞书应用理论的论述就很有代表性。比如，他指出，词典的注释应该有“辨正”的内容，他说，“这尤其是现代字典所应备的一端。”他还指出，词典应该重视词性的标注和用法的说明，他说，“字书应定出字之词性，词性定而后用法明。”另外，他在词典的例句、语境、收词原则等等方面也有很深刻的论述。[3]这些理论都是值得我们很好重视的。但是，由于一些原因，汉语语文辞书的编者在辞书的应用方面，虽然取得了一些成绩，总的来看做得还很不够。《应用汉语词典》的编者们在这方面，在前人已有的成果的基础之上，又做了一些新的努力。《应用汉语词典》适应了新世纪科技的迅速发展、计算机的广泛应用、文化交流的不断扩展、汉语热的持续升温等种种需要，有鲜明的时代性。时代的发展，要求语文辞书具有更强的规范性和知识性。规范性，不仅仅是要贯彻执行国家已公布的若干语言文字方面的标准，还应努力探索词语的语法意义，揭示汉语组词、造句的规律；知识性，不仅仅是要告诉读者有关字词的正确的形音义，还应该反映词语蕴涵的历史的、现实的文化内涵，分析各类词语具体的特殊的含义及用法。本着这些新的认识，《应用汉语词典》在编纂方面呈现出许多特色和新意。

一

（一）这部词典重视和强调了“新”字。语文规范词典对新词语的收录是比较慎重的，但是，如果不是以规范为基本编纂目的的语文词典，对新词语是不能忽略的。荷兰辞书学家阿尔·卡西姆在谈到评价辞书的标准时指出，“词典是否收入了反映最新文化发展的词汇”，是评价一部词典是否有现代性的标准之一。[4]《应用汉语词典》在这方面是做得比较好的。对近年来常用的新词语、新知识，词典都尽可能多地予以收录，正如这部词典封底的简介所说，“突出时代特色，努力反映和贴近现代社会生活。”词典收有相当数量的当代流行词语，如：的哥、军嫂、绿色食品、灰色收入、欧元、下载、封镜、产供销、网吧、网虫、网络、网民、网友、网址、网站、黑客、千年虫、潜科学、数字通信、温室效应、拉尼娜现象，等等。可以说，目前比较常用的新词语和新知识条目，差不多都可以在这部词典中查到。所以，词典基本反映了当代汉语的词汇面貌。此外，有些不属于新词语、新知识的条目，编者也根据客观事物的变化，做了适当的说明。比如“民办教师”，词典注明“国务院于1984年12月13日发出《关于筹措农村学校办学的经费的通知》，规定‘农村中小学民办教师全部实行工资制，逐步做到不再分公办、民办’。”又如“直辖市”，词典在释文中加上了新增加的重庆市。总之，“新”的特点在词典中是十分明显的。词典封底将该词典标为“2000年版”，这不仅是指出版时间，从内容上看，也是名副其实的。

（二）这部词典体现了很强的文化性。语言是思维和交际的工具，它具有民族性，所以，从这个意义上说，语言与文化是不可分割的一个整体。钱厚生先生指出：“传统语言教学词典侧重语言信息的阐释，忽视文化信息的介绍，使用起来具有一定的局限性。现代外语教学实践表明，大量的文化信息对于语言的理解和运用是非常有用的，甚至是必不可少的。”[5]以汉语为母语的人，还有以汉语为外语的人，若想学好汉语，必须对中国的历史文化乃至风俗习惯有一个基本的了解。而这一点，对于以汉语为外语的人，显得更为重要。所以，有的学者曾呼吁，“词典编写也要面向世界”，“考虑到外国人学习汉语的需要，考虑到词典的服务对象除了本族人以外，还有一大批不同层次的外国读者。”[6] 对于词语的文化意义与辞书编纂的关系的研究，近年来引起了苏宝荣、壬人等学者的重视[7]，但从辞书的编纂实践来看，对这一问题则显得重视不够。基于这样的原因，这部词典对所收条目的相关文化知识给予了较多的介绍。具体方法有三：

1. 在相关释义中说明该词语的理据。比如“中秋”，词典不仅注明是指农历八月十五，还说明是因为“居三秋（七、八、九月）之中，故名”。又比如“橄榄枝”，词典不仅说明是和平的象征，而且说明源于《圣经·创世纪》挪亚方舟的典故，使读者知道橄榄枝为什么与和平有关。

2. 收列多种文化词语。这部词典大量收录虽不属于一般语词却有丰富文化内涵的词语，比如“北京”，一般的语文词典都视之为地名条目而不收录，这部词典不仅收录了，而且释文也不同于百科词典式的人口、面积等方面的说明，它着重介绍了北京的人文情况，此外又如南京、西安、开封等，这样的收条、释义是很有特点的。词典所收这类文化词语有很多种，关于名胜古迹的，如长城、孔庙、北海公园、卢沟晓月；关于名山大川的，如黄山、五台山、普陀山、长江、西湖；关于文化名人的，如孔子、孟子、诸葛亮；关于文学人物的，如嫦娥、阿凡提、阿诗玛、花木兰、林黛玉、李逵、阿 Q 等等。

3. 设文化方框体例。词典把与某些条目有关的内容专门做一简要介绍，以揭示其包蕴的历史及现实的文化内涵。同时，为醒目起见，编著者将文字置于方框内。文化方框共有200余个，大致可分为以下几种：(1)某词语有不同说法的，如“佛寺的各种称法”、“用于邀请人的敬语”、“女婿的各种称呼”。(2)语词的典故、来源，如“腹稿”、“可操左券”、“小时”。(3)与某些事物有关的名句，如“重阳诗举例”、“有关秋千的诗句”。(4)语文知识，如“引文的四种格式”、“成语的来源”。(5)事物的来源和演变，如“毛笔”、“象棋”、“十三经”、“缠足”、“戴绿帽”。(6)其他知识，如“茶文化代表作”、“中国四大名酒”、“中国的传统节日”、“中国的石窟遗存”、“道光圣旨规格”、“书籍切口三边的名称”、“国际消费者权益日”、“度数含义种种”。总之，词典的文化知识介绍起到了三方面的作用：一是触类旁通，扩展读者的词汇量；二是使读者既知其然，又知其所以然；三是丰富读者的中国文化知识。这些都有助于读者学好汉语。

(三)这部词典体现了应用性的编写宗旨。无论学习哪种语言，要想掌握一个词，只知道读音、意义是不够的，还要知道如何用、用在什么场合等，否则就不算是真正的掌握。词典在这方面下了很大的功夫，多侧面、多角度地给读者以有益的帮助。这主要有以下两个方面：

1. 分析词语的具体用法和特殊含义。比如“老师”，词典不只标出“泛称传授文化、技艺的人或在某方面值得学习的人”这一个义项，同时还标出两个义项：(1)“尊称教师”，(2)“尊称中年以上的人”。以上这两个义项在目前社会上常用而又容易为一般辞书所忽略。

2. 设〖注意〗专项。有些词语，在词汇意义、语法意义之外，还有附加意义，如褒贬色彩、书面语与口语的差异，等等。对于这些特殊之处，词典除在体例上统一标出之外，还选择一些有代表性的条目通过〖注意〗做比较详细的文字说明，提示用法上的特殊之处。比如，(1)语义方面，如“你”，有时“用的是‘你’，实际上指的是‘我’，例如‘你叫他往东，他往西。’”(2)语法方面，如“打算”，“只能带动词性宾语，不能带体词性宾语”，“也不能带形容词性宾语”。“笔直”，因为这个形容词与一般形容词不同，说明其“重叠形式是‘笔直笔直’，不受副词修饰，不能说‘很笔直’‘非常笔直’。”(3)语音方面，如“一”的变调。(4)褒贬色彩，如“矮子”，说明“因有时含贬义，故不可当面称人。”(5)口语用法方面，如“罚酒”、“‘罚三杯酒’，口语习惯说‘罚酒三杯’。”(6)字形方面，如“肃”字，“中间一竖下面的两边从八，下半中间不从米。”(7)标点符号，如间隔号“·”，“可以灵活运用。‘五·四’已为普遍知晓，也可以不用间隔号，如‘五四’。”等等。词典有〖注意〗条1 000余个，对于读者的词语使用有很多帮助。

(四)词典还有以下多种体例，这些也是《应用汉语词典》的长处。

1. 词语辨析

掌握近义词语的区别，是学好一种语言的基础之一。目前，一般来说，中型汉语词典对词语的辨析做得很少，但《应用汉语词典》对此较重视。如对“教师、老师”、“做、作”、“按、摁”、“盯、看、瞧、望”、“说、讲、谈、聊”、“好像、似乎、仿佛”、“仔细、细致”、“次、回”、“跟、同、和”等等的辨析，有近600组，增强了这部词典的实用性。

2. 标注词类

传统的语文辞书往往只注意解释词汇意义，忽略了语法意义。《现代汉语词典》虽然标出了副词、连词，却将绝大多数实词的词类隐含于释义之中而没有标出。20世纪90年代以来，标注词类的辞书日渐增加，如天津新蕾出版社的《实用汉语词典》、江苏少年儿童出版社的《现代汉语用法词典》、中国人民大学出版社的《汉语词海》、语文出版社的《现代汉语规范字典》等十余种，但是，从收词规模来说，《应用汉语词典》还是比较突出的。这部词典逐词逐项标注词类或语类。词类如：名、动、助动、形、数、量、代、指示、副、介、连、助、叹、象，语类如：成、俗、惯、谚、歇、熟，词缀如：前缀、后缀。这些，不仅是释义的一大进步，还为汉字进入计算机时代的运用做了准备，它帮助读者在掌握词语的词汇意义的基础上，进一步了解其语法意义，使对词语的运用更合乎规范。

3. 标注名词的常用量词

丰富多样的量词，是汉语的一大特点，名词与量词的搭配问题，又成了不以汉语为母语的读者学习汉语的难点。词典参考著名语言学家赵元任先生的《中国话的文法》一书，不仅尽可能标注了所有的量词，而且在常见名词后列出了常用量词，如“轮船”标明量词为“条、只、艘”，“衣服”标明量词为“件、身、套”，等等，这为以外语为母语的读者提供了方便，使他们对名量搭配有了初步的依据。

4. 标注词语的褒贬、谦敬、委婉等色彩

褒贬、谦敬、委婉属于词语的感性意义，是附着在词语的理性意义基础上的。尽管这些不是词语的意义主体，但也是很重要的。以褒贬义而论，晋代杜预在《春秋经传集解》序中说，“《春秋》虽以一字为褒贬，然皆须数句以成言。”可见词语的褒贬义在思想感情的表达上有多么大的作用。在一般的作文、对话中，如果褒贬、谦敬、委婉等等运用不当，会产生种种失误。所以，这些都是很值得研究和学习掌握的。词典对这类词目，亦逐一加以标注，如：褒、贬、谦、敬、詈、婉、口语、书面语、套语、外来语,等等。

5. 方言词语标注大致方言区

一般的语文词典,对方言词语只泛泛地标为“方”,这不利于读者掌握有关方言词汇的来源。词典对此做了比较细致的标注。当然,词典没有完全依照汉语方言学的分类标准标注,而是从某一方言词汇的流行区域出发,有的标方言区的名称,如吴语、粤语,有的则标具体的方言点,如河南话、山东话,等等,使读者对方言词汇有一个比较准确的认识。

6. 附逆序词数万条

词典在常见单字条目下,列出与之相关的逆序词语。这一做法至少有这样三点好处:(1)清楚地显示了有关条目的构词功能,(2)对读者理解有关释义内容有辅助作用,(3)便于读者的选词造句。以“安”字为例,词典在“安”字条目后列有“保安、公安、苟安、偏安、平安、欠安、请安、偷安、晚安、慰安、问安、相安、心安、早安、招安、治安、随遇而安、转危为安、坐立不安”等词语,充分显示了“安”的构词能力,同时,也可以看到,上述19个复音词中有好几个是偏正结构,这种结构的词语具有向心性,更能体现字的本义。

7. 标注姓氏

姓氏是一个看似普通,但实际上却很复杂、很重要的问题。由于它的释义与语词释义相比相对简单,所以一般的语文辞书对此都不够重视。事实上,姓氏是人们在日常学习、工作、生活中离不开的,是一个实用性很强的问题。著名语言学家倪海曙先生早在1982年就撰文指出,“姓氏应该是语文词典的主要义项之一”。倪先生认为:我国的姓氏十分复杂,特点有三,一是多;二是怪,举凡名词、动词、形容词、数词、量词、代词、副词、介词、连词、感叹词,都可以成为姓氏；三是乱，同是一个字，字形上有几个不同写法，字音上有几个不同读法，都可以出现几个姓。姓氏涉及邮电、户籍、索引等等方面的工作，所以，一些重要辞书对姓氏问题不够重视的现象，从学术性、实用性的角度来说都是不妥的。[8] 倪先生的观点引起《应用汉语词典》编者的重视，但考虑到中国的姓氏数量实在太多（比如《中华姓氏大辞典》就已收录中国古今各民族用汉字记录的姓氏 11 969 个），不加选择地收录所有已知的姓氏，显然是不实际的。所以，词典以几种国家人口普查资料为依据，选择了近 3 000 个姓氏做了义项标注，这个数量对于一部中型语文词典来说是合适的。

8. 附数百幅插图

插图历来是文字说明的辅助方式。词典对一些难以用文字准确表述的概念，结合插图进行说明。比如，在“鞍”字条目下画有“鞍马”、“马鞍”，在“帮”字条目下画有“桶帮”、“鞋帮”、“船帮”、“白菜帮”，此外还有与传统文化有关的“糖葫芦”、“卣”、“甑”等。这些插图能够使原本不易懂的释义文字变得生动、直观，帮助读者掌握所注事物的形态特征和某些义项之间的联系及区别。此外，插图还增强了这部词典的可读性。

二

当然，《应用汉语词典》也存在一定的不足之处和缺点。这主要有以下几点：

（一）释义方面。词典的一些条目释义不够准确。比如：

[戏曲]中国传统的戏剧形式，包括昆曲、京剧和各种地方戏。（1 350 页）按：“昆曲”也是地方戏的一种，应从释文中删除。

[细](条状的东西)直径小。(1 351 页)按:“直径”应改为“横剖面”,因为“直径”一般用于圆形的物体。

[刺]⑦(～儿)[名]比喻讥刺。(202 页)按:“讥刺”应改为“尖刻的话”,因为“讥刺”是动词,与“[名]”不符合。

另外,还有义项分合方面的问题。有的应单独立义项而未立,有的不应分立义项而分开。比如:“下”,“进行棋艺活动:下跳棋|下军棋”的意义很常见,应分立义项,但词典未单立。又如,“协调:①[动]调配适当;②[动]调配协和”,两义项之间的意义差别很小,不应分立。但应补充一个义项:“[形]调配得当:封面设计与书的内容很协调。”因为“很协调”是常说的。

(二)词类标注方面。词典在个别地方存在矛盾。虽然这个问题有仁者见仁,智者见智的特点,但自相矛盾之处显然是不妥的。比如,“中式”标“形”,“西式”标“名”。相似的例子还有:新式/旧式,劣等/优等,精装/平装,定期/活期,大量/少量,理性/感性,等等。

除一些矛盾之处外,词典的一些词性显然标得不妥。比如,王继红同志指出,“好像”一词,词典只标注了副词用法,未标注动词用法。[9]这一意见是正确的。又如,“樵②[名]〈书〉打柴:这里的人以渔～为生。”“寝①[名]睡眠:废～忘食。”“名”均应改为“动”。

(三)方言标注方面。词典虽然标得比较详细,但有少数未标。比如“洋芋:马铃薯”,应注出“西南官话”。

(四)姓氏方面。词典虽然收了 3 000 余个姓氏,但部分比较常见的姓氏还有遗漏,比如“謇”,等等。

(五)收字方面。词典收字比较丰富,但有个别常用字未收。比如“恚”,见于《现代汉语通用字表》;“糬”,见于《简化字总表》,词典未收。

(六)例句方面。词典的部分例句不够妥当。比如：

[喜洋洋]为了庆贺新年，老大爷老大娘们～地跳起了秧歌舞。(1 349 页)按："跳"应该改为"扭"，因为"扭秧歌"是一个固定说法。

[餐馆]这条街上有几家小～。(125 页)按：像这种易懂的名词似乎可以不出例句，相似的例子还有"餐厅"等等。

(七)逆序词方面。词典的部分逆序词显得过偏，比如，鲁国尧先生认为"封三"太专。[10]鲁先生的意见是有道理的。相反，部分常用逆序词，词典却未收，比如"惕"，应收"怵惕"、"警惕"、"朝乾夕惕"；"悌"，应收"恺悌"、"孝悌"；"腾"，应收"奔腾"、"翻腾"、"飞腾"、"沸腾"、"欢腾"、"扑腾"、"升腾"、"图腾"、"折腾"、"蒸腾"、"慢慢腾腾"。

(八)知识方框方面。词典的部分文字不够准确。比如，"十三经简史"条，原注文"东汉为七经：五经加《仪礼》、《礼记》"，应为《易》、《书》、《诗》、《仪礼》、《春秋》、《公羊传》、《论语》。

(九)〖注意〗方面。词典也有不妥之处。比如，"去"，释义为"③[形]过去的：去冬"，但〖注意〗栏又说"去冬是去年冬天的意思"，显然矛盾。

(十)同义词辨析方面。词典共辨析同义词 400 余组，实际上是一本简明同义词辨析词典的内容。但是，由于未附索引，不易查检。另外，还有的重复出现，比如 352 页出现"非常/十分"，1134 页出现"十分/非常"。

(十一)插图方面。词典共收插图 250 幅，把一些难以用语言准确描述的事物直观地描绘出来，起到了配合释义的作用。但是，这些插图相对于词典所收词汇来说，还是偏少。比如"笙"，注为

"簧管乐器。通常用长短不同的竹管制成。奏时手按指孔,利用吹吸气流振动簧片发音",说得不够清楚,如配上一幅插图就清楚多了。

一部刚出版的工具书,肯定会存在这样那样的缺点和不足,以上举出的词典的不足之处,应该说是比较容易避免的,可是由于词典要赶在2000年1月的图书订货会上出版,因为时间的缘故,有的工作做得还不够细致。回顾这部词典的出书过程,使我们思考一个在商品经济时代之前不曾有的话题:如何处理好"把握商业时机"与"出精品"的矛盾?我们的体会是:第一,努力通过紧张而有秩序的工作,使辞书在出版之前就尽可能达到精品的质量要求;第二,在图书出版之后,要广泛听取各方面的意见,做好图书的修订准备,及时修订。这部词典有着很好的基础,很有特色和新意,通过修订,可以再上一个档次。

有专家预测:出版进入21世纪传媒时代,面临电脑和网络的挑战,必须要解决一个如何使自己的工具性得到进一步延伸的问题。[11]这一观点,我们深为赞同。由此,本身就是工具书的语文辞书,更应该扩大信息量和查阅价值,以适应人们多元的文化生活。它应该既有内容上的严谨,又不失形式上的活泼;既有点上的深刻,又不失面上的广博。《应用汉语词典》采取多种手段,设立多个项目,使词典具备了多种功能,进一步扩大了词典的查阅价值和信息量,不仅多角度、多层次地满足了读者的需要。因此,我们认为,这也许正代表了汉语语文辞书的发展方向。

附　注

① 鲁国尧《语言教学与研究》2000年第4期。

② 王继红《辞书研究》2001年第2期。

③ 丰逢奉《林语堂的词典"应用"论》,《辞书研究》1996年第6期。

④ [荷]阿尔·卡西姆《我们研究的结果——辞典编写和评价的标准》,沈允译,《辞书研究》1979年第2期。

⑤ 钱厚生《语言文化词典的设计与编纂——兼评〈朗文英语语言文化词典〉》,《辞书研究》1996年第1期。

⑥ 李振杰《词典编写也要面向世界》,《辞书研究》1996年第1期。

⑦ 苏宝荣《词的语言意义、文化意义与辞书编纂》,《辞书研究》1996年第4期。壬人《〈词的语言意义、文化意义与辞书编纂〉读后》,《辞书研究》1999年第2期。

⑧ 倪海曙《姓氏与辞书编纂》,《辞书研究》1982年第3期。

⑨ 同②,118页。

⑩ 同①,63页。

⑪ 《出版将进入六大变形时代》,《中国图书商报》2000年1月7日。

《现代汉语词典》词性标注和释义互补

李　开

汉语词典标注词性是一件很复杂的事。现在,除专门的虚词词典以外,还较少见到每个词条都标注词性的汉语词典,同样,也很难见到,有一条词条不标词性的西语词典。原因就在于汉语缺乏形态变化,西方语言形态丰富,即使有少量词无明显的形态标志,也容易在惯用法搭配中,在简单的词组构造中,甚至只要在同词根语词的对比中,乃至在近义、同义词的对比中,一言以蔽之,在构词法和语义对比中,就能较为直观地分辨出词性。即使动用语法理论,要在语流中据该词的语法作用,即词的语法功能,经理论鉴定确定之,也不是什么特别困难的事。总之,形态丰富的屈折语很容易确定词性。而汉语词无形态部分面广量大,在构词法和语义对比中无法确定词性,甚至在外部结构关系(词与词的组合、在句中作何种成分)中表现的功能意义中确定词性尚有多种答案。但词性是认识一个词不可缺少的重要信息量,词典标注词性是其重要任务之一。从词典认知词性,可由明标,也可由暗标,即从释义、例句识取之。《现代汉语词典》(以下简称《现汉》)作为现代中型规范词典,在标注(或更确切地说,是"说明")词性问题上作了种种努力,虽然《凡例》根本没有提到标注词性问题。《现汉》既有明标，又有用释义和书证例句的暗标。可以说，释义、书证与暗标词性在《现汉》为一身而二任，且互为标的、管准，互相依存、补充，共同构成词典的生命线。而《现汉》词性在释义、书证等的帮助下，已到了呼之欲出的地步。

《现汉》凡虚词都已标上词性。虚词是指连词、介词、助词、语气词、叹词、象声词。[①]单音节词如此，双音节词亦如此。例如：

和[2] ②介词，表示相关、比较等。③连词，表示联合。

啊（呵） 叹词，表示惊讶或赞叹。

啊呀 叹词。①表示惊讶。②表示不满或为难。

啊哟 叹词，表示惊讶、痛苦等。

呗 助词。①表示事实或道理明显，很容易了解。②表示勉强同意或勉强让步的语气。

喔 象声词，形容公鸡叫的声音。

潺潺 象声词，形容溪水、泉水等流动的声音：潺潺流水。

呀 ①叹词，表示惊异：呀，下雪了！②象声词：门呀的一声开了。

语气词在《现汉》中已被归到助词。或词性说明后紧接着释义文字进一步说明其表示哪一类语气。词性融入释义。例如，对几个通常被看作语气词的词的处理：

的[1] ④助词，用在陈述句的末尾，表示肯定的语气：这件事儿我知道的。

了 助词。②用在句子的末尾或句中停顿的地方，表示变化或出现新的情况。

吗 助词。①用在句末表示疑问：明天他来吗？②（略）

呢 助词。下有义项①②③④。（略）

吧　助词。下有义项①②③④⑤。其中:⑤在句中表示停顿,带假设的语气……

啊　助词。下有义项①②③④⑤。其中有三个义项的释义中有"用在句末表示……语气"一类的话。

从以上例证看,一是看到了《现汉》虚词的类别。二是看到了《现汉》对标虚词词性的努力。三是看到了《现汉》标词性的体式:词性后标冒号,下引例句;词性后标逗号,紧接着继续释义,然后再引例句;词性后标句号的,下分不同的义项释义。如一种词性只管一个义项,词性后必定标逗号,下紧接继续释义。以上体式说明,《现汉》完完全全把词性作为释义的一个不可分割的组成部分。此外,《现汉》对虚词词性并没有像标注书面文言词语、方言那样专用"〈书〉、〈方〉"格式标示,也说明上述道理。正因为如此,《现汉》凡例有"注音"、"释义"栏,没有"标注词性"栏,不过,"释义"栏内无一字提及词性的说明问题,这是不妥当的。《现汉》虽然没有在编纂体例中把"标注词性"独立出来,甚至在释义栏中也没有提到词性问题,但这并不妨碍它说明词性。

《现汉》在说明实词的词性方面也作了重大努力。实词是指名词、动词、形容词、数词、量词、副词、代词七大类。② 最后三类《现汉》都标上了词性。例如:

个²(个、箇)　①量词。下分 a)、b)、c)、d)四个二级义项释之。②单独的:个人。

各　①指示词。a)表示不止一个:世界各国。b)表示不止一个并且彼此不同:各种原材料都备齐了。②副词,表示不止一人或一物同做某事或同有某种属性:左右两侧各有一门。

倒[3]　副词。下分①②③④义项释之。

倒是　副词。下分①②③④⑤⑥⑦义项释之。

我们　代词，称包括自己在内的若干人。

由以上可见，《现汉》标注部分实词词性的体式同虚词。核心问题是：如果一种词性只管一个义项，词性后必定标逗号，下紧接继续释义和引书证。词性说明是释义不可分割的组成部分。我们把《现汉》这种体现词性的释义法叫做"语义、语法释义法"。

更值得我们注意的是，《现汉》对不标词性的名词、动词、形容词、数词如何"经释义和引书证指示词性"，从而让读者"读释义和书证而认知词性"？上述"《现汉》词性说明与释义不可分割"的基本体式，是达到这一目标的科学思路。试例：

打瓜　①西瓜的一个品种，果实较小，种子多而大。②这种植物的果实。　按：读此两个义项，即知是名词，也不再误解动宾结构了。

当家　主持家务：不当家不知柴米贵。　按：由释义和书证知是动词。

过逾　过分；过甚：小心没过逾。　按：由释义和书证知是形容词。

亿万　泛指极大的数目：亿万期年。　按：由释义可知是一个词，并非词组，数词。

以上是说经释义和书证而认知该词的词性。反过来说也一样：《现汉》是心目中有词性，围绕词性来释义和选定书证的。例：

义务兵　按义务兵役制服役的士兵。　按：用名词性偏正词组释义，中心词为名词，不用状中结构的偏正词组释义："（公民）按义务兵役制服役。"状中结构的中心词是动词。

喂养　给幼儿或动物东西吃，并照顾其生活，使能成长：喂养牲口|精心喂养婴儿。　按：用状中结构的偏正词组、动宾词组、使动结构释义，这些结构和词组的语义重心一般都在动词。

由上例可见，《现汉》条目释义文字的语义、语法结构和条目的词性保持着某种一致关系。为贯彻这种一致关系，十分重要的是，应当了解释义文字的语义、语法结构的语义重心所在。关于语义重心，学术界已有共同的指认。名词性偏正词组的中心语在后头，状中结构的中心语当然也在后头。[③]中心语与语义重心不是一个概念，但在实际表达中，往往可以把语法结构中的中心语看作语义重心。动宾式词组中的宾语可以是动作的受事、施事、凭借工具、结果等，动词和宾语，很难说哪个是语义重心，但在语流中，动词部分往往被看作语义重心。正因为如此，动趋式的轻重读音，当然是动词重读；动趋式带宾语，除名词宾语、定数宾语重读外，其余一般都是动词重读。[④]"把"字句，推而广之，所有的介词短语都是用来修饰动词的，可看作以动词为中心语的偏正结构，语义重心在动词。当然，《现汉》还尽量用一见即知是动词，且多半是双音节动词的同义、近义词释义，例如：

爱　②喜欢：爱游泳。

笔者曾用以下体式统计《现汉》音序 B 的双(多)音节动词，以见《现汉》用"语义、语法释义法"对动词作暗含词性说明的释义。凡一双音节词有几个义项者，只要有一个义项是动词者，即列入统计。例如：标志：①表明特征的记号。②表明某种特征。　按：②即将"标志"一词列入动词统计。(《现汉》的释义原文从略)

巴不得(偏动——以动词为中心语的偏正结构,即状中结构)、巴结(①动宾、偏动。②常双动——常用双音节动词)、巴望(①双动)、②扒拉(①双动。②双动)、吧嗒(①主述宾加书证,述宾。②常单动——常用单音节动词)、巴唧(①主述宾。②动)、拔除(双动)、拔丝(①双动。②双动)、拔俗(动宾)、拔擢(双动)、跋涉(动宾)、把持(①动宾。②双动)、把酒(动宾)、把拦(偏动、双动)、把守(双动)、把玩(偏动)、……(以下从略)

用以上体式共统计到动词607个,《现汉》基本上都是用语义重心指向动词的结构释义。动词内部的情况也是十分复杂的。有行为他动词,如“讨论、练习”等;有行为自动词,如“睡觉、游泳”等;有心理活动动词,如“喜欢、厌恶”等;有表开始、进行或停止的行止动词,如“开始、继续、停止”等;有表使令的动词,如“让、命令、请求”等;有表有无的动词,如“有、没有”等;有表比拟的动词,如“仿佛、如同”等;有表判断的动词“是”;有能愿动词;有趋向动词“上来、下去”等。[⑤]以上十类动词,试查核《现汉》,都能结合条目的语义、语法释义很好地说明词性。B音节607个双音节动词和十类动词暗标词性的成功,正可说明《现汉》用语义、语法释义的普适性(universality and suitability)以及编者的巨大努力。总之,从语义、语法入手,词典暗标词性的问题比较好解决。是否就没有问题了呢?也不是。试看对形容词和动词的释义:

勇敢　不怕危险和困难;有胆量:机智勇敢|勇敢作战。

按:用动词为中心词的偏正结构和动宾结构释该性状形容词,如不看书证,很难知其词性。

浪荡　①到处游逛,不务正业;游荡:终日浪荡。②行为不检点；放荡：浪荡公子。　　按：释义①可理解为动词。释义②也较难确定为形容词。实际上两个义项都是形容词词性。

新式　①新产生的式样：新式武器｜这个新建的工厂，设备和装置都是最新式的。②新的形式或仪式：新式婚礼。　　按：光从释义结构式看，也可理解为名词，书证“最新式”最能说明该词是形容词，修饰名词亦可知该词为形容词。

合作　互相配合做某事或共同完成某项任务。分工合作｜技术合作。　　按：由释义可知为动词。但在“他们间的合作进展顺利”、“不搞合作”一语中，“合作”为名词。

我们认为，针对“语义、语法释义暗标词性”还不能满足编纂要求的问题，有必要加以补充。补充手段之一，可以加大语法含量。例如，“勇敢”一词，可加进“受副词‘不’和‘很’修饰”一语。“浪荡”一词，可加进“重叠式‘浪里浪荡’，表‘很浪荡’的意思”一语。“新式”一词，似可把释义改成“式样、形式或仪式新颖”、“受副词‘不’和‘很’的修饰”。“合作”一词，因《现汉》已有“不同义项表不同词性”的做法，如“代表”一词共分五个义项，各自表示名词或动词，也可以将“合作”一词分释成”互相配合做某事”（说动词）和“指共同进行中的某项目的实施过程”（说名词）。还可在书证上做文章，使书证更好地帮助释义文字暗标词性。如“合作”一词作名词用的书证。

补充手段之二，要尽量采用词性明确的同义、近义词释义，例《现汉》用“（价钱）便宜”释“低廉”，用“（地势）高而陡”释“陡峻”，用

“轻浮油滑”释“浮滑”，用“形容香气浓厚”释“馥郁”，用“渊博”释“赅博”，等等，让人一看就知道被释词是形容词。

补充手段之三，紧紧扣住词的语素释义。例如：干瘪：干而收缩。 诡性：奇异怪诞。 活跃：行动活泼而积极。 豁亮：宽敞明亮。 尖刻：尖酸刻薄。等等。让人一看就知道被释词的词性是什么。

应该说，调动各种手段使暗标词性臻于完善，继而在完善的基础上在义项上改暗标为明标，也不是不可能的。随着我国对外汉语教学事业的日益发展，来华留学生越来越多。留学生，特别是西方来的学生，习惯于认知词性，词义、词性一起掌握的学习过程。编纂全标词性的规范词典，以适应对外汉语教学事业的发展需要，已日益迫切地被提到议事日程。

附　注

① 胡裕树《现代汉语》(重订本)，上海教育出版社 1995 年版，第 294—298 页。

② 胡裕树《现代汉语》(重订本)，第 285—290 页。

③ 参看朱德熙《语法讲义》，商务印书馆 1982 年版，第 103、150、152 页。

④ 参看《现代汉语八百词》(增订本)，商务印书馆 1999 年版，第 42、43 页。

⑤ 参看邢福义主编《现代汉语》，高等教育出版社 1993 年版，第 258—259 页。

《现代汉语词典》兼类多义词义项的分合及词性表现*

刘 晓 梅

语文辞书中的词性标注是注明词的用法的一种有效手段，它有助于确定或发现新的义项，弥补单纯的词义分析的不足（郭锐 1999）。词性标注不同于词性提示，前者通过明确的标记将词的语法功能外化；后者则通过释语与被释成分在语法属性上保持一致而显示被释成分的语法功能，我们把这种方式称为“词性提示”，有的学者称之为“语义、语法释义暗标词性”（李开 2001）。目前的汉语语文辞书多是采用词性提示的方式来体现词的语法功能。

《现代汉语词典》（以下简称《现汉》）是两种方式兼而有之。对绝大部分的封闭性词类作出明确的标注，诸如标出“介词”、“连词”、“副词”之类。对开放性词类以及少数封闭性词类，采取词性提示的方式。作为中型规范词典的《现汉》，其词性提示的工作做得如何？如果向全面的词性标注化发展，怎样解决语法功能的体现与意义体现之间的矛盾？这些是我们所关心的问题。

一 与词性标注相关的焦点问题

语文辞书在全面引入词性标注之前，必须首先解决一系列相

* 本文写作过程中承蒙苏新春先生细心指导，在此深表谢意！

关问题,从目前的研究来看,焦点集中于这样几个问题上:

（一） 给什么样的词汇单位标注词性?

（二） 给什么样的意义单位标注词性?

（三） 分立兼类多义词义项的标准是意义还是语法功能?

对于前两个问题,学者们谈的比较多,意见也较为统一:对单表音节的非语素成分、不成词的成分,不标词性:对不能独立使用的义项,不标词性(如:李红印 1999;赵大明 1999;黄华 1999;王世友 2001)。

对于第三个问题,明显地表现为互相对立的两种观点。

第一,主张以语法为标准。这里又分为两种操作标准。一是主张只要有语法功能的不同,不管意义的差别有多小,都分立为不同的义项。语法功能和用法是相对应的。比如有学者强调"一条释文不应包容两种词性"(黄华 1999)。谭景春在谈到由名词转换的形容词的释义问题时,也主张将不同词性(名形)的相近意义分别立项(2001)。二是主张词性与用法之间不光具有对应关系,有的还具有包容关系。具有对应关系的,严格分立义项,也不管义项间的意义差别有多小,比如把【火】的一个义项拆分为两个不同属性的义项,一个表名词性的,一个表动词性的;具有包容关系的,不分立义项,比如把【胡说】的两个不同属性的义项合并为一个动词性义项,原因是它的名词性用法属于动词的一种用法(郭锐 1999)。

这两种操作标准虽然在看待用法与词性的关系上有不同,但都固守语法标准。从语法的角度看义项的分合,语法标准是第一性的,难免让义项来牵就语法。

第二,主张以意义为标准。"句法功能标准在义项划分时不能替代意义标准”,“义项划分还应坚持以意义为主要标准,以句法功能为辅助标准”(程荣　1999)。这是以意义为出发点,从辞书编纂的角度来看义项的分合,意义标准是第一性的。

上述这两种对立的观点的分歧在于,如何定位词性标注,如何看待义项。以词性为标准,义项的分合是以词性的不同为转折点。以意义为标准,义项的分合主要视意义发展的脉络,以意义联系的最薄弱地方作为划分义项的切分点(胡明扬　1982)。义项是词语意义的分项,是意义单位,而不是语法单位。它的特征是具有区别性与概括性,这一点在现有的研究中往往被忽略了,而这一点恰恰是问题的关键所在,我们有必要就此深入探讨下去。就《现汉》而言,它的兼类多义词的义项的分合情况就有许多值得探讨的地方。

二　1983 年版《现汉》的词性提示

词性提示主要针对开放性词类而言的,进一步讲它是开放性词类普遍存在的兼类多义现象的产物。我们曾对 83 版《现代汉语词典》的 2 584 条具有三个以上义项的多义词的语法属性状况作过初步的计量考察,有 49%(共 1 066 条)的词目属兼类的多义词,其语法属性主要体现为名词性与动词性兼类 491 条,形容词性与动词性兼类 218 条,形容词性与名词性兼类 211 条,形容词性与名词性、动词性兼类 101 条,共 1 021 条,占 1 066 条的 95.8%,表明兼类多义词的“类”的主体部分还是名、动、形三大开放性词类(刘晓梅　2001)。可以说兼类与三大开放性词类之间有着天然的联系,词语的开放不光是意义的开放,也包含着功能的开放。正因为此,在体现兼类多义词的语法属性时,不得不采取这种较为隐蔽的“显示”的方式,实际上是避免矛盾而又尽力显示编纂者意图的比较稳妥的办法。那么显示的效果又是怎样的呢？我们从义项分合的角度来加以考察。

根据义项的表现形式，我们将《现汉》中的兼类多义词的处理情况分为以下四种类型：

第一种：词性不同、意义相近度极高的用法，属于同一个义项：

【掼】③跌；使跌：他～了个跟头｜小五抱住他的腰，又把他～倒了。

【羁】③停留；使停留：～旅｜～留。

这种类型的特点是，一个义项内包含了词性不同（主要是一般动词性与使动词性）而意义稍有差别的两种用法，《现汉》将其凝练在一个义项之中，例句配合精当，具有很强的概括性。这样的词性显示是成功的。

第二种：词性不同、意义相近度极高的用法，分属不同的义项：

1. 兼名词性、动词性

【平价】①平定上涨的物价。②平定了的货物价格。

【开展】①使从小向大发展；使展开：～批评与自我批评｜～科学技术交流活动。②从小向大的发展：整风运动推动了工作的～。

2. 兼形容词性、使动词性

【冷】①温度低；感觉温度低（跟'热'相对）：～水｜现在还不算～，雪后才～呢｜你～不～？②〈方〉使冷（多指食物）：太烫了，～一下再吃。

【窘】②为难：我事前没准备，当时很～。③使为难：用话来～他。

3. 兼名词性、形容词性

【不平】①不公平。②不公平的事。③因不公平的事而愤怒或不满：愤愤～。④由不公平的事引起的愤怒和不满：消除心中的～。

【基本】①根本：人民是国家的～。②根本的：～矛盾。

4. 兼一般动词性、使动词性

【夺】④使失去：剥～|褫～。⑤〈书〉失去：勿～农时。

【兴】①兴盛；流行：复～|新～|新社会不～这一套了。②使盛行：大～调查研究之风。

5. 兼名词性、动词性、形容词性

【淤】①淤积：大雨过后，院子里～了一层泥。②淤积起来的：～泥|～地。③淤积的泥沙；淤泥：河～|沟～。

这五类兼类多义词有一个共同的特征：义项的语法功能有别，义项间的相似度极大。这样的词是从任意抽取的685条多义词中选出来的，共有54例，尽管所占比例并不大，但是反映出一个重要的信息，正如我们在上一篇文章中提到过的，"语法功能在义项的概括与分立中，扮演的是一个重要的角色，但又非一而贯之的标准，而是一条处于游移状态的标准"。这是与《现汉》以解释意义为主的宗旨既相背离又相关联。《现汉》的主要内容是"在解释词语意义的同时，还注意结合说明词语的用法"（晁继周　1998），意义解释是主体，用法是为意义的解释服务的。因此，词性提示的目的是从属于意义解释的。而《现汉》的这种操作方式，既消弱了义项的概括性，也减少了应有的区别度。这与词性显示的目标是不相吻合的。

第三种：同一个义项之内容纳了不同属性的用法，释语中没有任何属性标示：

1. 形容词性、名词性用法

【方便】①便利：大开～之门|北京市的交通很～|把～让给别人，把困难留给自己。

【非】①错误；不对（跟'是[1]'相对）：明辨是非|习～成是|痛改前～。

2. 形容词性、动词性用法

【枯】①（植物等）失去水分：～萎|～槁|～草|～骨。

【死】①（生物）失去生命（跟'生、活'相对）：～亡|～人|这棵树～了◇～棋|～火山。

3. 名词性、动词性用法

【斗争】①矛盾的双方互相冲突，一方力求战胜另一方：阶级～|思想～|跟修正主义作坚决的～。

【火】⑥（～儿）比喻暴躁或愤怒：～性|冒～|心头～起|他～儿了|你怎么这么大的～儿。

这又代表了《现汉》解释兼类多义词的另外一种类型。第一种、第二种类型都是不同用法分别有不同释语表现形式，而这三组词的特征是：不同的用法的意义很难用语言表述客观地区分开来，只好同处于一个义项范围内，语法功能的差异被忽视了。在这种情况下，要想把意义内部的细微的差异突出出来，词性提示这种方式就无能为力了。

第四种：词性不同、意义相差大，分属不同的义项：

【磕碰】①东西互相撞击：还是买几个搪瓷的盘子好，禁得起～|车上这一箱瓷器没包装好，一路磕磕碰碰的，碎了一些。③比喻冲突：几家住一个院子，生活上出现一点～是难免的。

【讲究】①讲求；重视：～卫生|我们一向～实事求是。③精美：会场布置得很～。

这一例代表了《现汉》解释兼类多义词的另一种类型。义项的词性不同而意义差别很大，予以分别立项，突出了义项间的区别性，同时不失概括性。这样的词性提示是成功的。

《现汉》中绝大多数的显示是成功的，恰当配合意义的解释，而不是在条件尚未成熟之前作硬性标注。第二种、第三种类型的兼类词透露出《现汉》的两种较为极端的处理效果：义项的细密化和义项的浓缩化。它们的存在，客观上削弱了词性提示的效果。

三　词性提示所反映出来的问题

第二种多义词的处理反映出《现汉》一方面主张以意义区分为主要标准，同时又难以贯彻到底。它所折射出来的是词汇研究观问题，即词汇的核心是什么的问题，也就是说以词义为核心还是以词义的外在形态为核心。前者可以称为词义主义的词汇研究观，后者可以称为结构主义的词汇研究观。词义主义的研究观决定了以词汇的意义为研究的重心，结构主义的研究观决定了以词汇的外在形态为研究的重心。词的语法功能作为词的一种外在形态，自然地成为结构主义研究观的一个研究焦点。返观《现汉》对兼类多义词的处理，可以看到结构主义研究观的明显影响，上述的第二类多义词正是这种影响的结果。

这种多义词的处理方式也反映出对义项的基本特征的一定程度上的忽略。义项的基本特征是概括性与区别性，这是义项的相互对立而又相互依存的矛盾统一体，同一个义项具有概括性的同时，也就相应地具有了区别性。概括性要求义项具有普遍意义，可以通过这个义项来解释一系列相类似、有时又有细微差别的语义现象；区别性要求这个义项和与之相关联的义项，即同属于一个语义范畴的各个义项之间，尽量做到界线清楚，泾渭分明。《现汉》对第二种多义词的处理，由于过多地依赖语法标准，使得两个义项既没有相当的概括性，彼此间也没有足够的区别度。

对于第三种多义词的处理，透露出对部分词义发展的共时状态的某种程度的忽视。词的兼类实际上反映的是词义自身的发展演变，即由词的语法类型义的演变来反映词的词汇意义的变化。编者已经观察到了这些词义的微弱变化，并在例句中有所体现，但在释语中却没有任何表述。从词汇研究的角度讲，这样一部现代的规范词典中并没有反映出部分词语的意义发展变化的实际样态；从普通使用者的角度讲，它对一些细腻的意义区别又没有做出直接而明了的规定性的表述，这对于《现汉》的职能来说是一种缺憾。

《现汉》如果实行全面的词性标注化，首先要加以修正的也正是这两类多义词。

四 如何实现词性标注化

词性标注与词性提示在本质上是一致的，都是为了解释意义的同时说明词的用法，从用法的不同中表明意义间的或大或小的差别。只是二者在别义的形式上极不相同。所以说词性的别义功能只是一种辅助功能，它不应成为词典中义项示差的主要手段。因而词性标注不应也不能成为主要的直接的释义标准。由兼用词性提示与词性标注两种方式向单用词性标注发展，最主要的问题就是在摆正词性标注位置的基础上，恰当处理上述两类兼类多义词的义项分合问题。

（一）针对第二种兼类词，我们认为，可以采取压缩的方式，即把相近的两个义项作为两种用法，压缩到一个义项范围内。至于哪个用法列在前，哪个在后，须根据各自的使用情况而定，使用频率高、使用范围广的列在前面，以下依次列出，呼应《现汉》编排义项顺序的共时处理方法。如：

【美】①美丽；好看（跟‘丑’相对）：这小姑娘长得真～|这里的风景多～呀！②使美丽：～容|～发。

将义项①②改为一个义项：

【美】①〈形〉美丽；好看（跟‘丑’相对）：这小姑娘长得真～|这里的风景多～呀！〈动〉使美丽：～容|～发。

这样改动之后，在核心意义不变的情况下，不同的用法容于一个义项之内，义项的意义容量增大了，概括性增强了。再比如：

【孤立】①同其他事物不相联系。②不能得到同情和援助：～无援。③使得不到同情和援助：～敌人。

改为：

【孤立】①同其他事物不相联系。②〈形〉不能得到同情和援助：～无援。〈动〉使得不到同情和援助：～敌人。

这样改动的目的同样是增强义项的概括性。概括性加大的同时区别性也相应地加大了。

（二）针对第三种兼类词，我们主张采用扩展法。程荣（1999）曾经引用胡明扬的观点，认为：“如果在意义上实在难以区分时，可以采取在同一义项下列出两种词性的办法，对‘学习’只列一个义项，标〈动〉〈名〉”。我们很赞同这种做法，它不是仅仅为了引入标注成分而作标注，而是在保证义项的概括性的前提下，区分同一义项的不同用法。按照这种方式，可以将第三类词作如下处理：

【方便】①便利：大开～之门|北京市的交通很～|把～让给别人，把困难留给自己。

改为：

【方便】①〈形〉〈名〉便利：大开～之门|北京市的交通很～|把～让给别人，把困难留给自己。

但这样的处理似乎还存在不完美之处，既然全面采用词性标注，就是要通过标明用法的不同来显现意义或细微的或明显的差别。对于普通的读者来说，最直接的接受方式是语言的表述，光有特定的符号还是不够的，那么在释语表述上，应对不同的用法有所区别。在例句选取上，也要体现不同用法，并与之在编排上相配合。比如上例可以改为：

【方便】①〈形〉便利的：大开～之门|北京市的交通很～。〈名〉便利的事物：把～让给别人，把困难留给自己。

这样修改，把一个义项扩展为两种用法，但还是同处于一个义项中，这就增强了词性的区别意义的功能，也响应了上一种修改方法，更好地体现词性标注的价值。更重要的是，如此改动，由于清晰地揭示了词义变化的细微之处，更好地体现了词义发展的共时状态。

这两种修正方法一个是压缩，一个是扩展，利于在编纂形式上求得一致，也利于保持义项的概括性、区别性以及词性标注的功能。

（三）对于第一、第四种兼类多义词，我们主张不改变其义项分合的现状，或是以用法为单位，或是以义项为单位，增加词性标注。

《现汉》释义中的词性体现不是单纯的词性本身所能自足地解

决的问题，它的体现要为义项自身服务，要为义项内部的细微的动态发展变化服务。

参考文献

晁继周 1998 《二十世纪的现代汉语词汇学》，《二十世纪的中国语言学》，北京大学出版社。

程 荣 1999 《汉语辞书中词性标注引发的相关问题》，《中国语文》第3期。

郭 锐 1999 《语文词典的词性标注问题》，《中国语文》第2期。

黄 华 1999 《词典标注词性的两项基本原则》，《辞书研究》第1期。

胡明扬 1982 《词典学概论》，中国人民大学出版社。

李 开 2001 《〈现代汉语词典〉词性标注和释义互补》，中国辞书学会辞书编辑出版专业委员会第三次学术研讨会会议论文。

李红印 1999 《对外汉语学习词典如何标注词性》，《辞书研究》第1期。

刘晓梅 2001 《论多义词语法属性的地位与作用——兼论分立义项的语法标准》，第二届全国中青年辞书工作者研讨会会议论文。

谭景春 2001 《关于名词转变成的形容词的释义问题》，《辞书研究》第1期。

王世友 2001 《现代汉语字典标注词性的几个基本问题》，《辞书研究》第1期。

赵大明 1999 《汉语语文词典标注词性的难点》，《辞书研究》第1期。

确定“口语词”的难点与对策

——对《现汉》取消“口”标注的思考

苏新春　顾江萍

口语词是词汇学理论对词的意义色彩作出的一种分类。这类词语主要运用于非正式的交际场合，具有通俗、随意、亲切、生活化的特点。《现代汉语词典》(以下简称《现汉》)一、二版在《凡例》中有这样的说明：“一般条目中，标〈口〉的表示口语，标〈方〉的表示方言，标〈书〉的表示书面上的文言词语，标〈古〉的表示古代的用法，〈口〉、〈方〉、〈书〉等标记适用于整个条目各个义项的，标在第一义项之前；只适用于个别义项的，标在有关义项数码之后。”

《现汉》1996年的“第三版”(下面分别以《二版》、《三版》代之)却全部取消了“口”的标注。本来标注词的意义色彩并非每一种词典一定要做的事，可《现汉》原来已经做了这项工作，更重要的是这对丰富词典的功能，多方面地反映词语的色彩与特征起到了积极作用。据编纂者介绍，《三版》取消“口”标注的理由是：“《现汉》标〈口〉的原为北京口语词语，但这些词语一则由于文学作品的语言与口语趋于一致，不少也多见于书面文字，不只限于口语了，再则有些词使用范围也不好确定。”[①] 可基于这一理由的改动并未得到人们的认同，人们纷纷提出不同的看法，有的批评还相当尖锐：“取消〈口〉的标注所引起的负面效应，表面上看是在于未能妥善处理词语意义特点与言语形式的联系和区别，但仔细探究起来，恐怕还有编纂思想、语言研究的准备不足等更深一层的原因”。提出该批评的文章作了一定的调查，“按拼音字母顺序依次随机抽检了一版本中从A到Z的一些标〈口〉的词目作样品，再同修订本的相关词目进行对比。从一版本检出的样品共260个”。[2] 事实上《现汉》的口语词远远不止这些。而且本文更关心的是，口语词的标注到底有什么作用？标注口语词的难点何在？能不能找到解决它们的好办法？

一 “口”标注取消后的变化情况

《二版》共有口语词844例，其中整词为口语词的713例，如“【挨个儿】〈口〉逐一；顺次”；部分义项为口语词的131例，如“【不许】❶不允许：～说谎。❷〈口〉不能(用于反问句)：何必非等我，你就～自己去吗？”取消“口”标注后出现这样几种结果：

(一) 词目删除

删除而不再在《三版》中出现的有41例：“半空中、长里 、车轱辘、戳儿、打短儿、大年初一、耳坠子、肥田粉、海龙、黑帖、黄病、麂子、加级鱼、腽子、就让、空当子、邋遢、老等、酪酸、零吃、龙须菜、露水珠、谜儿、密匝匝、木瓜、脑门子、炮子儿、打灯蛾子、气包子、钱儿癣、轻粉、屈心、人熊、上尖儿、水鸪鸪、四周围、小肠串气、洋火、洋姜、装腔、堆(zuī)”。

其中某个义项为口语词的只有三个：“【老等】❶长久等候不去：他半天不来，我在那里～。❷〈口〉苍鹭。”“【木瓜】❶落叶灌木或小乔木，叶子长椭圆形，花淡红、深红或白色，果实长椭圆形，黄色，有浓烈的香气，可以入药，是收敛剂。❷这种植物的果实。❸

〈口〉番木瓜。"【海龙】❶〈口〉海獭。❷鱼，身体细长，表面有环状的骨片，有一个背鳍，没有腹鳍，生活在海水中，吃甲壳类动物。也叫杨枝鱼。"其他都是整个词为口语词的。

其中12例带有较明显的北方词语后缀：儿尾词5例："戳儿、打短儿、上尖儿、谜儿、炮子儿"。子尾词7例："气包子、空当子、腘子、耳坠子、麂子、脑门子、打灯蛾子"。

(二) 改标〈方〉，成为方言词

有42条词语取消〈口〉后改标了〈方〉，由口语词成为了方言词，占所有口语词的5%。其中属于义项口语词的有7条："饶、家、开、养活、女婿、工钱、公事"；属于整词的有35条："踝子骨、搅和、搅混、几儿、急茬儿、犄角、半拉、活便、老鸹、粪门、地根儿、叨登、脆生、刺挠、不大离、活茬、上半晌、中不溜儿、早半天儿、姨儿、鸭子儿、踅摸、街面儿上、晚半天儿、蝌子、前儿、起根、没治、茅厕、落儿、昨儿、下晚儿"。下面举几个例子：

【搅和】《二版》"〈口〉❶混合；掺杂：惊奇和喜悦的心情～在一起。❷扰乱：事情让他～糟了。"——《三版》"〈方〉❶混合；掺杂：惊奇和喜悦的心情～在一起。❷扰乱：事情让他～糟了。".

【踅摸】《二版》"〈口〉寻找。"——《三版》"〈方〉寻找：想到旧书店～两本书。"

【起根】《二版》"〈口〉(～儿)从来；一向。"——《三版》"〈方〉❶(～儿)从来；一向：他～儿就没有这个打算。❷从根本上；从头：这事还得～说起。"

(三) 无任何标注的意义色彩分析

有760例的口语词在取消〈口〉后，没有作别的标示。标示是人为的，词语的意义色彩是客观的，没有标示，不等于这些意义色彩不存在。根据词语色彩的实际情况，760例表现出下面三种情况：

1. 已成为普通词语。共有263例。如：

【官司】《二版》"〈口〉指诉讼：打～◇笔墨～（书面上的争辩）。"——《三版》"指诉讼：打～◇笔墨～（书面上的争辩）。"

【看得起】《二版》"〈口〉重视。"——《三版》"重视：你要是～我，就给我这个面子。"

【克服】《二版》"❶用坚强的意志和力量战胜（敌对势力、缺点、错误、坏现象、不利条件等：～个人主义思想|～不良作风|他～重重困难，坚持学习。❷〈口〉克制：忍受困难。"——《三版》"❶用坚强的意志和力量战胜（缺点、错误、坏现象、不利条件等）：～急躁情绪|～不良习气|群策群力，～重重困难。❷克制；忍受（困难）：这儿的生活条件不太好，请诸位～一下。"

2. 仍保留口语词色彩。共有379例。如：

【半半拉拉】《二版》"〈口〉不完全；没有全部完成的：这篇稿子写了个～就丢下了。"——《三版》"不完全；没有全部完成的：工作做了个～就扔下了。"

【大肚子】《二版》"❶〈口〉指怀孕。❷〈口〉指饭量大的人（用于不严肃的口气）。❸〈方〉对地主或资本家的憎称。"——《三版》"❶指怀孕。❷指饭量大的人（用于不严肃的口气）。"

【哭鼻子】《二版》"〈口〉哭（含诙谐意）。"——《三版》"哭（含诙谐意）：输了不许～。"

3. 表现出方言词的特点。共有118例。如：

【背气】《二版》"〈口〉(～儿)由于疾病或其他原因而暂时停止呼吸。"——《三版》"由于疾病或其他原因而突然暂时停止呼吸：婴儿～了，要赶快做人工呼吸|气得他差点儿背过气去。"

【串秧儿】《二版》"〈口〉不同品种的动物或植物杂交，改变原来的品种。"——《三版》"不同品种的动物或植物杂交，改变原来的品种。"

【耳塞】《二版》"〈口〉耳垢。"——《三版》"耳垢。"

以上口语词变动的情况用图表显示，即如下：

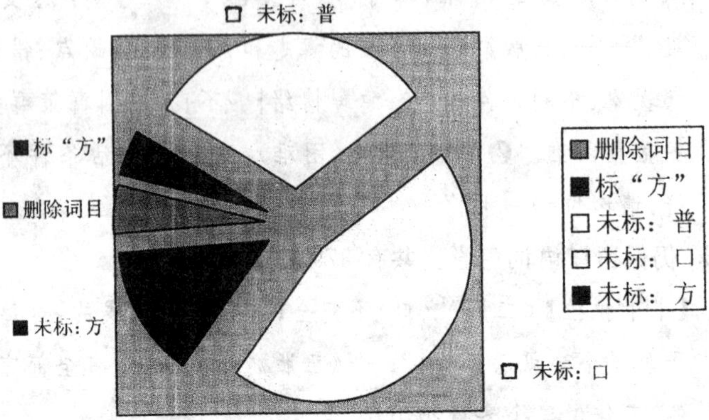

以上情况显示，有42例口语词与方言词发生了纠缠，其实，还应归入此类的还有那删除了的41例，因为它们也都明显表现出方言词的地域特点。760例取消"口"后没有作任何标注，可它们不同的意义色彩依然存在。这些情况给我们提出这样的问题：口语词与方言词如何区分？对口语词的标注是取消了之，把问题掩而藏之，还是认真分辨，析而标之？不同的处理方法将直接影响到词典的功能和体例的完善。

二 口语词的性质与地位

《现汉》长期以来被看作是语文词典的典范是有道理的，其中一个重要原因就是它精心进行了对词语意义色彩的标注工作。“〈方〉”、“〈文〉”、“〈书〉”、“〈口〉”所揭示的就是四种具有对称性的意义色彩。

普通话词汇系统是汉语词汇的一个共时聚合体，它由各个不同来源的词语汇集而成，形成了绝对的动态演变、相对的静态聚集，杂源而一统、同处而异彩的特色。构成普通话词汇系统核心的是那么具有“现代性”、“广泛性”、“通用性”特点的词语。把“方言词”、“古语词”、“书语词”、“口语词”与普通话词语的关系稍作疏理，可以用以下两条横轴来表示它们的关系：

(一)

(二)

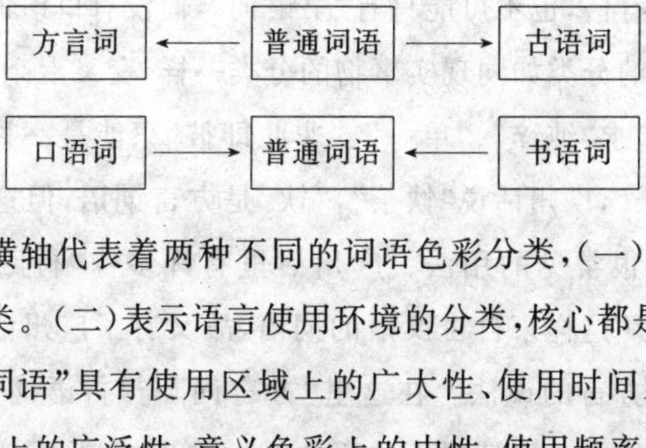

这两条横轴代表着两种不同的词语色彩分类，(一)表示空间和时间的分类。(二)表示语言使用环境的分类，核心都是“普通词语”。“普通词语”具有使用区域上的广大性、使用时间上的现代性、使用场合上的广泛性、意义色彩上的中性、使用频率上的多见性等特点。它们构成了“普通话词汇系统”的主体。

“方言词”主要在使用区域上的狭窄性上表现出差异，主要存在于某些特定的地区；“古语词”主要在使用时间上的非现代性上表现出差异，它们存在于历史上的某个时期，只在现代语言使用的某个特定场合才会使用到。它们是普通话词汇系统的边缘部分。完全的方言词和完全的古语词是与普通话词汇无关的，只有那些刚刚进入而未彻底沉淀在普通话词汇系统的方言词、古语词，才是我们这里要予以评论的“方言词”与“古语词”。正是因为有了这样的“方言词”、“古语词”，及还有其他的一些来源，才使普通话词汇成为有源之水、有本之木，才能够于动荡摇曳之中汇成词汇的汪洋之势。

“口语词”则是在使用场合上表现出差异，主要存在于非正式的、日常生活的、较随意的语言环境；“书语词”也是在使用场合上表示出差异，主要存在于正式的、书面语、讲究典雅规范的语言环境。显然，这两类词语主要是从使用环境与使用效果上所作的分类，它们从一俗一雅、一诙一庄、一陋一典中，丰富了普通话词汇系统构成。有俗必有雅，有诙必有庄，有陋必有典，有口语词，必有书语词，二者构成了事物的两极，否则“世界将变得失衡”。不可能只有雅而没有俗，也不可能只有“书语词”，而没有口语词。

词语的分类如同现实事物的分类一样，交叉混杂是难免的，是正常的，追求“纯粹”、“单一”、“非此即彼”只能是一种理想。普通话说“喝茶”，广州话说“饮茶”，“饮”是方言词语，但这个“饮”又是古汉语中很常见的用法。广州话里有许多像“行路”、“睇”、“企稳”、“着衫”这样来自古汉语的词语，故又有了广州话是保留古语词最多的方言的说法。在这里“方言词”与“古语词”就出现了交叉。但人们在一般情况下并不会把这二者搞混，因为一个是从地域的广狭落笔，一个是从时间的古今着眼。剩下的交叉就是“方言词”与“普通词语”、“古语词”与“普通词语”之间的界线如何切分了。这是一条永远不可能做到泾渭分明、非此即彼的界线，可却并不妨碍人们继续使用着这样一对概念，不妨碍人们继续在理论上清楚地辨析这两种词汇成分。

交叉混杂同样也会出现在第二种分类中。“口语词”与“普通词语”、“书语词”与“普通词语”之间的界线同样是难于进行非此即彼的切分。意义色彩分类的混杂还远不止于此，在“口语词”与“方言词”、“书语词”与“古语词”之间又何尝不是纠缠在一起呢。但如此种种，并没有使人们放弃这样的分类，其原因就是人们从这样的分类中得到好处。

上面把词语意义色彩的分类用两条横轴来显示，显然那是人为理想化、简单化了的处理方法。稍微逼真一点地来显示它们与普通话词语的共有关系，可以用下图来示意：

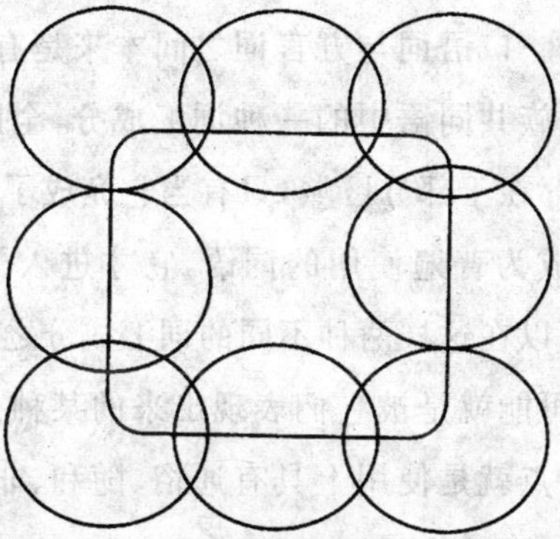

方框图表示普通话词汇系统。每一个圆圈表示普通话词汇系统中的每一种相对于“普通词语”有着自己独特意义色彩的词语类别，圆圈与方框图交叉的是已进入普通话词汇系统但尚未完全被同化的词语。圆与相邻近的圆之间，每一个圆与方框之间都出现了重叠，重叠就代表着不同词汇成分之间的交叉。方框图中不与其他任何圆圈相交叉的就是普通话词汇系统中真正的“普通词语”。

普通话词汇系统就是这样一个看似清楚，实则含混的词汇总集。

有了上面的认识，再得出以下结论就不难了：为了更深入地认识普通话词汇系统，对词语进行多角度、多层面的意义色彩分类是有必要的；每一种意义色彩的分类都是相对的；要求意义色彩的分类做到完全的纯化、净化是不可能的。

三 确定口语词的难点与基本原则

口语词标注的难点已经展现得很清楚了。主要难点有两个，一是口语词与方言词的纠缠，二是口语词自身所发生的变化。

首先来看第一个难点。由“口”改标“方”的42例，和未作任何标注但仍体现出方言词特点的118例，都表现出口语词与方言词之间的纠葛难分。口语词与方言词之间本来是有着明显区别的。口语词属于全民族共同语中的一种词汇成分，全民性是它的基本属性；方言词只存在于部分区域，只有当它完成了由部分区域到所有区域的变化，成为普遍使用的词语，它才进入了普通话词汇系统。《现汉》之所以在这样两种不同的词汇成分之间出现了如此大比例的交叉，很可能就是被它们表现出来的某种共同特点所迷惑了。这种共同特点就是使用上具有通俗、随和、非正式的、亲昵的特点。

在口语词与方言词的辨析中表现出来的这种迷惑应该是可以避免的。因为任何一种词汇成分都有着自己的基本特点，这种基本特点正是这种词汇成分之所以能成立的根本条件。当然，人们常常会根据不同的需要对词汇成分的一些次要属性来进行归类。如根据词语的雅俗色彩义来归类，则会把书面语、古词语、外交词语、成语等这些很不一样的词语归为一类，而把口语词、俗语词、方言词、生活词语、谚语等另一些很不一样的词语归为一类，从而得出雅词语与俗词语两大类。显然，不同的归类结果是随着归类标准而产生的。反过来也就是说，当我们在执行着不同的归类标准，谈论着不同的词语类别时，不能换言之以其他的词语色彩与特点。

《现汉》在处理口语词与方言词关系时表现出来的“瑕瑜并见”，而且“瑕”的比例还不低，这就促使我们思索，其产生原因除了在理论上没有分清词义色彩的多重性、交叉性外，还很可能与下面两个因素有着或密或疏的关系：

第一，词汇理论研究的时代局限。我们在掂量那些纠缠难分的词语时，会发现这部分词往往表现为北方方言词，特别是以北京方言词为主。这不能不使我们想到，在《现汉》的编纂过程中，正是学术界对现代汉语民族共同语的认定过程。在这个认识时期，人们的精力集中在现代汉民族共同语的标准话选择，共同语的基础方言选择这样的大问题上。当把北京话选作基本对象时，人们还来不及对它做进一步的详细论辩，往往就简单地把北京方言词语等同于普通话的口语词语来看待了。

第二，编纂者的语言背景。人们大致可以由此推测出《现汉》编纂者们的母语大都为北京话。在他们的语言习惯中，在对“普通话中的普通词语”、“普通话中的口语词”与“普通话中的方言词”这样三种不同层面词语的认识中，对后二者往往是不加分辨，或分辨得不是很清楚。

当然，并不能因此而得出《现汉》对口语词与方言词都处理不当的看法。其实许多例子表明编纂者是考虑到了二者之间差异的。比如：“食指”、“大拇指”、“大拇哥”三个词，前者的说法正式，后两个带有明显的生活化色彩，但“大拇指”的说法又远较“大拇哥"流行。因此,《二版》把"大拇指"标为〈口〉,"大拇哥"标为〈方〉,"食指"没作任何标示,看作是普通词语,这样的处理是较为得当的。类似的情况还有不少。如同样表示"不走运"、"时运不好"的意思,"倒霉"列为普通词语,"丧气"为〈口〉,"背兴"、"背时"、"倒运"为〈方〉;同样表示"与人争吵"、"相骂"的意思,"吵架"列为普通词语,"抓破脸"标为〈口〉,"闹架"、"闹气"、"犯嘴"标为〈方〉,都显得很有分寸。

至于第二个难点,则来源于口语词处于时代的演变当中。语言是变化的,词汇又是其中变化最为迅速的成分,口语词的变化当然是难免的。在《现汉》编纂之初,它们是口语词,后来这些口语词发生不同的变化,出现不同的演变结果,这都属正常。就像《现汉》中标了〈方〉的方言词,显示它们是一只脚已经跨进了普通话词汇系统的方言词,往前走一步就会变成普通话词语,往后退一步就撤离了普通话词汇的边缘地带,又成为纯粹的方言词语了。从《二版》到《三版》的方言词变化来看,这三种情况也都表现得相当突出。

下面我们再来看一组例子:"官司"、"告状"和"诉讼"。"【官司】〈口〉指诉讼:打～◇笔墨～(书面上的争辩)。""【告状】〈口〉❶(当事人)请求司法机关审理某一案件。❷向某人的上级或长辈诉说自己或别人受到这个人的欺负或不公正的待遇。""【诉讼】检察机关、法院以及民事案件中的当事人、刑事案件中的自诉人解决案件时所进行的活动。"这里把这三个词处理为"口语词"与"普通词语"的关系。到了现在,它们在人们的实际使用中却变成了"口语(告状)"——"普通词语(官司)"——"书面语(诉讼)"的关系。词汇的意义色彩变化是经常的,问题在于我们如何对待这些变化。

词语意义色彩是词语意义成分之一种，这是一种客观存在。作为词典，对意义色彩可以不标，但没标并不等于它不存在。每一种意义色彩都有它独特的含义，要作标示必须根据它们的基本属性和特点。意义色彩多呈对称状态存在，标一个不标一个往往会带来义类上的含混模糊。

确定口语词时以下的几条基本原则是应该加以考虑的：

1. 口语词是普通话词汇系统的一个重要类别。它是对词语的意义色彩作出的一种分类。在这种分类的另一端，与之相对的是书语词。只标书语词，不标口语词，将使意义色彩的划分失去平衡。准确地标注口语词，建立起“口语词”——“普通词语”——“书语词”的同级三类词语，有助于人们更有效地运用语言。

2. 口语词与方言词有着本质的差异，它们只在使用效果上会表现出某种程度的共性。把口语词与方言词混而统之，只会造成词汇意义分类的混乱。

3. 口语词是变化的。当口语词广泛使用，特别是广泛使用于各种书面载体时，它就正在改变着自己的口语色彩而逐渐变为普通词语。因此，应该对实际语言生活中的口语词予以经常的关注，以使词典中的口语词标注及时反映这种现实。

4. 作为一般语文词典来说，不是突出的、典型的口语词可以不标。详细的标注和说明可以由学习词典来承担。规范词典的功能在于诠释词汇意义的基本内容，建立起诠释词汇意义的基本模式。

附 注

① 韩敬体《〈现代汉语词典〉修订工作概述》，《辞书研究》1997 年第 1 期。

② 杨金华《浅议新〈现汉〉“〈口〉”标注的取消》，《辞书研究》1998 年第 3 期。

中国辞书学会辞书编辑出版专业委员会第三次学术研讨会纪要

2001年8月21—24日，中国辞书学会辞书编辑出版专业委员会在浙江省海盐县召开第三次学术研讨会，中心议题为：面对新世纪的辞书修订与创新、辞书评论。

与时俱进，不断修订，这是新世纪给我们辞书界提出的时代要求。新世纪，我国社会全面进步，经济飞速发展，科技日新月异，语言面貌也焕然一新。面对这些新变化，与会专家学者一致认为，辞书的生命在于修订，只有不断修订，才能跟上时代前进的步伐。以《现代汉语词典》、《辞源》（修订本）、《辞海》（修订本）、《汉语大词典》、《汉语大字典》、《中国大百科全书》等为代表，20世纪80年代推出了一大批优秀辞书，现在都已经进入了新一轮修订期。因此，辞书界当务之急就是：维护精品辞书，及时修订、保养，使之永葆青春活力，继续满足社会的需求。近几年来，《现代汉语词典》、《辞海》、《新华字典》、《新华词典》等精品辞书相继修订成功，不仅维护了精品的形象，而且赢得了更多的读者，扩大了市场份额，取得了良好的社会效益和经济效益，成为图书市场上的“长青树”。实践表明，在辞书出版实施精品战略的今天，正是靠着不断修订，才创造了真正的精品。

与时俱进，不断创新，这同样是新世纪给我们辞书界提出的时代要求。新世纪，全球化、数字化的新经济时代已经到来，辞书市场竞争日益激烈，出版形态也呈现多元结构。面对这些新形势，与会专家学者普遍认为，辞书事业的发展在于创新，只有不断创新，顺应潮流，才能跟上时代前进的步伐。辞书创新无藩篱，既可以是选题上的创新、内容上的创新，也可以是体例上、形式上的创新；既可以表现为原创辞书，也可以表现为精品辞书的二次开发。特别是随着电脑日益普及、多媒体与网络技术飞速发展，人们创作、编辑乃至阅读形式正在向着多元化、快捷化方向发展。辞书编纂要走上数字化，通过建立大规模语料库和编纂自动化，改变传统的手工操作，提高速度和质量。辞书出版也要走上多元化，除了出版传统的纸介质词典外，也要开发光盘版甚至网络版电子词典，满足人民群众日益提高的多元化的文化需求，不断开发和拓宽新的辞书市场。随着《新华字典》、《新英汉词典》等走进了掌上机，《汉语大词典》、《中国大百科全书》等推出了光盘版，我国辞书出版已经在多元化、数字化上迈出了可喜的一步，为推动先进文化的建设做出了自己的努力。

积极开展辞书评论，这是中国辞书学会始终倡导的良好的学术风气，也是当前辞书界需要引起关注的一项重要工作。与会专家学者已经注意到，在市场利益的驱动下，图书市场上出现了一些蒙混读者、粗制滥造的劣质辞书，它们严重影响了辞书界的脚踏实地、求真务实的作风，损害了广大读者的利益，妨碍了辞书编辑出版的健康有序的发展。如最近出现了一部《新世纪现代汉语词典》，我们随意翻检，发现错误俯拾即是：一、该书收词随意，格调不高，甚至把诸如“他妈的”、“妈妈的”、“傻 B”、“臭货”、“烂货”、“母狗”、“马子”、“骚婊子”、“野花”、“野鸡”、“打屁”、“打炮”、“打野鸡”、“打野食”、“玉体”、“雪乳酥胸”、“柳腰屁股”、“泡妞”、“口交”等污言秽语列为词目。二、释义漏洞百出，表现为：1. 政治思想性有问题，“中华民族”解释为“以汉(民)族为主体的全国各民族的总称”，流露出大汉族主义思想；“不破不立”解释为“现多指公安机关受理的刑事案件，能侦破的，就立案，不能侦破的，就不立案”，诋毁我公安部门形象；“冥曹”解释为“阴府的官吏”，“仙丹”解释为“据说吃了就可以成仙的灵药”，宣扬封建迷信。2. 内容严重失实，如“上海”的面积为“0.58 平方公里”，“西藏”的面积为“120 多平方公里”，“欧洲”的面积为“1016 平方公里”，“江湾”，“位于江苏省宝山县南”等；还有一些政治人物条，释义也出现严重的失实。3. 出现大量语文性、知识性错误，如“饱餐”解释为“死胀活胀”，“蜂王浆”“主要由白糖、麦精、奶油、蜂蜜、食用香精构成”，“猫”是“猫科动物的通称”，“芦笋”是“芦苇的嫩芽”，“鱼丸”是“一种球形糕点”等。三、例证庸俗、无聊、色情，如“芭蕉扇”例为“屁股后面夹芭蕉扇——跑风”，“狐狸”例为“狐狸靠尾巴骗人，母狗摇尾巴调情”，“少女”例为“少女嫩妇”，“花心”例为“有花心无花胆”，“色”例为“十个男人九个色”，“色胆”例为“有色心无色胆的只能色迷迷地看”，“一丝”例为“光屁股洗澡一丝不挂”等。就是这样一本粗制滥造的伪劣产品，被一些人吹捧为“辞书编纂史上一座里程碑”，是中小学语文“素质教育的福音书”，是“衡量一部语文辞书释义是否全面、是否科学的标尺”，其“内涵远远超出一般词典的应用价值”。面对这股欺世盗名的歪风邪气，中国辞书学会认为，应该迅疾行动起来，开展积极向上的辞书评论，规范辞书出版，造就一个求真务实的辞书编纂氛围，使辞书出版市场更加健康有序。

会议期间还圆满地进行了换届选举，产生了新的第二届委员会。

会议由中国辞书学会主办，商务印书馆辞书研究中心、浙江省海盐县张元济图书馆承办。来自全国各地的专家、学者及新闻界朋友九十余人出席。

后　记

2001 年 8 月 21—24 日，中国辞书学会辞书编辑出版专业委员会换届会议暨第三次学术研讨会在浙江省海盐县南北湖举行。会议由中国辞书学会辞书编辑出版专业委员会主办，商务印书馆辞书研究中心和海盐县张元济图书馆协办。会议的中心议题是辞书修订与创新、辞书评论。

现将有关辞书修订与创新的部分论文辑录成书。关于辞书评论的论文另外结集出版。

中国辞书学会辞书编辑出版专业委员会

商务印书馆辞书研究中心

2002 年 8 月